加害者家族支援の理論と実践

家族の回復と加害者の更生に向けて

第2版

NPO法人
World Open Heart理事長
阿部恭子
編著

現代人文社

はじめに

家族がもし、逮捕されたとしたら……。この国では、刑罰以上に過酷な制裁が待ち受けている。自宅を取り囲む報道陣、鳴りやまない電話、自宅への投石や落書き……。インターネットでは家族の個人情報が次々と暴露され、日常は崩壊する。どれほど順調な人生を歩んでいたとしても、ある日突然、身内が起こした事件によってこれまで築き上げてきたすべてを失うことさえある。この国で、家族による犯罪は社会的な死を意味する。加害者家族としての差別は世代を超え、子や孫の人生まで支配する。

絶望ゆえに自ら命を絶った人々は数知れない。それでも問題視されることはなく、犯罪者を出した一家として自業自得とでも言わんばかりに世間は沈黙を貫いてきた。

二〇〇八年、私は、長い間閉ざされてきた加害者家族支援の厚く重い扉を開くことになった。隠されてきた加害者家族の実態とは……。楽しんではならない、目立ってはならない、幸せになってはならない、それが日本の加害者家族の掟であり、世間に居場所を与えてもらうための条件だった。

当時、加害者家族支援を標榜する組織など皆無であり、加害者家族が事件後、どこでどのような生活を送っているのかさえ辿ることができなかった。

加害者家族支援の動きを封じてきたのは加害者家族自身でもあった。理不尽な世間の対応に耐えかねた加害者家族の中には、行動を起こそうとした人々も存在していた。しかし、「犯罪者の家族は余計なこと言わずにただ謝ってさえいればいい」と、親戚中から猛反対を受け、組織化に至ることはなかった。

被害者支援の体制が整う以前であればなおのこと、加害者家族を救済する道を封じる世間の圧力は強かったに違いない。二〇〇四年、犯罪被害者等基本法が制定され、被害者やその遺族らに対する全国的な支援体制が敷かれたことによってメディアも真正面から加害者家族問題を取り上げることができたといえる。

第一版の発刊からおよそ七年が経過し、支援事例の蓄積は、加害者家族の多様性を表すものになったといえる。SNSの急速な発達によって、加害者家族が抱える問題が複雑化している側面は否めないが、WOHの活動がメディアで取り上げられる機会が増え、情報が全国に拡散されることによって、加害者家族の現状と支援への関心も高まり、潜在的なニーズを掬い上げることも可能になってきた。

現在、年間相談件数は当時の倍以上に増えているが、経験を積めば積むほど相談者に提案する支援の可能性が広がり、対応も迅速化していると感じる。全国各地に協力者も増え、着実に加害者家族支援の輪は広がりつつある。

第一部では、日本における加害者家族の実情を基にさまざまな分野の研究者による加害者家族支援への理論的アプローチを行う。第二部は、法的支援を中心とした日本の加害者家族支援の特徴ともいえる刑事弁護人との協働支援の在り方を提示する。第三部では、臨床心理士によるカウンセリングとグループアプローチ、近年、重要が増えている情状鑑定の意義と在り方について検討する。第四部では、加害者家族支援の現場を担うさまざまな支援者・専門家による社会的支援を紹介する。

NPO法人World Open Heartが、二〇一一年九月十二日、東日本大震災発生の年に被災地である宮城県において法人格を取得して以来、一〇年目となる節目の年に、本書を出版できたことを心より嬉しく思っております。執筆者の皆様、編集担当の齋藤拓哉さん、日々、当法人を応援してくださっている皆様すべてに心より感謝を申し上げます。

本書に登場する事例は、執筆者が実際に関わった複数の事例を組み合わせ、個人が特定されないよう配慮した架空の事例である。

二〇二一年十二月　阿部恭子

第2部 加害者家族と刑事弁護

第3部 加害者家族の心理的支援

第1章

加害者家族の現状と支援に向けて

阿部恭子（あべ・きょうこ　NPO法人WOH理事）

はじめに

NPO法人World Open Heart（以下、WOH）は二〇〇八年十二月から加害者家族相談を開始し、現在まで約二〇〇〇件の加害者家族からの相談を受けてきた。相談は四七都道府県すべての地域から寄せられ、日本の加害者家族が抱える問題が浮き彫りになっている。

本章では、WOHの相談データを基に加害者家族が抱える問題を分析し、必要な支援に

第1部

加害者家族支援の理論

凡例

・註は、註番号近くの頁に傍註として示した。
・単にWOHと記している場合、特定非営利活動法人（NPO法人）World Open Heartの略称である。
・［→●頁］とは、「本書の●頁以下を参照」を意味する。
・初出の年については、原則として西暦を先に表記し、和暦を併記した。
・ウェブサイトについては、最終閲覧日につき記載がない場合は、二〇二一（令和三）年十二月三日が最終閲覧日である。
・本書に登場する事例は、執筆者が実際に関わった複数の事例を組み合わせ、個人が特定されないよう配慮した架空の事例である。

第4部 加害者家族の社会的支援

ついて検討する。

加害者家族とは

1 加害者家族の定義

加害者家族とは、事件・事故を起こした「加害者」として、責任を問われている側の親族をいう。加害行為は、犯罪のみならず不法行為も含む。自ら犯罪や不法行為を行った行為者ではないが、行為者と親族または親密な関係にあったという事実から、行為者同様に非難や差別に晒されている人々である。[1]

1 支援の現場においては、定義に拘ることなく相談者の訴えを基本としている。

2 加害者家族の実態

二〇〇八年十二月から二〇二一年一〇月まで、WOHに寄せられた加害者家族の相談から、加害者家族の実態について検討する。

相談者（加害者家族）の総数は二千二人（男性一千一二九人、女性八三七）である。

(1) 続柄（加害者本人との関係）および年齢

二〇一五年のデータでは、相談者の男女比は、女性（一七二人）男性（八〇人）と女性の相談者が倍以上だったが現在では男性が上回っている。続柄で「母親」が最も多い点は変わらないが、二〇一五年では全体の九％に過ぎなかった「父親」からの相談が圧倒的に増えている。

背景として、近年、重大事件の相談が急増して

図1　相談者の総数

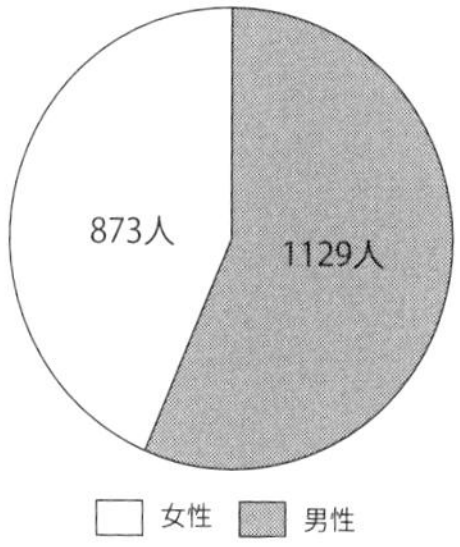

図2　続柄（加害者本人との関係）

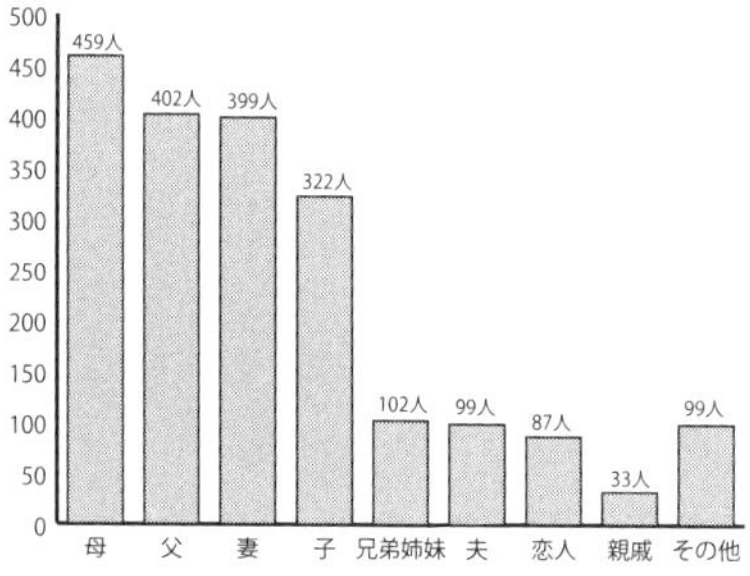

おり、仕事への影響を心配する「父親」からの相談が増えていることが考えられる。社会的地位が高ければ高いほど、仕事への影響は大きく、以前から男性の潜在的なニーズは高いと予想されていた。インターネットメディアでＷＯＨの活動が取り上げられる機会が年々増えており、社会に存在が知られ、一定の社会的信用を得たことは男性からのアクセス増加の一要因だと考える。

年代は中堅世代と高齢者が占めている。中堅世代の加害者家族からは、事件の子どもへの影響を心配する相談が多く、高齢者層は比較的時間に余裕があることから事件への関与に積極的な傾向もうかがえる。

図3　相談者の年代

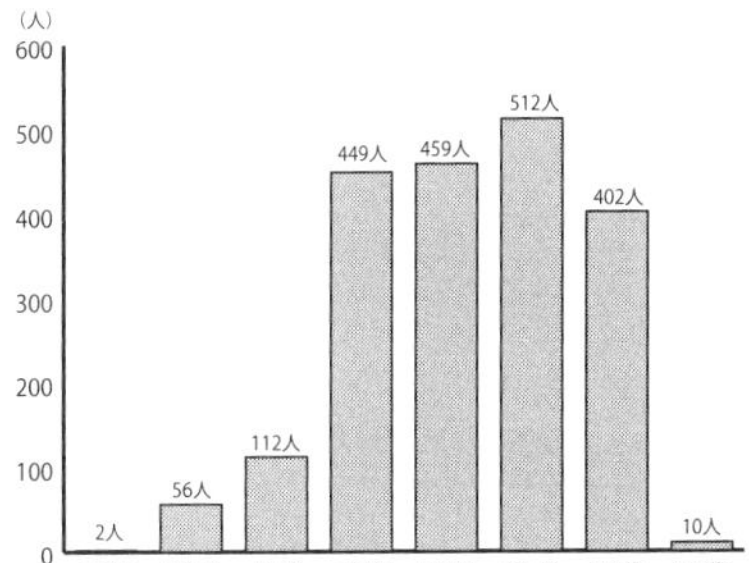

(2) 事件の内容

圧倒的に多い罪名は「殺人」であり、事件発生直後の相談から、すでに加害者が受刑している家族からの相談まで状況はさまざまである。近年、高齢者ドライバーによる事故がメディアで取り上げられるようになったことで、交通死亡事故の相談も増えている。

事件の九割は被害者が存在しており、相談は一度では終わらず、長期化するケースが半数以上である。刑事手続の進捗によって、状況も刻々と変化することから、相談の姿勢としては話を聞くだけというより、経

図4　事件の内容

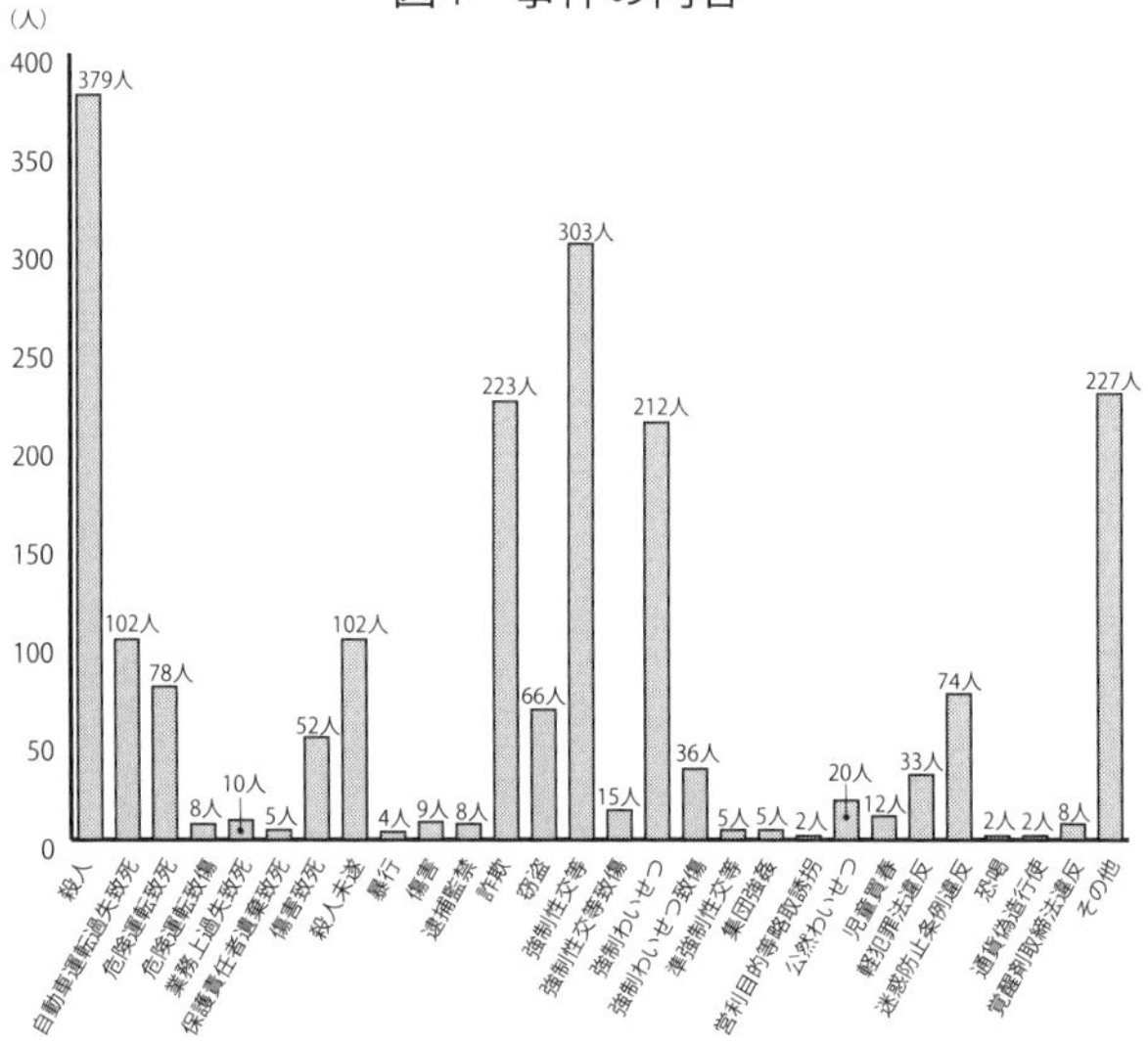

験からの助言が求められている。

(3) 相談時期と方法

相談者がWOHに初めて相談した時期は、全体の四六%が「捜査段階」である。[2]「起訴後」は七%、「公判」六%、「控訴・上告期間中」六%、「判決確定後」七%、「矯正施設入所中」一五%、「矯正施設退所後」八%、「釈放後」五%である。

相談者の五一%は、インターネットで「加害者支援」「家族・逮捕」というキーワードからWOHのホームページたどり着き、次いで、テレビや新聞のWOHに関する報道記事から情報を入手した者が二三%、弁護人からの紹介が一二%、その他専門職や専門機関による紹介として、病院四%、臨床心理士三%、NPO法人など三%である。

(4) 生活状況

相談者の六五%は有職者である。無職の三五%のうち、九〇%以上は定年退職による。有職者の職業は、会社員二九%(正社員六四%、パートその他三六%)、公務員一八%、自営業二五%、不明一八%であり、生活困窮者の割合は少なく、大半が中流家庭である。

2　捜査段階において、加害者が逮捕に至っていないケースが七一%である。

事件後、失業や転職をしたものは二〇％であり、事件による経済的負担から仕事を始めたり、アルバイトを増やさなければならない状況にある。自己破産をした者は二一％、生活困窮から生活保護を受けるようになった者は一八％である。

(5) 相談者のニーズ

加害者家族からの相談は、概して、「事件への対応」と「コミュニティとの関係修復」に大きく分けることができる。

〈事件への対応〉

加害者家族からの相談で最も多い内容は「事件の見通しと家族がすべきことへの助言」「弁護士に関する相談」である。事件がこの先どのように

図5　事故後の生活の変化

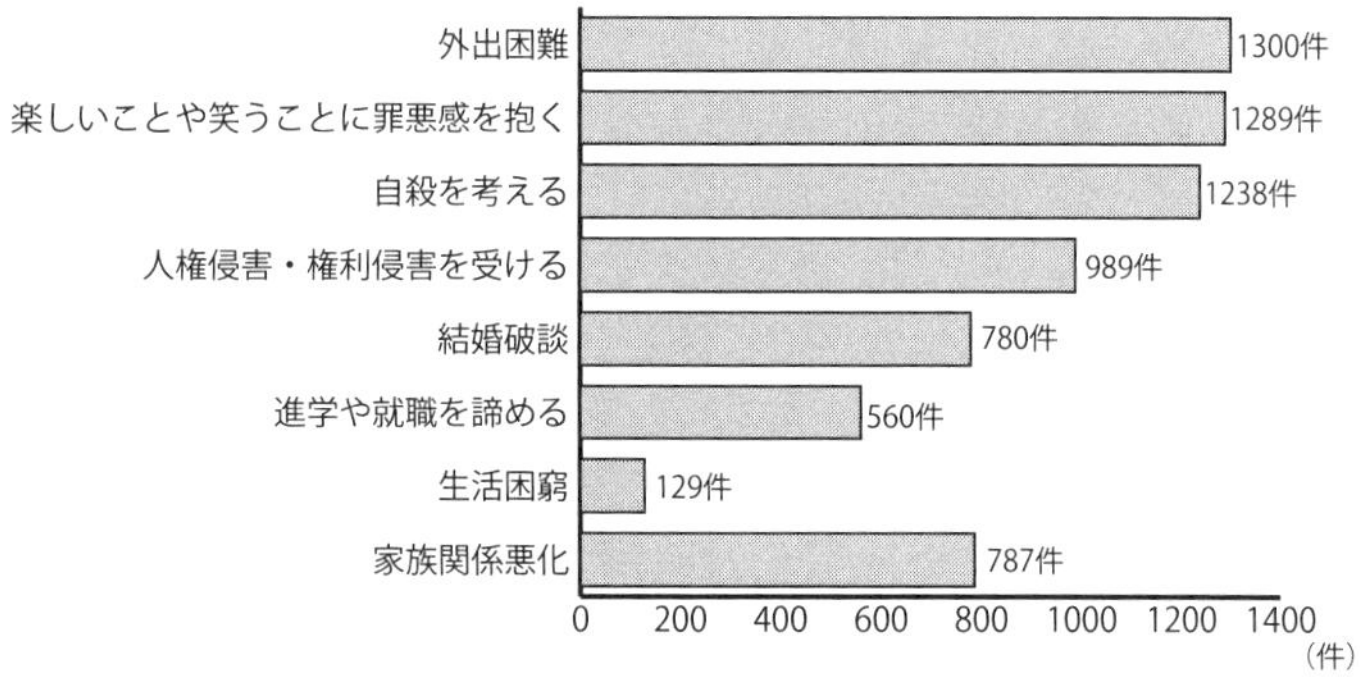

展開し、家族も巻き込まれることになるか否か、家族として準備しなければならないこと、すべきことがあれば知っておきたいといった内容である。

「弁護士に関する相談」は、「弁護士への依頼にあたっての相談」と「弁護人との関係についての相談」に分けられる。弁護士への依頼に際して、事件発生直後や任意捜査段階において、弁護士を依頼すべきか否か、家族に弁護人選任権があるのか否かといった質問、弁護士の報酬に関する質問などである。

その他、刑事事件・少年事件の経験を有する弁護士や、加害者家族や刑事事件の被告人の経験者が信頼する弁護士の紹介を求める問い合わせ等である。

図6　相談者の主訴

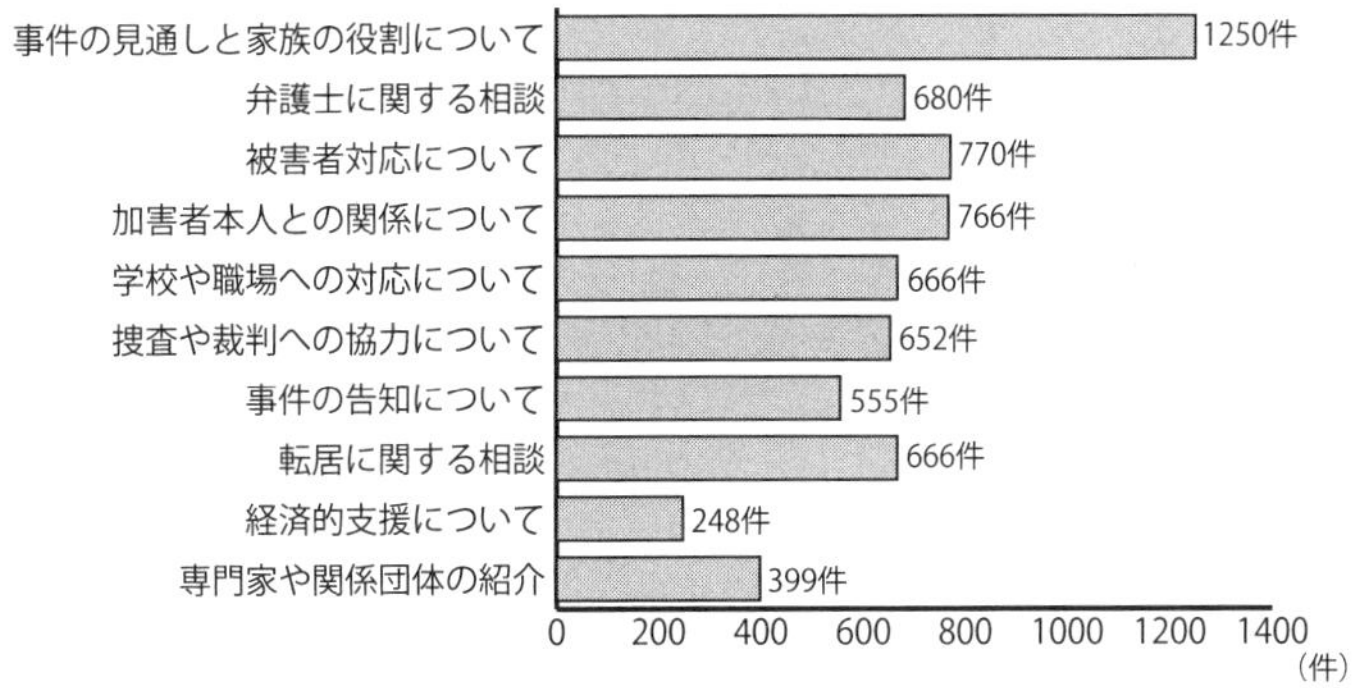

弁護人との関係では、弁護人とコミュニケーションが上手く取れないという相談や、弁護人の弁護方針に家族として疑問が生じている場合などである。後者で代表的な例としては、家族は、事件の背景に精神疾患や障がいなどが少なからず影響していると考えているが、弁護人が心理や福祉に関する知識や関心を持っていないようなケースである。

他に、事件への対応として、「刑事手続や司法に関する説明」「報道被害に関する相談」「裁判への協力について」「経済的支援に関する相談（示談金や被害弁償の工面など）」「鑑定人や支援者に関する情報」である。

〈コミュニティとの関係修復〉[3]

「被害者対応」においては、被害者からの厳しい態度への傷つきを訴える相談、謝罪や償いの方法に関する相談、関わり方についての相談などである。家族に関する相談では、離婚や別居も含めた「加害者本人との関係に関する相談」「子どもや交際相手、周囲への事件の告知について」。周囲との関係についての相談では、「学校や職場への対応についての相談」「近隣住民など迷惑をかけてしまった人々にどのように謝罪すればよいか」「転居に関する相談」「秘密を抱えて生きることへの苦痛」である。

3 加害者家族（相談者）の傾向

(1) 加害者との関係が近い家族

筆者が警察官や刑事弁護人、保護観察官、保護司など「犯罪者」に関わる関係者へのインタビューを行った際、「無責任」「保護者に連絡をしても繋がらない」「家族は一切対応しない」「犯罪の原因として家庭の問題が大きい」など、加害者との関係が悪く、事件への協力に消極的または無関心である家族像が語られていた。

ところが、WOHに相談に訪れる家族は、事件への協力には積極的で援助の必要性を認識しており知的に高い傾向にある。

相談者の五〇％は、事件発生当時、加害者本人と同居、四〇％は別居してはいるが、加害者と定期的な交流があることから捜査や裁判への協力を求められるケースが多く、事件に巻き込まれやすい状況にある。一方で、すでに独立して自らの家庭を築いている子どもが事件を起こしたような場合にも、家族が積極的に援助行動に出ている傾向も顕著である。

3　ここで「コミュニティ」とは、加害者家族が日常生活において接する人々と定義する。具体的に自分が属する家族、被害者やその親族、職場の人々、地域の人々などである。

相談者の半数以上が定職についており、一定の社会的地位を有していることから、社会との繋がりも強く、それゆえ、自ら勤める会社や地域といった社会に迷惑をかけてしまったという責任を重く受け止めている傾向がある。

(2) 支援の網の目からこぼれる人々

罪名では、殺人事件が圧倒的に多い。[4] 犯罪のなかでも、薬物事件や依存症が背景にある事件は、薬物依存症の支援団体や、性犯罪者の更生プログラムを行う団体など、すでに受け皿が存在していることから、WOHのニーズはそれほど高くない。

当番弁護士や国選弁護人といった国からの支援が受けられない捜査段階の相談が多く、支援の網の目からこぼれているところに相談が集中している。被害弁償や損害賠償、失業するかもしれないという不安や家族の生活が今後どうなるかわからない状況において、長期的な経済的負担を考えると、多額の出費は避けたいと考える家族もおり、逮捕に至る前の段階で、弁護士への依頼を躊躇し悩むケースも少なくない。

事件以前は、支援を要しなくても自立的生活が可能であったという意味でマジョリティ（多数派）という社会の枠組みにいた人々が、加害者家族となることによって、社会的地位や居場所を喪失し、マイノリティ（弱者・少数者）へと変化している。

加害者家族支援とは

1　加害者家族支援の意義

(1) 自殺の防止

重大事件を起こした犯罪者の家族が自死に至るケースが報道されてきた。[5] これまでWOHの相談者の九〇%が自殺を考えたと訴えている。

自殺は、個人的な問題として捉えられてきた傾向にあるが、自殺者が年間三万人を超えるようになり、日本においても社会問題としての認識が求められるようになった。二〇〇六年、自殺対策基本法が制定され、自殺防止活動や自死遺族のケアに社会が取り組

4　二〇%が家族間の殺人である。

5　一九八八年に起きた連続幼女殺害事件の犯人の父親が自殺をしている（詳細は、鈴木伸元著『加害者家族』（幻冬舎、二〇一〇年）五五〜六七頁）。秋葉原無差別殺人事件の犯人の弟も苦悩の末、自殺に至った（週刊現代二〇一四年四月二六日号に記事掲載）。その他、佐世保高校生殺人事件の犯人の父親が自殺している（保護者の自殺について、長崎新聞二〇一四年一〇月二六日朝刊二五面に各専門家の意見が掲載）。

むべきことが明記された。[6]以降、全国各地に相談窓口が開設され、[7]金銭問題や健康問題など自殺の背景になりやすい問題に対応することで自殺を防ぐ仕組みが整いつつあるが、加害者家族の問題については、自殺対策においても認識されてはいなかったことから、自殺対策の窓口においては、加害者家族にとって適切な助言を受けることが難しいのが現状である。加害者家族の傾向が明らかとなってきた現在、社会において、加害者家族の問題を共有できる機会を増やし、自殺や人権擁護の対策に「加害者家族」の視点が取り入れられるべきである。

(2) 再犯防止

家族の回復と、加害者の更生とは密接に結びついており、家族への援助による変化が、加害者の行動に影響を与え、再犯の抑止として働いていることは支援事例から明らかとなった。[8]さらに、加害者が再び同じ過ちを犯すことなく、被害者や迷惑をかけた人々にきちんと償いができるよう回復することは、家族の罪責感を和らげ、再び社会から厳しい目線を向けられる家族の不安を減らすことに繋がる。

加害者家族支援の再犯防止効果は、社会的ニーズという側面から強調されてはきたが、従来、犯罪者の家族への援助論は、あくまで加害者の更生を目的とした「手段」であり、家族に再犯防止効果を期待するあまり、事件によって傷ついた「家族へのケア」という視点を欠いていた。[9] 従来、研究者や実務家の関心の中心はあくまで加害者本人であり、その延長線上で家族支援が論じられていた。加害者家族の実態が明らかとなってきた現在、加害者家族支援の再犯防止効果について、加害者家族のニーズという側面から、今一度捉え直してみる必要がある。

6 自殺対策基本法二条において「自殺対策は、自殺が個人的な問題としてのみとらえられるべきものではなく、その背景に様々な社会的な要因があることを踏まえ、社会的な取組として実施されなければならない」と基本理念を定める。また、同法八条において「国、地方公共団体、医療機関、事業主、学校（学校教育法（昭和二十二年法律第二十六号）第一条に規定する学校をいい、幼稚園及び特別支援学校の幼稚部を除く。第十七条第一項及び第三項において同じ。）、自殺対策に係る活動を行う民間の団体その他の関係者は、自殺対策の総合的かつ効果的な推進のため、相互に連携を図りながら協力するものとする」と関係者の連携協力について明記している。

7 厚生労働省のホームページ参照〈https://www.mhlw.go.jp/stf/seisakunitsuite/bunya/hukushi_kaigo/seikatsuhogo/jisatsu/soudan_info.html〉。

8 本書第4部第6章で事例を紹介する［→四二四頁］。

9 社会学者の望月崇は、「犯罪者とその家族へのアプローチ」犯罪社会学研究第一四号（一九八九年）五七〜六九頁において、これまでの犯罪を専門とする研究者や矯正施設関係者が家族へのアプローチにおいて「被害者としての家族」という視点を欠いていることを強調している。

2 加害者家族と人権

(1) マイノリティとしての加害者家族

加害者家族は、結婚差別や就職差別といった差別に晒され、社会生活において不利益を被る可能性が高い。社会的不利益を受けたとしても、被害を公にすることによって、自らの出自を明らかにすることとなり、さらなる社会的制裁を受ける怖れから、違法な行為に対しても、沈黙を余儀なくされてきた。

「加害者家族」は、日本における犯罪発生率の低さからも、加害者家族という集団をマイノリティ（社会的弱者・少数者）と捉えることができる。それゆえ、社会から憎悪の対象として攻撃を受けたり、社会的無関心から、支援を受けることができず、社会から排除される危険がある集団である。違法な行為や人権侵害に対しては、沈黙せずに声を上げるよう権利意識を喚起するとともに、社会的差別をなくすため、人権教育においても取り入れられていくべきである。

(2) 個人の尊重

「加害者家族支援」といえども、支援の対象は「家族」ではなく、あくまで加害者家族に属している家族の構成員「個人」である。個人の尊厳が脅かされている存在として、主体的にケアを受ける権利を有する。[10]

加害者家族に属することを理由に、事件に協力する義務が導かれるわけではなく、個人の決断に委ねられるべき問題である。一方で、加害者家族に、事件に関するすべての情報を入手できる権利はなく、当然に関与できる権利もないことに注意しなければならない。

(3) ジェンダーの視点から

家族のなかで、事件の処理は「母親」や「妻」など女性が担う傾向がある。加害者家族が接する警察官、検察官、弁護人、刑務官など、男性が多く、女性がストレスを感じやすい環境にある。夫や息子が性犯罪を起こした加害者家族は、男性警察官や男性弁護人とのコミュニケーションに大きな精神的苦痛を感じているケースも報告されている。さらに、関係者から、「妻であれば何があっても夫を支えるべき」「母親が家事をすべき」「母性が足りないから子どもが事件を起こした」といったジェンダーバイアスに基づく説教を受けたという家族の証言も少なくはない。一九九九年に、男女共同参画社会基本法が制定され、地

10 ケアと人権の関係について、宿谷晃弘＝宇田川光弘＝河合正雄編著『ケアと人権』（成文堂、二〇一三年）第一章参照。

方自治体レベルでも、偏見をなくすための研修や取組みが行われているはずであるが、これまで明らかにされることはなかった加害者家族の体験談からは、検察官や弁護士などの犯罪者に関わる関係者が男性の場合、彼らから根強い性差別意識がうかがえたという。これまで、加害者家族はその自責の念から、理にかなわない説教にも沈黙するほかなかったが、今後もこうした問題を掬い上げていかなければならない。

3 加害者家族の専門医として

(1) 組織的支援の必要性

加害者家族が抱える問題は必ずしも法的問題心理的問題と峻別できるものではなく、専門家だけでは問題が解決されにくく、包括的な支援が求められてきた。複雑な問題を長期的に抱える加害者家族支援は、専門家個人による支援より、専門家を交えた組織的支援が適しているといえる。

(2) 組織的支援におけるコーディネーターの役割

組織的支援において要となるのが、相談者の窓口となり、自立できるまで伴走していくコーディネーターの役割である。法律や心理の専門家が、特定の場面で限定的に関わりを持つのに対して、コーディネーターは、相談者と日常的に継続的に関わっていくことになる。専門家が何人集まったとしても、専門家を繋ぐ役割がいなければ、加害者家族が直面するような多領域、多分野にまたがる問題を解決に導くことは難しい。

コーディネーターは、相談者の訴えを、自らの専門性や問題意識に当てはめていくのではなく、いまどのような支援があれば目の前の相談者の苦痛が緩和できるのか、あくまで当事者の目線に立って相談者と向き合う必要がある。

窓口であるコーディネーターが問題の見立てを誤ると、取り返しのつかない事態を招く危険性もあることに注意しなければならない。刑事手続はどんどん進行していくことから、時間的制限があるなかで、介入の時期を逃さないことが必要である。捜査段階では、刑事事件・少年事件の経験を積んだ弁護士との協力が不可欠である[11]。

(3) 加害者家族支援とNPO

欧米諸国では、受刑者や死刑囚、その家族の受け皿として、宗教団体の存在が大きい[12]。

11 本書第二部「加害者家族と刑事弁護」にて詳しく論じる［↓一七二～二七八頁］。
12 アメリカテキサス州ダラスにおいて、毎年、全米から加害者家族支援団体や研究者らが集まるカンファレンスが

また、日本においても、筆者が、WOH設立以前に加害者家族へのインタビュー調査を行ったところ、事件後の相談相手や居場所として宗教団体が受け皿となっていた。

多くの市民が利用しやすく、[13]行政の支援がなかなか行き届かない人々を救済する社会的役割としてNPOがある。日本においては、加害者家族への組織的支援としてNPOがその役割を果たした。WOHの拠点である宮城県は、NPO法人設立や助成金の申請方法などNPO法人の運営や活動に必要な情報や場所を提供してくれる中間支援団体が充実しており、加害者家族支援という運営が困難と思われる活動が根付く土壌として適していた。

二〇一五年に大阪を拠点に総合的な加害者家族支援を展開するNPO法人スキマサポートセンター、二〇一八年に加害者家族の法的支援を行う山形県弁護士会「犯罪加害者家族支援センター」が設立され、小さな自助グループなどの活動も各地で増えている。今後、ビジネスも含めたさまざまな加害者家族支援が発展していくことを期待した。

おわりに

WOHは、二〇二一年まで四七都道府県すべての地域で加害者家族相談会を開催した。二〇一六年一二月に施行された再犯防止推進法により、更生支援を行う組織が全国に増えてきた印象がある。相談は日々、全国から寄せられており、連携可能な団体を募り、各地域の実情に即した支援体制の構築がこの先一〇年の課題となろう。

開催されている（Annual national prisoner's family conference〈http://prisonersfamilyconference.org/〉）。筆者は二〇一四年に本会議に参加し、アメリカの加害者家族支援の特徴としてキリスト教的な背景を持つ団体や活動家が多いと感じた。

13 特定非営利活動推進法では、二条においてNPO法人が特定の宗教や政治的な運動を目的として結成されるものではないことを明記している。

第2章

加害者家族支援と社会医学

佐分利応貴（さぶりまさたか　経済産業省大臣官房参事）

はじめに

人さまを判断しようとする時には、正しく判断するんですよ。そこにたどり着くまでにはどんな山や谷をその人は越えてきたかという事を考えてみたかどうか確かめてみることですよ。[1]

二〇〇七年に東北大学法学部で社会病理に関するゼミを開講した際に、学生に最初の授業で観せた映画が東野圭吾の小説を映画化した『手紙』（二〇〇六年）だった。強盗殺人をした兄のため、進学、就職、結婚がことごとく「殺人犯の弟」のレッテルのため奪われ、ようやく得た家庭でも妻や娘が差別される……こうした加害者家族の陥る問題、いわば「社会の病理」に向き合ってもらうためである。

犯罪やいじめ、戦争といったさまざまな「社会の病理」は、二十一世紀の現在も野に満ちている。だが、一方で、「人体の病理」は、近代医学の力によって劇的に改善された。上下水道の普及や検疫の導入によってコレラやペストの流行は封じ込められ、不治の病とされた数々の疾患も抗生物質などの開発によって治療が可能になった。天然痘は一九八〇年にWHO（世界保健機構）によって根絶宣言が出されている。「人体の病理」は、科学の力によって治療＝制御できるようになってきたのである。

目に見えない細菌やウイルスの人体への影響ですら制御ができるようになったのだから、目に見える犯罪や貧困なども科学の力で制御可能なのではないか。本章では、こうした社会の病理を科学的に解決する「社会医学」の観点から、加害者家族の問題を考察する。

1　三原順『はみだしっ子［第十一巻］』（白泉社、一九八一年）一六頁。

「社会の病理」の解決手法

"The contagion of crime is like that of the plague"
〜犯罪は伝染病のように広がる〜　ナポレオン

1 社会医学とは

アフリカで結核、コレラ、エイズなどの伝染病対策に一〇年間取り組んだ米国の医師ゲリー・スラトキン博士は、帰国後に銃による暴力が伝染病のパターンと同じように広がっていることを発見し、伝染病と同様の措置を取ることで、暴力の制御に成功した。すなわち、①発生源（暴力的な人）への対処（そのための人材を見つけて訓練する）、②感染の防止（発生源に接触する人へのアプローチ）、③環境の改善（地域活動や教育で「集団免疫」をつける）、である。これにより、対象地域の発砲が三〇〜五〇%、殺人が四〇〜七〇%減少した。スラトキン博士は「人類が多くの病気が引き起す影響を食い止めてきたように、同じことを暴力にも適用できる」という。[2]
社会は一つのシステムであり、システムにはそれを動かす一般法則が存在する。[3] たとえば、車という一つのシステムは、アクセルやブレーキ、ハンドルから指示を与えることで、スピードや方向を制御できる（**図1**）。

しかし、「雨よ降れ」と祈っても雨は降らない。これは、気象システムには「祈り」というインプットが影響を与えないからである（と現在の科学では説明されている）。だが、一般法則を発見し、そのシステムに有効に働きかければ、天候も制御可能になる。たとえば、雨粒の核となるヨウ化銀を雲の中にばら撒くことで、人工的に雨を降らせることができる。同様に、「不景気」という

図1　システム制御とは

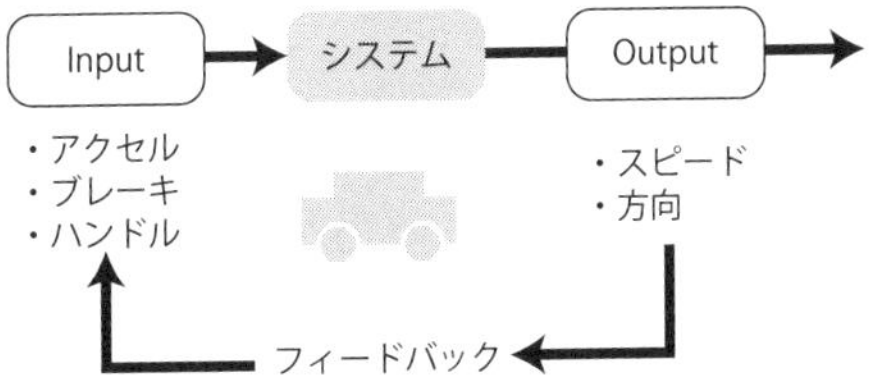

2　TEDMED 2013 ゲリー・スラトキン「暴力を伝染業として捉えよう」〈https://www.ted.com/talks/gary_slutkin_let_s_treat_violence_like_a_contagious_disease?language=ja〉。

3　社会を制御する力を持っていない状態を社会学では「疎外」（そがい、独：Entfremdung、英：alienation）という。人間が作った物（機械・商品・貨幣・制度など）が人間自身から離れ、逆に人間を支配するような疎遠な力として現れることであり、またそれによって人間があるべき自己の本質を失う状態のこと。

社会の病理は、一九世紀は旱魃や冷害と同様に過ぎ去るのを待つしかなかったが、二〇世紀にJ・M・ケインズが有効需要の法則を発見したことで制御が可能になった。

だが、機械と違って社会は複雑系(Complexity)であるため、その制御は容易ではない。複雑系とは、数多くの要素で構成され、それぞれの要素が相互かつ複雑に絡み合ったシステムであるため、個々の要素の動きがドミノ現象のようにシステム全体に大きな影響を及ぼすことがあり、予測が困難である。生態系が良い例で、たとえば、一九五八年に中国は雀の稲作への被害を減らすため雀の大量捕獲を全国的に行ったが、結果は雀が食べていたウンカなどの害虫が大量発生し農業は大打撃を被った。「雀→稲の収穫」というシステム以外に、「雀→ウンカ等の害虫→稲の収穫」というシステムがあり、雀の撲滅は多くの他のシステムにも影響を与えたのである。

では、複雑系は制御ができないのか?

答えはノーである。

人体はいまだその働きがわかっていない複雑系のブラックボックスであり、すでに述べたように人体の病理は近代医学の力によって制御がある程度可能となった。同様に、社会の病理も、①複雑系(社会システム)の構造や働きの解明、②問題の発生要因の解明(どんなシステムの不具合が発生したのか、インプット、アウトプットの関係は)、③システムの制御手法の開発(どうしたらシステムそのものやインプット、アウトプットを変えられるのか)、④問題が再発しないための予防措置の開発などにより制御は可能であり、医学ではすでにこうした内容が、システムの構造や働きを解明する「解剖学」「生理学」、問題の発生要因を解明する「病理学」、システムを制御するための「薬学」「看護学」、予防のための「免疫学」「疫学」などという形ですでに整理され体系化されている。複雑系でも制御は可能であり、先に述べたとおり、複雑系である景気動向もある程度制御が可能となっている。

複雑系であることに加え、社会の「計測困難性」(状態の計測が困難であること。社会全体のデータを集めることが難しいうえ、犯罪件数など泣き寝入りがあると正確にはわからないように収集できるデータに限りがある)や「再現不可能性」(一度起こってしまったことを再現できない)が、これまで科学的なアプローチを困難にしてきたが、デジタル化が進むことで社会のあらゆるものが計測可能となりつつあり、社会実験という手法が導入されることで、社会の再現不可能性の問題もある程度解決されつつある。

いままさに、暗黒大陸だった「社会の病理」に科学の光があたり、制御が可能になりつつある。ここでは社会医学を、医学的なアプローチを用い、

①社会問題の発生要因を解明し（基礎社会医学）
②診断・治療方法を開発・実施し（臨床社会医学）
③個人・集団及び国家レベルの問題発生防止システムを構築する（予防社会医学）

ことを目的とする科学として論を進めたい。

2 社会医学による「社会の病理」の解決の実際

(1) 社会問題とは何か

最初に、社会の病理＝社会問題について定義する。

社会問題とは、「社会の望ましい状態と現状との差（ギャップ）で対処可能なもの」をいう（**図2**）。たとえば、交通事故死者数は「〇人」が望ましく、現状は年間約三〇〇〇人が亡くなっている（二〇二〇年で二千八九三人）ことからギャップがあり、交通事故死は交通事故の予防や

図2　社会問題の定義

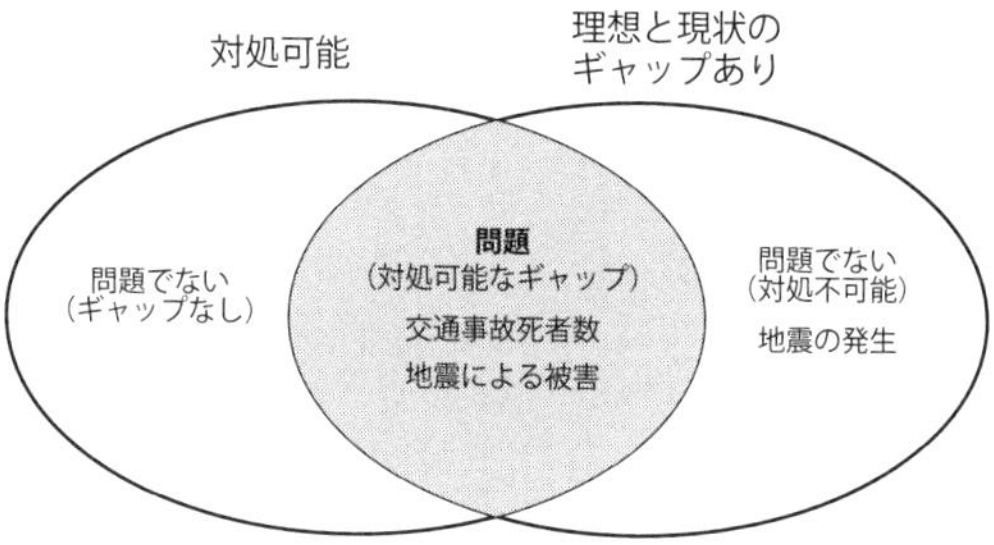

車の安全基準、救急医療体制の整備などで減らせる＝対処可能なので「問題」となる。

一方、「地震の発生」は、「地震がない」ことが望ましく「地震がある」現状とのギャップはあるが、現在の科学技術では地震の発生は防げないので「地震の発生」は問題とはならない。「地震による被害」であれば、免震技術や防災マニュアル等で減らせる＝対処可能なので「問題」となる。

(2) 社会問題の三類型

社会問題は、時系列的に「逸脱型」「未達型」「探索型」の三つのタイプに分類される（**図3**）。

「逸脱型」とは、それまでのギャップの「ない」状態から「ある」状態に逸脱した問題である。具体的には、犯罪が起きる、災害が発生するなど、本来の望ましい水準から逸脱してしまったものをいう。逸脱型の

図3　問題の３類型

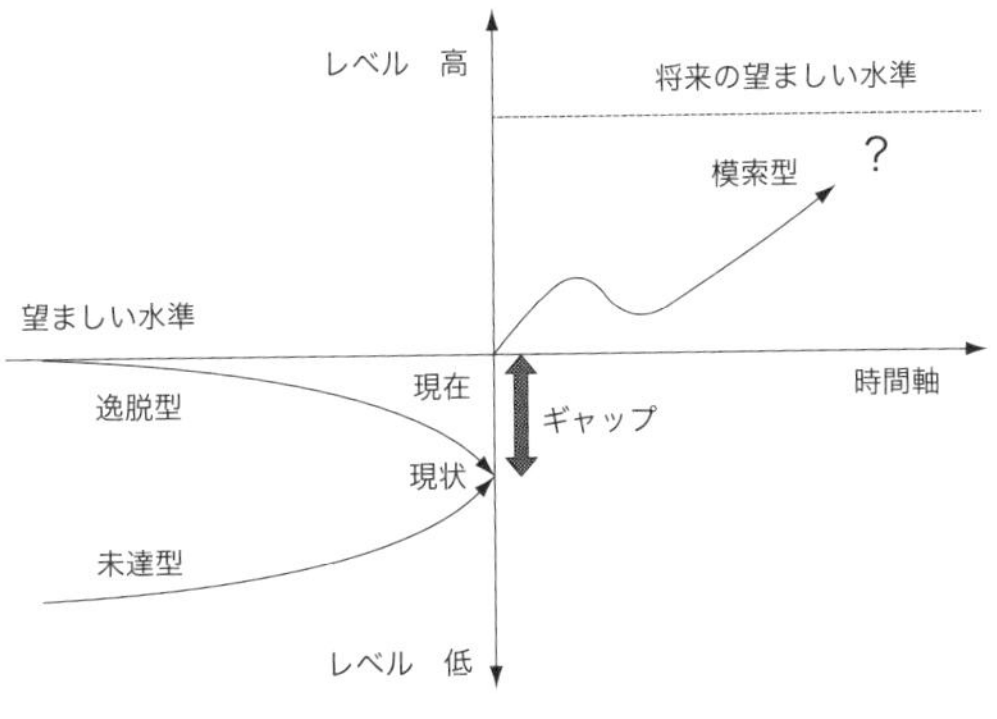

問題は、「望ましい状態」＝ゴールが明確であり、逸脱が生じた要因を調べて一つずつ対処していけば解決することが多い。

次の「未達型」とは、「望ましい状態」＝ゴールにまだ達していないという問題である。具体的には、W杯サッカーで優勝する（優勝できないことが社会問題とはいえないが）、カーボンニュートラル（CO2排出実質ゼロ）などである。逸脱型は過去には「望ましい状態」にあったが、未達型は、最終的にその「望ましい状態」に到達できるかどうかはわからないため、逸脱型よりも難易度が高い。しかし、過去にその望ましい水準に到達した事例があるのであれば、そのやり方をまねればいいし（ベスト・プラクティス手法）、到達した事例がなくても成功要因を考えてギャップを埋める対策（要因分析手法）をとれば目標に近づくことはできるだろう。

最も解決が難しいのは「探索型」の問題である。これは、「将来の望ましい状態」が決まっておらず、現時点で何をモノサシとしたらいいかがわからない、ギャップがあるのかどうかもわからない問題で、具体的には、個人であれば誰と結婚するのがいいのかわからない（そもそも結婚した方がいいかわからない）、社会であれば日本の将来はどうなればいいかがわからないなどである。探索型の問題は、まずゴールそのものを考えて決める必要があり、正解がない。社会問題は通常多くの関係者があり、ゴール設定には関係者のコンセンサス（合意）が必要であるため、探索型の社会問題の解決は格段に難易度が高い。

(3) 社会問題解決の四ステップ

一般的に、問題解決は「問題の発見」「問題の定義」「対策の実施」「評価と退出」（発見・定義・対処・退出）の四つのステップをとる（**図4**）。

〈問題の発見〉

社会問題を解決するために最も重要なのは、社会問題の発見である。社会問題解決の四ステップは、「発見↓定義↓対処↓退出」と進む移行モデルであり、社会問題が発見されないと次のステップに進めない。知られていない問題は解決できないため、いかに知られていない問題を顕在化・見える化するかが重要であり、声なき声を拾うメディアやSNSの役割は大きい。

図4　問題解決の４ステップ

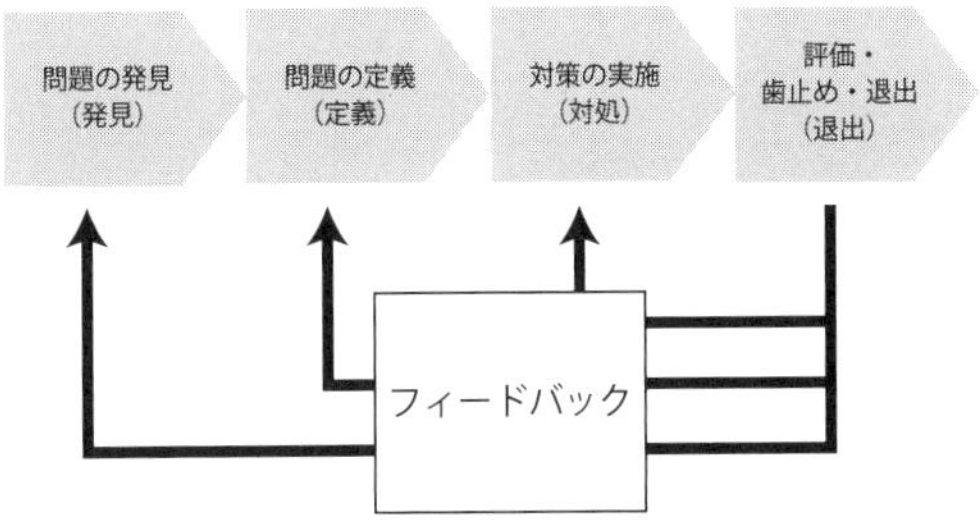

〈問題の定義（目標設定）〉

問題解決の四つのステップのうち最も重要なのは問題の発見だが、最も難しいのは「問題の定義」、すなわち目標の設定である。先に示した「探索型」の問題は、問題を定義することで「未達型」「逸脱型」に整理することができる。問題を制御するためには問題の数値化が必要であり、測れないものは制御できない。複雑な社会の問題をいかに数値化できるか、すなわちモノサシを決めてゴールを決めるかが、社会問題解決の最難関となる。

問題の定義では、その問題の関係者を洗い出し（関係者分析）、「誰にとって」（who）、「何が問題か」（what：指標のギャップ＝数値目標）を設定する。

〈対策の実施（対処）〉

数値目標が決まったら、次は「対策の実施」である。対策の実施には、大きく対症療法（問題を抱えている人への直接支援）と原因療法（ギャップの発生源への働きかけ）があり、原因療法には西洋医学的アプローチ（要因分析）と東洋医学的アプローチ（ベストプラクティス）がある。

要因分析は、ロジックモデル（要因分析図）を使ってギャップを生む原因を考え、その原因を潰していく手法である。日本企業はこうした要因分析を得意としており、品質管理（TQC）でその成果を発揮した。

一方、社会は複雑系(complexity)であり、単一の要因を特定することが難しい、システムの構造が同定できない「ブラックボックス」であるため、完璧なロジックモデルを作ることは困難である。このため、他の社会で成果を挙げている「クスリ」(対策)があれば、それをそのまま導入する、いわゆるベストプラクティスの導入も有効となる。問題の要因や社会構造は、国や地域、事例によって大きく異なるので、他の社会の対策が必ず効くかどうかは確定できないが、「前例がある」「成功事例である」場合(特に日本社会では)対策の実施への反対が少ないため実践的な手法といえる。

〈評価・退出〉

最後のステップは「評価・退出」である。数値を測定し、ギャップが改善したか、問題が解決したかを確認し、再発防止の措置をして介入を終了(退出)する。

(4) 社会問題解決の実際——交通事故死者数の低下

ではここで、交通事故という「社会の病理」について四ステップで考えてみよう。

〈問題の発見〉

交通事故による悲劇は、社会的にも精神的にも経済的にも大きな損害である。交通事故による死者数(二四時間以内)は、一九七〇年の一万六千七百六五人から減ってはいるものの、二〇二一（令和三）年でも二千八百三十九人が亡くなっている。[4]

〈問題の定義〉

問題の定義では、「誰にとって」（who）「何が問題か」（what:数値目標）を決める。数値目標には最終目標（Overall Goal:OG、いわゆる遠くの目標）とプロジェクト目標（Project Goal:PG、いわゆる近くの目標）の二種類があり、問題の定義ではOGを決定する。

ここでは、問題を「日本政府にとって」「交通事故で死者が出ること」と定義し、数値目標OGを「二〇三〇年までに交通事故死者数をゼロにする」とする。社会問題は複雑系なので、数値目標＝モノサシ（指標）を何にするか、どの水準をゴールとするか、を決めることは非常に難しい。たとえば、交通事故死者数をゼロにしなければと、自動車・バイク・自転車等を使わせない、あるいは時速三〇キロメートルを超えると死亡事故が増えるので、パリのように市街地の制限速度を三〇キロメートルにしたりすると、新たな社会問題が発生してしまう。また、モノサシが決まると地域間の比較が可能となるので、交通事故死亡者数ワーストの都道府県が発表されたりする。この結果、交通事故死亡者ではないように記録を改ざんして、自殺扱いにする、道路でない敷地での事故扱いにする、「二四時間死者数」（交通事故から二四時間以内に亡くなった人）を減らすため病院での死亡時刻を改ざんする（事故後二五時間生きたことにするなど）などの問題が発生することがあるので、留意が必要である。

数値目標の設定は、三次元の、時間を含めると四次元の複雑系の社会をツブして、一次元の一つのモノサシを当てはめる行為であり、関係者が納得できる適切な数値目標（モノサシとゴール）を設定する必要がある。ここで、数値目標の達成を絶対視すると、上記のような記録の改ざんが発生したり、それ以外の活動がおろそかになるおそれがあることにも留意が必要である。

〈対策の実施〉

交通事故による死亡は、事故の発生↓人体の損傷↓死亡の連鎖システムであるため、①事故の発生をどう減らすか、②事故による人体の損傷をどう防ぐか、③人体への損傷による死亡をいかに減らすか、の総合的なアプローチが必要になる。

①については、交通安全キャンペーンや講習、スピード違反の取締りなど、さまざまな交通安全対策がなされているが、こうした取組みが死亡事故を減らしてきたエビデンスは十分でなく、[5] 死亡事故の減少の多くは、飲酒運転等の交通違反罰則強化、②の人体への

4　令和三年版「交通安全白書」〈https://www8.cao.go.jp/koutu/taisaku/r03kou_haku/pdf/zenbun/1-1-1.pdf〉。

5　Rune Elvik, Truls Vaa, Alena Hoye, Michael Sorensen, The Handbook of Road Safery Measures Second Edition, 2009

損傷の低下（シートベルトの着用率や自動車の安全性能の向上）や③救急医療体制の強化によるものとされている。また、国土交通省の報告書によれば、ＡＤＡＳ（Advanced Driver Assistance Systems：先進運転支援車）が一〇〇％普及すれば約七割、自動運転車が一〇〇％普及すれば約九割の死傷事故が削減できる（歩行者の急な飛び出し等による事故は残る）と見積もられている。①が七～九割減れば、②、③が変わらなくても自動的に事故死亡者が減ることから、いかにＡＤＡＳや自動運転を早期に普及するかが重要となる。

〈評価と退出〉

データが十分であれば、それぞれの対策が実際に効果をあげているかどうかの検証が可能になる。被害者・加害者のプライバシーに十分留意しつつ、事故に関するデータを公開すれば、成果の測定が可能になり、成功と失敗から学ぶことができる。

なお、こうした交通安全対策という「クスリ」によって、何らかの副作用が発生する可能性がある。たとえば、違法駐車が多いとして取締りを強化したら中小の運送業者が倒産したとか、車両の安全規制を強化したことで車両価格が上がり低所得者の購入が困難になったとか、取締りの強化により警察への反発が高まり犯罪捜査への協力が得にくくなったなど、想定される副作用についての指標をあらかじめ設定しておき、それらが悪化していないかを確認する必要がある。

加害者家族問題への社会医学的アプローチ

"If you can't measure it, you can't improve it"

〜測定できなければ改善できない〜　ケルビン卿

加害者家族問題について、先の問題解決の4ステップで考察する。

1　加害者家族問題の発見

まず、加害者家族とはどんな人々か。加害者家族支援団体であるWorld Open Heart（以

では、道路設計と設備、道路の保守管理、交通規制、車両の安全設計、車検制度、ドライバーの研修・免許制度、交通安全キャンペーン、警察の取締り、事故後の通報から救急まで、それぞれの対策の効果を統計的に検証している。

下、WOH）は、「加害者家族」を「自ら犯罪や不法行為を行なった行為者ではないが、行為者と親族または親密な関係にあったという事実から、行為者同様に非難や差別に晒されている人々」と定義している［↓一五頁］。

こうした人々はどれくらいいるのだろう。法務省の令和二年版「犯罪白書」によると、二〇一九（令和元）年は、殺人で約一〇〇〇人、強制性行等、強制わいせつ、公然わいせつで約五〇〇〇人が検挙されており、こうした事件の容疑者はメディア等に扱われる可能性がある。また、交通事故死者数は年間三〇〇〇人程度であり、これも自損事故でなければ加害者が存在する。これらの（まだ刑が確定していない容疑段階の）加害者の家族は、存命であれば両親が、さらには兄弟、配偶者、子供など

表1　刑法犯の検挙人数等（抜粋）

2019（令和元）年

罪名	認知件数	発生率	検挙件数	検挙人員	検挙率
総数	748,559 (-68,779)	593.3 (-53.1)	294,206 (-15,203)	192,607 (-13,487)	39.3 (+1.4)
殺人罪	950 (+35)	0.8 (+0.0)	945 (+59)	924 (+88)	99.5 (+2.6)
強制性交等	1,405 (+98)	1.1 (+0.1)	1,311 (+121)	1,178 (+90)	93.3 (+2.3)
強制わいせつ	4,900 (-440)	3.9 (-0.3)	3,999 (-289)	2,926 (+ 3)	81.6 (+1.3)
公然わいせつ	2,569 (-78)	2.0 (-0.1)	1,770 (+23)	1,464 (-40)	68.9 (+2.9)

＊筆者が令和2年版「犯罪白書」〈https://www.moj.go.jp/content/001338452.pdf〉をもとに作成。

を含めると、年間数万人が「加害者家族」となっていると想定される。

データにより全体像をつかんだら、次に行うのは当事者インタビュー（主訴の聴取）である。人体の治療は問診に始まり問診に終わるが、社会病理の治療は当事者インタビューに始まり当事者インタビューに終わる。当事者とコミュニケーションを取らずに、机上の空論で治療を行う（問題に介入する）ことは、税金のムダや事態の悪化を生みかねないことから、厳に慎むべきである。

主訴の聴取を一〇年以上行ってきたWOHによれば、これら加害者家族は、警察からの出頭要請と取調べ、メディアによる集団的過熱取材（メディアスクラム）、近所の人からの苦情や嫌がらせ、インターネット上での誹謗中傷、職場や学校での嫌がらせなど、物理的・精神的に凄まじい苦痛を受ける。さらには、家族の犯罪を防げなかった自責の念や、被害者への損害賠償、その後の人生設計の破綻など、精神的・経済的負担は長期に及ぶ（**図5・6**）。実名報道された事件はインターネット上に逮捕記事が残り、家族のプライバシーなども晒されることから、「デジタルタトゥー（刺青）」として問題視されており、名誉毀損やプライバシー権侵害にあたる記載をされた加害者家族は、サイトの管理者に対して、削除依頼をすることができるが、実際に削除に応じてもらえるかどうかはさまざまな事情によ

図5　犯罪者処遇の概要

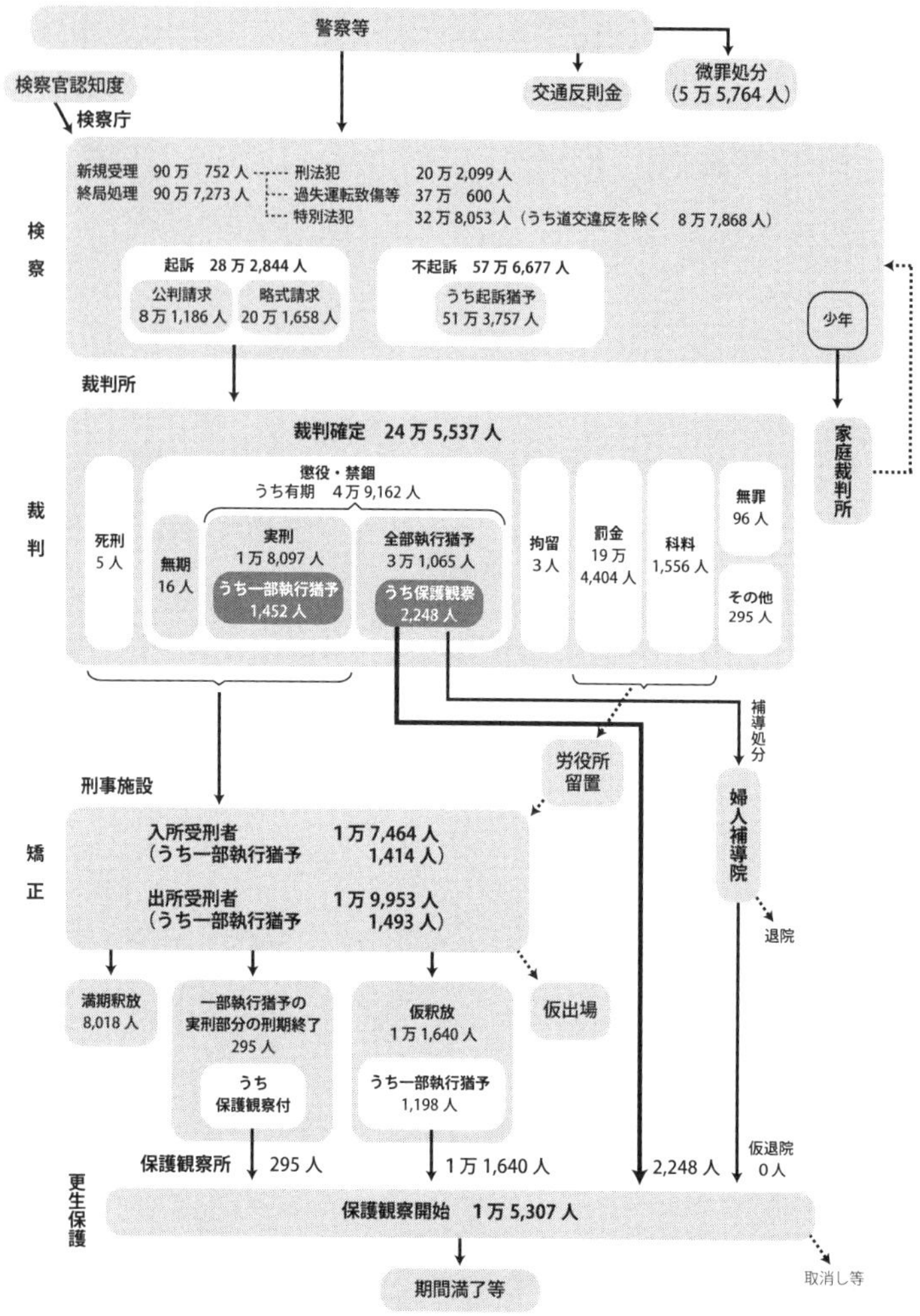

＊令和２年版「犯罪白書」（数字は令和元年）〈https://www.moj.go.jp/housouken/housouken03_00027.html〉。

り判断されることから、確実であるとは言えない。

加害者家族問題は、それまでの生活が突然奪われ長期にわたりさまざまな困難に見舞われることから「ギャップ」が存在し、支援によって困難を軽減することができるため「対処可能」であることから「逸脱型」の問題である。

社会問題の治療の優先順位付け（トリアージ）は、問題の「重要性」（Significance：社会全体への影響が大きいか）、「緊急性」（Urgency：放置すると問題が悪化するか）、「対処可能性」（Resolvability：ギャップを埋める

図6　加害者家族の抱える問題例

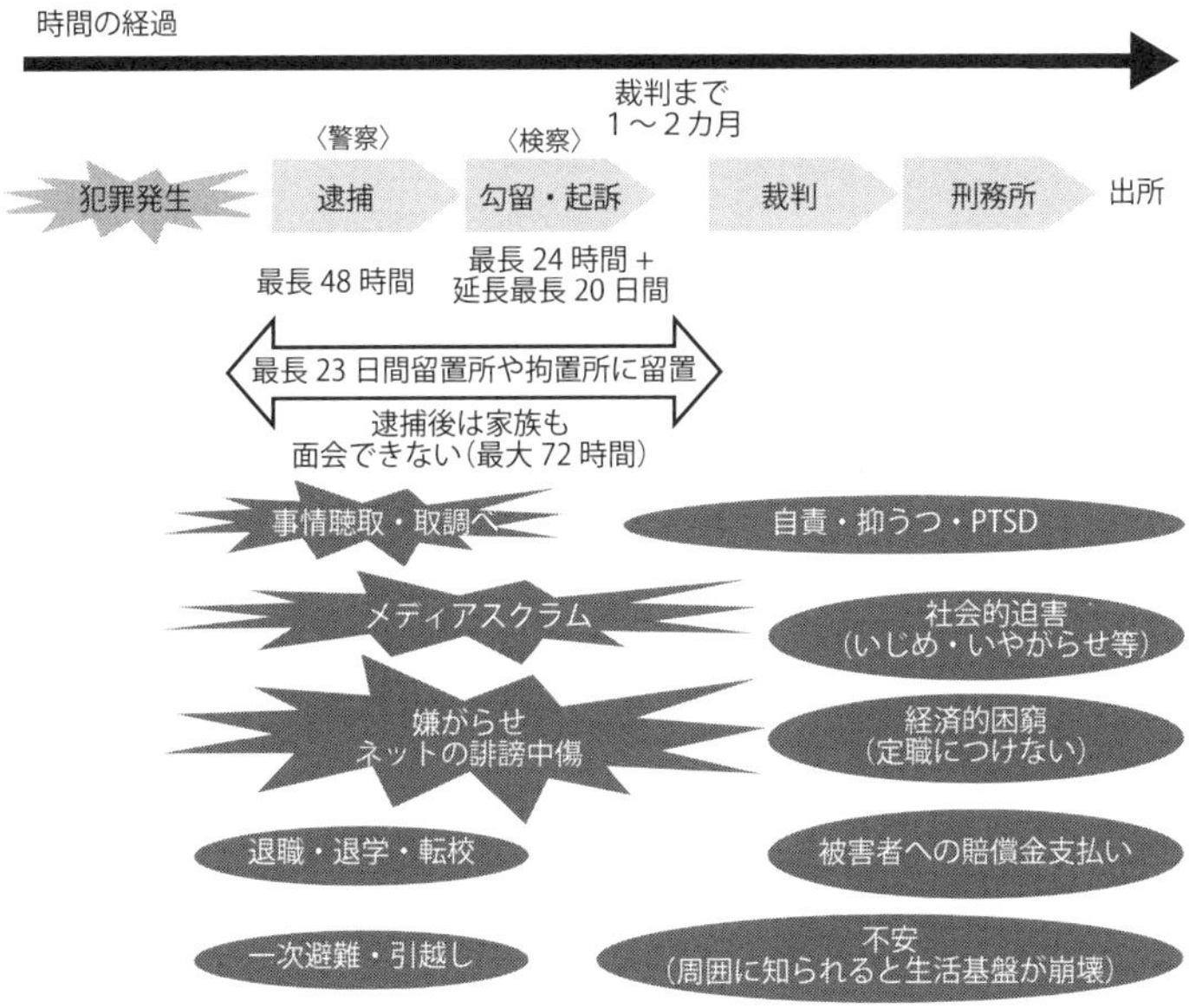

方法があるか）から判断するが、加害者家族問題は、数万に及ぶ多くの人々に関係すること、対処が遅れると自殺などの取り返しのつかない事態となる可能性があること、WOH等による支援がすでに成果をあげていることから、優先順位の高い問題であると言える。

2 問題の定義

続いて、この問題の定義＝数値目標の設定を行う。

問題を定義する際には、具体的に「誰にとって」（who）、「何が問題なのか」（what）を決める必要があるが、複雑系の全体像を少しでも正しく理解するため、まず関係者分析を行う。関係者分析とは、事業の対象となる人々や周辺に住む人々、関連するグループ、関わる組織・機関について分析を行うことで（**図7**）、医学でいうところの解剖学・生理学に相当する。関係者分析を通じて、介入により誰を救おうとしているのか（受益者）、誰が動けばいいのか（実施者）、誰の協力を期待できるのか（協力者）、誰が反対しそうなのか（反対者）等を事前に把握することができ、数値目標設定の際の注意すべき副作用（今回であれば被害者の心証の悪化など）を事前に指標化することが可能となる。関係者分析は、当事者である加害者家族を含むワークショップでの議論（ポストイットでメンバーが思いつく関係者を書き出していく）が有効である。

数値目標（最終目標：OG）は、「誰にとって」（who）、「何が問題か」（what）を定義するものだが、先に述べたとおり、モノサシとゴールの設定は問題解決プロセスの最難関である。OGは、関係者が納得できるものでなければならず（でないと絵に描いた餅になる）、関係者に共有され、合意を得る必要がある。西洋に"A problem shared is a problem halved"（問題が共有されたら半分解決したものと同じ）という諺があるが、関係者が問題と目標（数値化されたゴール）を共有できれば、問題は半分解決したといえるだろう（あとは時間をかけてその目標に向

図7　加害者家族の関係者分析例

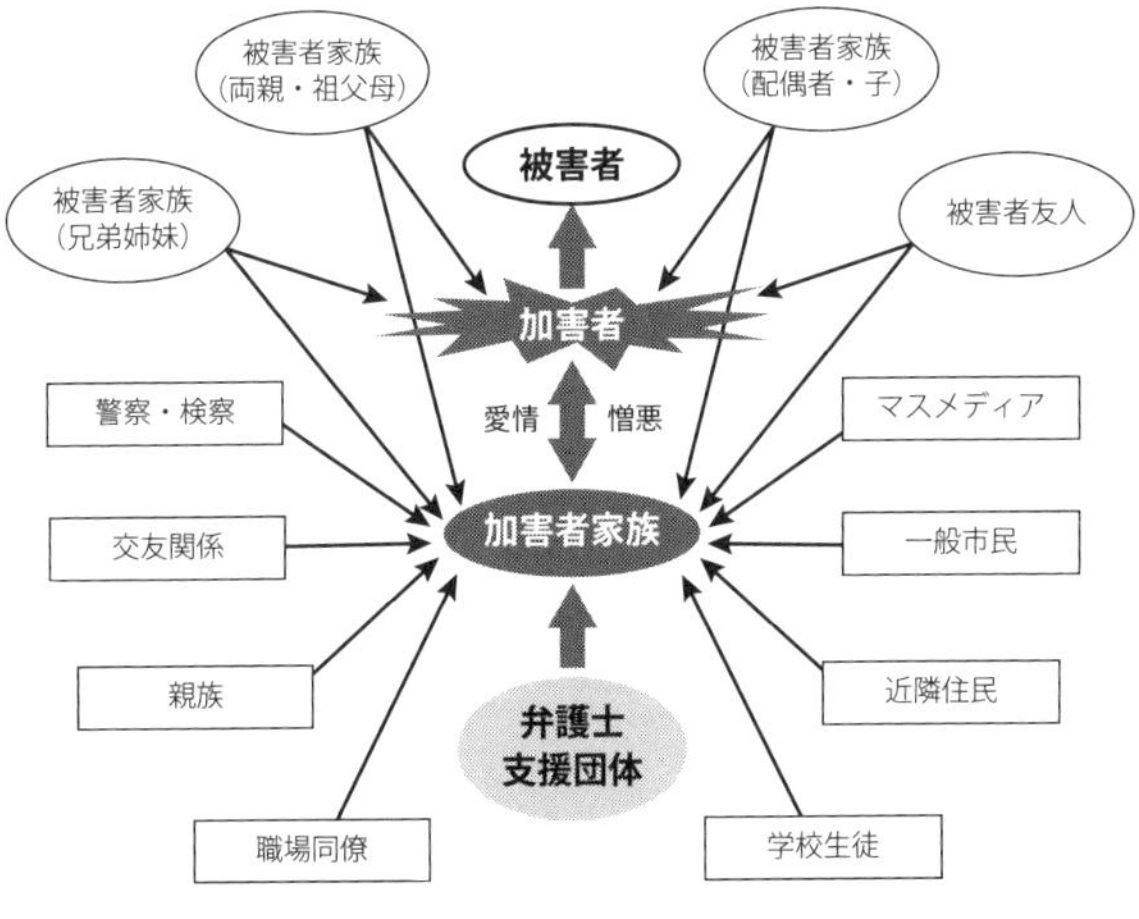

かって進めば良いため）。もちろん関係者はさまざまであり、関係者全員の合意を得ることは困難だが、数値目標の共有は重要なプロセスであり、可能な限り関係者の調整をする必要がある。当然、加害者家族支援の目標設定は、被害者家族の心情にも配慮したものとしなくてはならない。行政の現場ではこのあたりが難しく、「指標は必要なのか」「指標（モノサシ）を合意するだけでも大変なのに目標数値まで合意しなければならないのか」「かえって数値が一人歩きしないか」「達成できなかったときの責任はどうするのか」などの反対を受けるが、数値化されない目標は制御もできず達成もできない。工場に掲げてある「安全第一」という看板はただのキャッチフレーズでしかなく、実際に事故件数を測らないと安全管理はできない。そして、安全対策の優れた他の工場や他の会社の水準を数値目標とすることで改善点がわかり、事故件数を対策前と対策後で比較することでその対策が適切であるかどうかもわかるのである。

ここでは、OGを、①「加害者家族にとって」「人権が踏みにじられないこと」（指標：自殺者数）、②「加害者にとって」「家族の支えで社会復帰できること」（指標：家族と加害者との関係性、再犯率）、③「関係者にとって」「憎悪の連鎖が進み結果的に全員更に不幸にならないこと」（指標：正義中毒患者人口、ネット上の誹謗中傷に関する判例の周知度、被害者・被害者家族の「ゆるし」度)、と仮定して考えを進めてみたい。

一つ目のOGは、加害者家族の自殺者数(目標：〇人)とする。自殺に着目する理由は、ハインリッヒの法則(Heinrich's Law)による。ハインリッヒの法則とは、一件の重大な事故の陰には二九件の軽微な事故があり、三〇〇件の異常(ヒヤリ・ハット)があるというものである。ハインリッヒの法則は工場における事故統計に基づいており、加害者家族の自殺とは背景が異なるものの、一件の自殺に至る事例の陰には、数多くの加害者家族の苦しみがあることは間違いないだろう。自殺ゼロを数値目標におくことで、そこに至る要因を分析して対策を講じることが可能となり、結果的には多くの表面化しない家族の苦悩を減らすことができる。

二つ目のOGは、加害者の更生・再犯防止と社会復帰に関するものである。家族の存在は、加害者の更生・再犯防止と社会復帰を支える大きな基盤となる。WOHの支援事例から、加害者家族への支援が加害者に影響を与え、再犯の抑止として働いていることがわかるが、家族が加害者との縁を切りたいと考えているケース、DV(家族への虐待がある)のケース、共依存で家族のもとに返すと逆に再犯率が高まるおそれがあるケース、加害者が家族に深い恨みをもっているケースなど、実態はさまざまであることから、加害者家族の

「出所したら社会復帰を支援したいと思うか（支援可能性）」の回答および加害者の「出所したら家族と暮らしながら社会復帰したいか」を数値化して時系列の変化を見つつ、再犯率を高めないような関係性を模索することになる。具体的には、加害者と加害者家族のそれぞれの数値を「悪化させないこと、可能な限り改善すること」となるが、先のDVのような両者の関係を隔絶すべきケースでは「両者の関係が隔絶されること」が数値目標となる。家族の支援によって再犯率を下げることがOGなので、ケースによって評価のモノサシは柔軟に捉える必要がある。また、そうした場合であっても子どもの気持ちには充分な配慮が必要であり、「子どもの加害者との関係性の希望が満たされること」も指標として測定する必要がある。

三つ目のOGは、関係者に関するものである。殺人や強姦、いじめなどの犯罪は、関係者の心にも深い傷を残す。加害者家族への支援は、加害者や加害者家族を「殺してやりたい」と思う関係者の心の傷に塩を塗る行為と捉えられかねない。[6] このため、まずいわゆる中野信子氏のいう「正義中毒患者」[7]、自分や自分の身近な人が直接不利益を受けたわけではなく、当事者と関係があるわけでもないのに、加害者に対して強い怒りや憎しみの感情を持ち、知りもしない相手に非常に攻撃的な言葉を浴びせずにいられない、他人に「正義の制裁」を加える快感の中毒に陥ってしまった人を減らすことが重要である。正義中毒患者数は統計がないため、法務省の「インターネット上の人権侵害情報に関する人権侵犯事件」（年間約二〇〇〇件：後述）や総務省の「違法・有害情報相談センターにおける相談件数」が代替指標となるだろう（数字が多いほど正義中毒患者が多い＝望ましくない）。ここでの数値目標はゼロ件となる。

あわせて、インターネット上での誹謗中傷は犯罪になり、侮辱罪で刑事処分を受けた（前科がついた）ケースもあること（東京簡判令三・三・三〇）などを周知する必要があるだろう。これも適当な指標データがないため、「ネット上の誹謗中傷で前科がつくことがあることを知っていますか」というアンケート調査を行い、その認知率を代替指標とすることができるだろう。

被害者・被害者家族の「ゆるし」の有無は、加害者家族支援の運動を破壊する可能性のある重要なファクターである（PCM手法でいうキラー・アサンプション：介入行為を成り立たせなく

6 加害者への弁護に関する参考文献として前掲註1書を、いじめに関する参考文献としては羽海野チカ『3月のライオン［第五巻］』（白泉社、二〇一〇年）を推薦したい。

7 中野信子『人は、なぜ他人を許せないのか？』（アスコム、二〇二〇年）。

する要因のこと）。このため、加害者家族支援をする際には、被害者および被害者家族の加害者に対する怒り・憎しみが増さないような手法を模索する必要がある。こうした観点から、OGに被害者・被害者家族の「ゆるし」度（加害者への憎しみ度の逆数）を設定すべきだろう。ここでの数値目標は「ゆるし度を悪化させない」となる。

なお、これらのOGは、一度作ったらずっと固定されるものではない。OGの変更はプロジェクトの変更に直結するため、安易なOGの変更は避けるべきだが、社会や問題の背景は日々変化し、測定技術も日々開発されるので、関係者がより妥当だと思う指標が見つかればそちらに変更すべきである。心臓病を診断するのには、血圧だけしか測れないより心電図があった方が良く、心エコーやCT、MRI、心臓カテーテルができればなお良いのと同じである。

3 対策の実施——何から手を打てばいいか

対策の実施は、OGを基に①ロジック・ツリーを作る、②ベスト・プラクティスから学ぶの二つのアプローチで行う。ここではOG①「加害者家族の自殺者数」を取り上げる。

自殺の要因についてはさまざまだが、NPO法人「自殺対策支援センター　ライフリンク」は、二〇一三年に「自殺実態白書」を公表し、遺族等からの聞き取り調査をすることで亡くなった五二三人の「危機経路」を明らかにした。[8] 自殺の場合は、亡くなった本人から聞き取りができず、遺族も関係者であり得られる情報にバイアスがかかる可能性もあるため、自殺の「本当の理由」は明らかにはできないものの、同白書は非常に多くの示唆を与えてくれる。

たとえば、同白書によれば、職業等の属性によって、「自殺の危機経路（プロセス）」に、一定の規則性がみられた。これは、その人のおかれた状況によって、共通の自殺要因が作用する可能性を示唆している。であるなら、「加害者家族」のおかれた状況で作用する共通の自殺要因を関係者から聞き取って特定し、それらを一つずつ除去すれば、自殺者を減らすことができるだろう（**図8**）。要因が特定されれば、あとはその要因をトリアージし〔↓五三頁〕、重要なものからプロジェクトを立ち上げ、プロジェクト目標（PG）を設定し、対策を実施することになる。

8　「自殺の危機経路」『自殺実態白書2008［第二版］』参照〈https://www.lifelink.or.jp/Library/whitepaper2_1.pdf〉。

このうち、メディアスクラムについては、二〇一九年七月に起きた「京都アニメーション放火殺人事件」で、遺族の多くが実名報道を拒否したにも関わらず報道機関が犠牲者三六人を実名で報道したことに対する非難を受けて、一般社団法人日本新聞協会編集委員会は二〇二〇年六月に「メディアスクラム防止のための申し合わせ」を公表するなど、一定の進捗はみられている。これも「メディアスクラム」の発生件数や対象者へのアンケートにより数値化が可能であり、「メディアスクラム低減プロジェクト」として数値PGを毎年追いかけることで、被害を減らすことが可能になる。

なお、逮捕報道については依然として逮捕された者のプライバシーに関する明確な基準がなく、

図8　加害者家族の自殺要因例

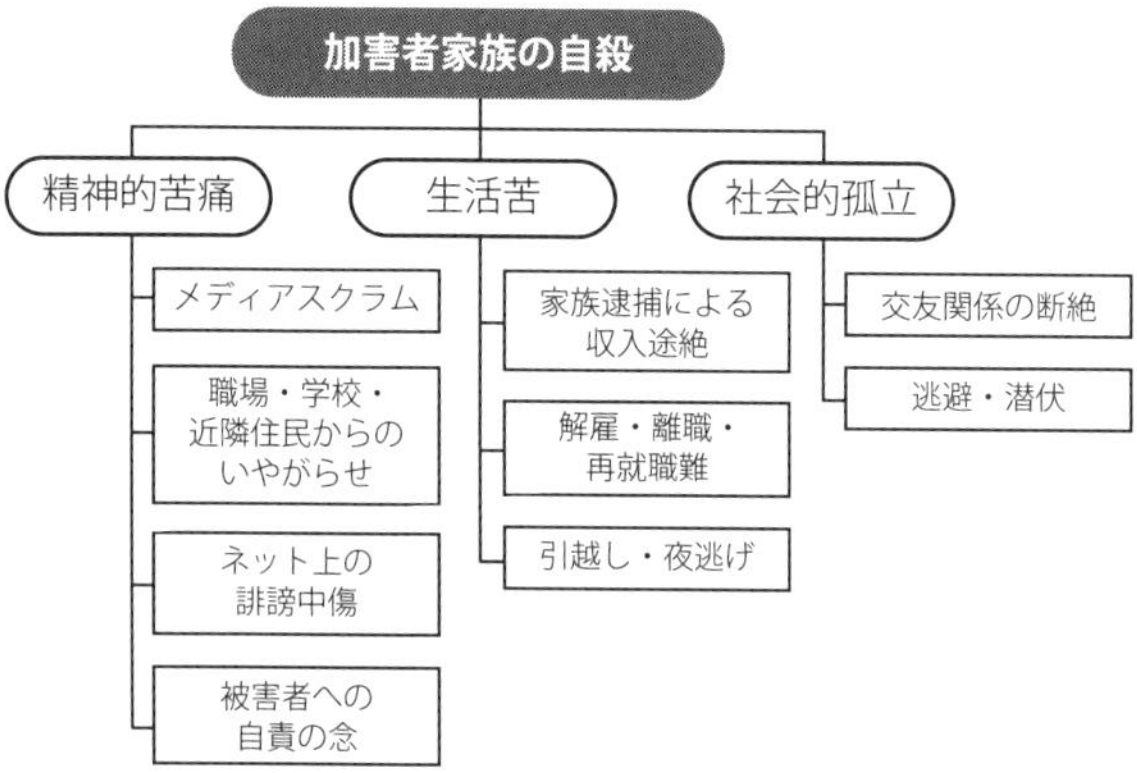

警察側と報道側の都合で実名報道が社会的制裁として用いられている。周辺住民の不安解消は逮捕したという事実の公表で十分であり、有罪判決が決まる前は推定無罪の刑事訴訟法の原則に基づき匿名報道とすべきか否か、議論が必要だろう。

それでもネット上での〝さらし〟（住所・携帯電話番号・顔写真など個人を特定する情報を本人に無断で電子掲示板などのネット上に公開すること）は発生する可能性がある。こうした〝さらし〟や加害者家族に対するネット上の誹謗中傷については、SNSで誹謗や中傷の投稿をした人物を速やかに特定できるように、新たな裁判手続を創設する「改正プロバイダ責任制限法」が二〇二一年四月二一日の参議院本会議で可決・成立した。この法律では、SNSでの誹謗や中傷による被害を防ぐため、投稿した人物に関する情報開示を速やかに進める新たな裁判手続を創設することとしている。すでにネット上での誹謗中傷に対する刑事訴訟も行われており、書類送検となる事例も出ている［↓五九頁］。こうした情報が広がり、教育の場でも授業で教えられれば、「ネット上の誹謗中傷」の件数を減らすことができるだろう。ネット上の人権侵害については、法務省が把握している数値を公表しているので、[9]

9　法務省「令和2年における『人権侵犯事件』の状況について（概要）」〈https://www.moj.go.jp/content/001344258.pdf〉。

こうした数値を確認し続ける必要がある（ネット上の誹謗中傷減少プロジェクトのＰＧ：目標数値は二〇三〇年までにゼロ件とする、など）。

また、社会的孤立の解消を含め、加害者家族が弁護士・ＮＰＯ法人等の支援者とつながれることには、自殺の各要因を大幅に引き下げる効果がある。これはプロジェクト「加害者家族と支援者マッチングプロジェクト」として、ＰＧを「殺人等の重大犯罪の加害者家族とつながれた割合」として数値化し、この数値を上げていく努力をすれば良い。具体的な手段としては、「犯罪者」「家族」「助けて」のようなキーワード検索で支援者情報が上位にくるようにする（二〇二一年一〇月一〇日現在で「子ども情報ステーション」の記事がGoogle検索、Safari検索でトップに掲載されており、支援者情報が掲載されているので問題ない）、法テラスで受け付けた加害者家族が支援者団体を知っていたという認知率を上げる（別途アンケートや情報提供活動が必要）など、加害者家族がアクセスする先の情報の質を高めることが必要である。なお、加害者家族への連絡は警察から行われることが多いため、「被害者家族向け」「加害者家族向け」のチラシを法務省が作成し、連絡する際に必ず渡すようになることが望ましい。

こうした一つひとつの要因をつぶしていくのが要因分析型アプローチだが、じんわりと漢方薬のように効く処方箋もある。このケースでいえば、「加害者家族＝悪」という感情である。この「加害者家族＝悪」の感情については、HUFFPOSTがネット上で二〇二〇年十二月〜二〇二一年一月にアンケート調査を行なっており、寄せられた八八四件の回答者のうち、三二八件（約三七％）が「家族に責任がある」、一〇九件（約一二％）が「（加害者家族への）批判・バッシングに賛同する」であった。[10] その理由としては家族の責任については、「加害者の家族の一員だから、連帯責任がある」「予兆があったはずで、それを見てみぬふりをしていたり対応をしていなかったりしたから、事件が起こったのではと考えるから」「被害者が拠り所がなくなってしまうから」「加害者が未成年の場合は親に監督責任があると思うから。加害者が成人の場合は家族に責任はないと思う」などであり、批判への賛同は「性犯罪や凶悪犯罪を犯した人間の家族が〝自分は関係ない、自分も被害者〟は間違っている」「バッシングされることで犯罪抑止となるなら良いと思う」「加害者本人の責任意識を認識させるのに必要」「被害者からしたら加害者家族も加害者で、当然だと思う」「加害者の子供には同情するけど、事件によっては仕方ないと思う」などであった。ただし、この回答は

10 HUFFPOST 二〇二〇年六月八日記事「加害者家族バッシング、なぜ起きる。880の回答が示す『日本特有の〝個人〟の捉え方』【アンケート調査】」〈https://www.huffingtonpost.jp/entry/story_jp_6061b771c5b66d30c7466aff〉。

同社の二〇二〇年十二月の記事を読んだ読者が回答しており、加害者家族に同情的なサンプルバイアスがあることに注意が必要である[11]（実際は加害者家族により厳しい割合となる可能性がある）。

だが、こうした「加害者家族＝悪」という感情も、先の『手紙』（二〇〇六年）、『誰も守ってくれない』（二〇〇九年）、『望み』（二〇二〇年）などの映画を観ることで、変化する可能性がある。映画の視聴後のアンケートで意識変容（加害者家族は悪だと思うか、責任があると思うか、批判・バッシングは当然か）をみることで、どの映画が、どんな対象の意識変容に効果的かを数値化することができるだろう。逆に、犯罪者のドラマや映画による意識変容をみることで、世の中全体に加害者家族＝悪とする情報とそうでない情報のどちらが多いかを評価でき、改善も可能になるだろう（加害者家族＝悪イメージ改善プロジェクト）。

4　評価と退出

実施された対策に効果があったかどうかは、情報が公開されることで評価可能となる。

重大犯罪の犯罪者の家族数（二親等以内）、うち取調べを受けた加害者家族数、自殺した加害者家族数等の数字を公表する（少なくとも学者や支援団体等の関係者には公開される）ことで、加害者家族のおかれている状況を把握・評価することができる。逆に、各プロジェクトの取組みが数値化されていないと、状況が改善しているのか悪化しているのかもわからない。

OG、PGが数値化されていないと、

① プロジェクトが成功したか失敗したかわからない
② 成功したことがわからないと報酬を与えられない
③ 成功に報酬を与えていないということは失敗に報酬を与えていることになる
④ 成功がわからなければそこから学ぶこともできない
⑤ 失敗がわからなければそれを改めることもできない
⑥ 成功を証明できればさらなる支援を得ることができる

（David Osborne, Ted Gaebler, Reinventing Government, 1992）

なお、社会問題を解決するための資源は限りがあるので、評価によってOGが改善したら、関係者の自助努力に任せて、政府は徐々に退出する必要がある（必要に応じてモニタリン

11 検索される恐怖に怯えた日々。夫の逮捕でブログ急上昇【加害者家族の告白】（二〇二〇年十二月二日：HUFFPOST 記事）〈https://www.huffingtonpost.jp/entry/story_jp_5f891a43c5b6dc2d17f5720d〉。

グは行う)。

おわりに

「わたしはあなただったかもしれない」。

これは以前ODA(政府開発援助)を担当していたときにODAのPRポスターに書かれていたキャッチフレーズである。犯罪は伝染病のように世界中にあり、誰もが交通事故加害者や交通事故加害者の家族になる可能性がある。

ネットを通じた加害者家族の個人情報の流出やバッシングは、被害者に代わって加害者の関係者に報復するという「社会的正義」の名の下に行われるもう一つの犯罪(侮辱罪等)であり、別の被害者を生む行為ともなる。また、そこで行われる人権侵害を正義だとされては、マイノリティーへの人権侵害を容認することにもなりかねない。

石打の刑が廃止され、犯罪者の人権が保障されるようになったのは近代民主主義の勝利であった。すなわち、犯罪者の人権が保障されないということは、時の権力者が気に入らない者を犯罪者にでっち上げ、拷問等を加えて自白させ、裁判でも有罪にさせることができることになる。犯罪者に対する刑事の捜査や裁判手続が適正、適法になされること、つまり犯罪者の人権が保障されるということは（心理的には受け入れがたいものだが）、結局は、国民すべての自由、人権を保障することにつながるのである。

コミュニケーションは社会の病気の万能薬であり、ネットの言論統制は健全なコミュニケーションを妨げる別の「社会の病気」を生む。ネット被害を数値化するとともに、政府の言論統制も数値化すれば、ネット被害を減らしつつ政府の言論統制・検閲のリスクを高めない対応が可能となる。それぞれのモノサシ（指標）を持つことで社会問題の制御は可能である。測れないものは制御できない。社会の健全性が損なわれないよう、人権侵害へのリテラシーが必要であり、そのモノサシの開発と普及が求められるだろう。

本論では、社会問題は複雑かつ多様であり、その解決は容易ではないものの、社会医学的手法を用いてOG、PG等を設定することで制御が可能になることを示した。本来であれば、「社会の病院」たる行政府や「社会の医師」たる公務員が、社会問題の制御手法を学び、実践していくことが望ましいが、現在の公務員試験では一般教養と行政学・法学・経済学等の専門知識は求められるものの、医師の国家試験で求められる体系的な基礎医学・応用医学に相当する知識は問われない。社会問題の制御手法に関する学問体系＝社会医学の確立と、それを専門で学ぶことができる専門機関（公共政策大学・社会医学科など）が必要だろう。

「新しいあたりまえ」を創ることをソーシャルイノベーションという。イノベーションは「発明（インベンション）×普及（ディフュージョン）」であり、携帯電話などの新商品・サービスが発明されて社会に普及することを言うが、ソーシャルイノベーションは「解決策（ソリューション＝クスリ）×普及（ディフュージョン）」であり、新しい概念や制度などが発明されて社会に普及することをいう。たとえば、昔の米国では奴隷制度があたりまえだったが、現代社会では奴隷制度がないのがあたりまえである。これはストウ夫人の『アンクルトムの小屋』（一八五二年）という一冊の本の影響が大きい（これによって奴隷制度＝悪という概念が米国に広がった）。全国のスパイクタイヤの規制は、仙台の一主婦から河北新報社への投書（一九八一年）から始まった（スパイクタイヤ追放キャンペーン：一九八三年に新聞協会賞を受賞）。「セクハラ」といえば今では性的いやがらせであり、悪質な場合は犯罪になると多くの人が知っているが、この言葉が広く使われるようになったのは一九八九年に晴野まゆみ氏が元職場の上司を相手取り日本初の民事訴訟を起こしたことによる。

どんな大きなソーシャル・イノベーションも、始まりは一人だった。米国の人類学者マーガレット・ミードは「思慮があり、行動力のある人々はたとえ少数でも世界を変えられる―それを決して疑ってはならない。実際、それだけが これまで世界を変えてきたのだから」という言葉を残している。加害者家族支援の取組みも「加害者家族＝悪とは限らない」という「あたらしいあたりまえ」を生み出すことを期待したい。

＊なお、本論の内容は筆者個人の見解であり、所属する組織を代表したものではないことを申し添える。

第3章

加害者家族支援と修復的正義

宿谷晃弘（しゅくや・あきひろ　東京学芸大学准教授）

はじめに

加害者家族支援の理論的基礎に関する研究は、管見の限りでは、実践ほどは進んでいないように見受けられる。[1] これは、我が国の実践実務の関心と考察の焦点が加害者本人に（あるいは、近年は被害者側に）あったためであり、さらに言えば、加害者〝側〟の家族という、その〝属性〟自体が意識化の進展を妨げる一因であったことも否定できないだろう。そもそも、加害者本人の保護・支援それ自体が、幾多の努力の産物であり、決して自明の事柄でなかったことは、近代日本の刑事政策的思考の形成期の議論からも明らかである。たとえば、我が国の刑事政策的思考を体系化した牧野英一は、一九〇六(明治三九)年の講演で、加害者本人への一般的な感情のあり方について、次のように描写している。

監獄に居る者の顔を見、彼等は或は人を殺した者である、或は窃盗、強盗をした者であると考えて見ると、少しも気の毒には思われないのであります。[2]

牧野の描写は、今日でも十分通用するものであろう。このように、加害者本人の保護だけでも強固な根拠を必要とするがゆえに、我が国の、犯罪現象への介入に関する理論的・実践実務的関心は、形成期から現在に至るまで、主として加害者本人に関係する事項に集

1 もちろん、阿部恭子を中心に理論的成果が生み出されていることはたしかである。たとえば、阿部恭子編著『少年事件加害者家族支援の理論と実践――家族の回復と少年の更生に向けて』(現代人文社、二〇二〇年年)、阿部恭子編著『加害者家族の子どもたちの現状と支援――犯罪に巻き込まれた子どもたちへのアプローチ』(現代人文社、二〇一九年)等を参照。この他にも、佐藤直樹『加害者家族バッシング――世間学から考える』(現代書館、二〇二〇年)等を参照。

2 牧野英一「刑事政策と労働問題」同『刑事学の新思潮と新刑法』(有斐閣、一九一九年)一三五頁。

中してきたように思われる。

だが、加害者家族支援の重要性は、犯罪現象への刑事政策的介入の領域においても否定されえないであろう（もちろん、刑事政策的介入においては、支援ではなく、介入・保護が問題となるであろうが）。そして、修復的正義（Restorative Justice：以下、ＲＪ）からは、新たな視点に基づく加害者家族支援の根拠が主張されえよう。

本稿は、加害者家族支援の理論的基礎を、ＲＪの観点から粗描する。理論構築の試みは、一般的に空中戦になりがちだが、加害者家族支援の試みが発展途上の我が国では、本稿の作業もいくばくかの実践的意義を有すると信ずる。

以下においては、**「加害者家族への〝帰責〟の正当性・妥当性について」**で、一般的な加害者家族像、とくに犯罪発生の責任を加害者家族に問う論理の正当性・妥当性を検討する〔↓七五頁〕。次に**「社会的責任論の現代的意義とその限界」**で、我が国の従来の刑事政策論の根底にあり、加害者家族保護論を提示しうる牧野英一の社会的責任論を概観し、その現代的意義と限界を見ていく〔↓八〇頁〕。そして、**「加害者家族支援の理論的基礎について――ＲＪの観点から」**で、牧野の社会的責任論との対比を通じて、ＲＪの加害者家族支援論の輪郭を粗描する〔↓八七頁〕。

加害者家族への〝帰責〟の正当性・妥当性について

加害者家族とは、そもそも誰のことを指すのであろうか。一般的にイメージされる加害者家族像とは、次のようなものであろう。つまり、加害者本人と血縁関係を有するがゆえに、加害者本人の人格形成や行為について責任を有する存在というものである。

ここでのキーワードは、血縁と責任である。一般的な加害者家族像では、主として次のα、β、γの三つの通路を経由して、血縁という事実が帰責の問題に直結させられているように見受けられる。すなわち、まずα：「道徳主義型」、これは、つまり、加害者家族は犯罪発生に、わかっていながら、あるいは誤って寄与したがゆえに責められるべきとする意識のことをいう。この意識は、次の諸要素を含んでいる。すなわち、α－1「加害者家族と犯罪発生との間の因果関係」、α－2「加害者家族による（加害者本人を扶養する義務に限定されないものとしての）犯罪発生を阻止する義務の不履行、あるいは犯罪発生への積極的な寄与等」、α－3「加害者家族が責任を担い得る能力を有すること、等を無条件に前提とすること」である。次にβ：「社会的処分論型」、これは、つまり、加害者家族に道徳的な責任があるとすると否とにかかわらず、社会の側のコスト分配ないしリスク回避の観点から苦しみを加害者家族に負担させる意識のことをいう。この意識は、次の諸要素を含んでいる。すなわち、β‐1（コスト分配的要素）：加害者の行為の結果として引き起こされた社会的復讐感情の解消や再犯防止、消極的一般予防効果の達成といった負担は、加害者家族が担うべきとする意識、あるいはβ‐2（リスク回避的要素）：遺伝や家庭環境等（さらには加害者が犯罪を犯したことがもたらす困難等）がもたらすと考えられている犯罪傾向から生じうる害悪およびその害悪の予想がもたらす不安感、および犯罪者との接触・関わりが招きうる悪評・悪影響等がもたらしうる不利益を遠ざけようとする意識である。そして最後にγ：αとβの諸要素の混在である。

このような帰責の公式（以下、帰責公式と表記）に対しては、素朴な疑問として、第一に、そもそも、本公式の前提となっている規範はどのようなものであるか（規範の内実の問題）、第二に、本公式の帰結として、どのような責任・制裁が発生するのか（責任・制裁の内容・範囲の問題）、などといったものが生じえよう。

第一に、帰責公式において前提とされる規範の内実の問題であるが、この問題の検討のために、上記の血縁と責任とを結ぶ通路について、それぞれ見ていくことにしたい。

まず、αは道徳ないし倫理的な感情に基づくものであることは一目瞭然である。しかしながら、その内容は曖昧模糊としたものに過ぎない。

たとえば、α－1について言えば、加害者家族が子ども（や場合によって親戚なども）の場合には、加害者家族と加害者本人の行為との間に事実の話として因果関係を肯定することは難しい場合が多いだろう。また、夫婦であっても事実の話として因果関係がどこまで認定されうるか明らかではないし[3]、仮に認定されえたとしてもそこにどこまで規範的な重みを持たせうるかは判然としない。そして、親に関しても、親の一挙手一投足がすべて子どもに影響を与えるわけでもないし、遺伝が唯一の決め手になるわけでもない。仮に親と子の行為との間に何らかの因果関係が肯定されうるとしても、それはたとえば社会構造などの他の要因との比較のもとで考慮されなければならない。

そして、因果関係の存在のみが帰責を決定するわけではない。α－2やα－3などについても考えていかねばならないが、まずα－2に関して、たとえば、子どもなどには、そ

3　たとえば、極端な場合として、加害者家族（妻）が加害者本人（夫）から暴力を受けている場合等を念頭に置くこともできよう。もちろん、純粋に法則の問題として考えるならば、この場合にも何らかの因果関係が肯定されることもあるかもしれない。しかし、仮にそうだとしても、さまざまな因果の流れの中で、妻と加害者本人の行為との間の流れは、どれほどの比重を占めているのかが検討されねばなるまい。

もそも犯罪発生を阻止する義務があると言えるだろうか。また、夫婦についても、仮に阻止義務があるとしてその義務を履行する能力があると言える事例ばかりであろうか。そして、親についても、やはり義務を履行する能力の問題等を考える必要があるし、たとえば成人した後も犯罪阻止義務があるとすべきだろうか。次にα－3について、仮に前提とされる規範やそこから生じる責任が妥当なものだとしても、そもそも加害者家族が責任を担いうるかということも検証されなければならない。責任を担う能力のない者に対してまで責任をとれと詰め寄っていくのは、復讐感情としては自然なことだが、道義的に見て正当な行為とは評しがたいように思われる。

次に、βは完全に個人を無視した政治主義ないし政策主義とでも呼ばれるべきものであると言えよう。もちろん、αについても、家族規範（家族は家族の構成員のすべてについて互いに責任を負うべきだとする規範）や秩序規範（家は、社会の単位として社会の維持・発展にすべてを捧げるべきであるとする規範）等を土台としており、秩序や家の論理を優先させている点で個人尊重の要素は有していない。だが、（百歩譲って）少なくとも道徳という形で内面を問題にしている限りにおいて（個人というより）一個体の〝主体性〟に対する一定の感覚は有していると言えなくはない。これに対して、βは一個体の事情には見向きもしない。そこにあるのは、社会（ないしそれを僭称する組織・団体等）の都合だけである。それは、道徳等を押し出してくるものの、実際には徹底的に自己利益のみを追求している点において道徳的退廃主義であるとも言えよう。最後に、γであるが、実際には、αかβのいずれかというよりは、それらを含むさまざまな要素の混合からなるγの通路が主流を占めているであろう。しかし、その実態は単なる応報感情・復讐感情の域を出るものではなく、個人や集団の行動や政策などを支える主義信条にまで昇華されていないことは明らかである。

ここまでの記述から、帰責公式が前提とする規範は、その内実・根拠が必ずしも堅固なものとはいえず、仮に結論として大筋を肯定するとしても、綿密な検討を要するものであるということがうかがわれるように思われる。

第二に、規範違反に対する責任・制裁の内容・範囲の問題であるが、仮にそれが無制約であったとしたら、ここでもやはりそれ自体の規範違反性が問題とされなければならない。なぜなら、たとえば、神に対する責任といったような無限責任を前提とするのでない限り、責任は、その範囲・限度を明確にしておく必要があるのであり、その範囲・限度が明らかではなく、個人が担いきれない責任・制裁を発生させることは人の子に与えられた権限をはるかに超えたものだからである。

以上の記述から、素朴な疑問に基づく、概括的な検討によっても、帰責公式は、盤石の基盤の上に築きあげられたものではないことが明らかになってきたように思われる。[4] それでは、社会通念を離れて、我々は加害者家族とどのように向き合うべきなのだろうか。次に、この問いの解明のために、まずは近代学派の社会的責任論の現代的意義と限界を検討することにしたい。

社会的責任論の現代的意義とその限界

加害者本人への介入・保護に関しては、明治以降、さまざまな理論・実践の積み重ねが存在する。このうち、我が国の刑事政策の根幹を形成し、さまざまな問題や断絶を抱えつつも、現在に至るまで多大な影響を及ぼしているものとして、近代学派の理論、とくに牧野英一のそれを挙げることができるであろう。牧野の社会的責任論は、その理論的背景を不問に付すならば、いくつかの点で現代的意義ないし示唆的なものを有すると言える。[5]

このうち、加害者家族についても、（牧野自身は、管見では議論を展開しなかったとしても）その理論からいくつかの示唆的な帰結を導き出すことが可能であろう。

本節では、まず牧野の社会的責任論を概観する。次に、牧野の社会的責任論から加害者家族に関して、いかなる知見を引き出すことができ、その限界はどこに存在するかを概観する。

1 社会的責任論の概要——牧野の議論を中心に

社会的責任論というと、一般的には加害者本人の社会に対する責任の側面が意識されることになろう。しかしながら、社会的責任論、とくに牧野のそれは、加害者本人の話に止まるものではなかった。

4 また、加害者家族の責任追及は、犯罪の重大性、マスメディアによる報道・社会の注目度等の、外在的諸要因によっても左右されえよう。このことは、帰責公式の不確かさ・融通無碍の性質を傍証するものであるようにも感じられる。

5 被害者支援への示唆につき、宿谷晃弘「慈愛と統制：大日本帝国期の我が国における被害者の損害填補に関する言説分析を中心に」被害者学研究二三号(二〇一三年)三八〜四八頁参照。

牧野によれば、社会的責任には二つの意味があるとされる。[6] つまり、第一は社会に対する犯人の責任であり、第二は犯人に対する社会の責任である。第一の、社会に対する犯人の責任に関してはよく知られている事柄であるため、字数の関係からも省略し、第二の犯人に対する社会の責任に関する牧野の議論を概観する。

牧野によれば、犯人に対する社会の責任に関して、「犯罪の原因としては社会的なものが特に重要視されねばならぬとされることになった」のであり、そこから次の三つの事項、つまり、①「社会は、犯人を罰することよりも、犯罪の予防政策に努力せねばならぬということ」、②「社会は犯罪に因る被害につき、被害者に対して相当の責任を自覚せねば」ならないこと、そして、③「社会は犯人自身に対して一種の責務を自覚」し、「犯人を人として取扱い、人として修養せしめ、人としてはたらかしめる」教育主義が導かれるとされる。[7]

社会的責任論の理論的土台として、牧野は、社会連帯論を主張する。牧野によれば、「社会的責任論は、社会における各員の責務を基礎として考え、その各《ママ》にそれぞれの所を得しめるということを要点とするのである」が、その背景には、「犯人に対して闘争を試みるべく、あまりに大きなものであり、強いものであり、円満なものであり、絶対なものである」という国家のもつ性質があり、それゆえに「国家は、犯人をさえ、その一員として自己に包容するものでなければならぬ」とされる。[8] 牧野は、犯人に対して道義的責任に基づいて害悪としての刑罰を科すことよりも、犯人をも包摂・同化するところに、「その国家らしさ」が示され、「その道徳的に偉大にして合理的に強固なものたること」が明らかにされるとするのである。[9]

2 社会的責任論の現代的意義とその限界について

(1) 社会的責任論の現代的意義について

加害者家族の扱いに関して、牧野の社会的責任論からは、理論的帰結として、(a)加害者家族への攻撃ないし道徳感情的非難を差し控えるべきこと（帰責公式の否定）、(b)加害者家族を保護すべきこと、などが導き出されうるであろう。

まず、(a)帰責公式の否定であるが、牧野の理論によれば、犯罪に対する道徳的反発は、

6 牧野英一「労働の責務と権利と作用」中央公論四四巻九号（昭和一九二九年）一五〜二一頁参照。
7 牧野・前掲註6論文一七〜一八頁。
8 牧野・前掲註6論文二一〜二二頁。
9 牧野・前掲註6論文二四頁。

加害者に対する道徳的ないし道徳感情的非難によって遂行されうるものではないとされる。牧野によれば、犯罪は社会政策の欠陥によって生じたのであるから、加害者を責めることは道徳的に「本末を転倒したもの」[10]であるのみならず、政策的にも効果を期待しえない。同じことは加害者家族についても言えよう。牧野の理論に基づいて思考するならば、加害者家族への非難・攻撃は、刑事政策的に意味を持たないだけでなく、加害者の再犯防止の社会的基盤を掘り崩す点においても、反刑事政策的なものとさえ言いうるように思われる。

次に、(b)加害者家族の保護であるが、牧野の理論によれば、再犯防止だけでなく、被害者への賠償ということが考えられなければならないとされる。再犯防止のためにも加害者の受け皿となる家族の土台がしっかりしていなければならないこと、そのためにも家族を保護し、支える必要があることは、牧野理論の論理的帰結となりうる。それだけでなく、被害者への賠償のまっとうの観点からも加害者家族を保護する必要があることも、牧野理論からは否定しがたいであろう。もちろん、牧野理論では、国家による被害者への補償に重点が置かれていると言えよう。しかし、これは、彼の社会政策重視の傾向の帰結であり、さらには加害者が損害賠償をまっとうすることの困難性の認識などの帰結であろう。仮に加害者家族の支えのもと、加害者本人が被害者への賠償をまっとうするように国家がしむけることが、刑事政策的効果を高める可能性があるのだとしたら、牧野理論からは、この点を意識した加害者家族保護の施策の実施を積極的に肯定することが可能なのである。

(2) 社会的責任論の限界について

牧野の社会的責任論は、**「社会的責任論の現代的意義について」**で見たように、示唆に富むとは言え、やはり限界を有するものであることも否定できない。牧野理論の限界としては、次の二点を挙げることができよう。つまり、(a)国家論における限界、(b)刑事政策論の限界、の二点である。

まず(a)国家論における限界であるが、牧野の前提とする国家像が行政主導型の総力戦体制の国家であることを指摘せざるをえないであろう。もちろん、牧野理論は国家主権の絶対性を無条件に前提とし、形而上学的ないし神秘主義的な国家論を振り回すものではない。むしろ、牧野の国家論は、徹底した合理性の追求を基調とする。しかし、その合理性の追求は、最後のひとりまでをも包摂することにより、最後のひとりまで国家の用に供するようにしむけるという、総力戦体制の構築を念頭に置いた、徹底した国家統制主義的発想に

10　牧野・前掲註6論文一七頁。

基づくものであった。牧野理論と取り組む際には、この点を避けて通ることができない。

次に、国家統制主義的発想を大前提とすることから生じるものとして、(b)刑事政策論の限界を挙げることができよう。これには、議論の射程範囲の、刑事政策の範疇への限定、統制主義的な保護の観点のみの強調、および、社会の心的満足に対する配慮の不十分性、などが含まれる。

このうち、第一点目は、牧野理論が国家統制主義を前提としている限り、当然のことであろう。社会的諸力は、牧野にとって利用対象でしかない。それゆえ、犯罪解決における、国家以外の存在の主体性を考慮する必要はなく、国家による刑事政策のみを前提とすればよいということになる。もちろん、社会的諸力が自警団(バットマン)よろしく犯罪に立ち向かうことが近代社会で全面的に肯定されうるわけでもなかろう。しかしながら、単なる国家による暴力の独占という観点を超えて、社会的諸力の主体性を奪ってしまうのが牧野流の刑事政策論であると言えよう。

第二点目として、牧野理論にとって個人とは国家によって生存権を保障される代わりに、そのすべてを国家に差し出す存在でしかない。また、地域社会や諸団体も同様である。そこでは、人権の観点は主として生存権に限定され、その他の人権が視野に入る可能性が削減されてしまう。

そして、以上の帰結として第三点目がある。加害者本人(および加害者家族)を保護するにしても、社会感情を置き去りにしてよいわけではない。しかし、牧野理論がこの点に、十分に配慮しているとは思えない。

以上、牧野理論の現代的意義ないし示唆とその限界について粗描してきた。牧野理論の限界を超え、より合理的な議論を展開するためには、どうしたらよいであろうか。この問いに対する回答として、本稿は、ＲＪの理論を提示せんとするものである。

加害者家族支援の理論的基礎について――ＲＪの観点から

社会的責任論と対比してみた場合、ＲＪの骨格は、より明瞭なものになるように思われる。つまり、社会的責任論の焦点は国家の機能(国家維持・発展のための資源の効果的投入)にあるが、ＲＪの焦点は個人の尊厳(個人の尊厳の尊重のための、実存的視点と諸個人・諸団体の協同)にある。この対比を踏まえた上で、以下では、まずＲＪの犯罪領域における理論の枠組みを再確認し、次にそれを加害者家族支援論に応用していく。

1 犯罪領域におけるＲＪの理論枠組みについて

ＲＪは、犯罪の領域では、①犯罪対処・解決の主体を国家に限定せず、②当事者のハーム（犯罪・紛争を生じさせ、あるいは犯罪・紛争によって生じるところの、当事者の抱える害）に着目し、その支援を重視する。

まず、①犯罪対処・解決の主体であるが、これは市民の自警団化（バットマン化）を意味しない。暴力は秩序維持の道具のひとつに過ぎず、それは基本的に国家が独占するのが望ましい。そして、市民の主体性と言っても、国家が犯罪対処・解決において大きな役割を果たすことに変わりはない。しかし、ある事柄において誰かが大きな役割を果たすことと、その者ないし組織体の力学にすべてが従属させられることとは区別されなければならない。ＲＪが主張するのは、個人の尊厳の重要性とハームの切実さを目の当たりにした市民の主体的関与という理念的かつ実践的事柄である。それは、民主主義の基本の再確認に過ぎない。

次に、②ハームと支援であるが、ハームへの着目は、当事者の実存を浮き上がらせると同時に、犯罪の実態をより明確にするという効果をもたらす。犯罪の実態の解明は、**「社会的責任論の現代的意義とその限界」**の記述からも明らかなように国家統制主義的あるいは刑事政策的な観点に容易に回収されうるが、RJの焦点は当然当事者の実存にある。個人の尊厳の重視が、犯罪の影響を受ける個々人の実存への注視を要請し、その存在自体の重みやその主体性を可視的なものにする。それは、統制の対象の保護ではなく、諸権利をもつ存在の支援の視点に結びついてゆく。

2　RJの加害者家族支援論について――試論の提示

犯罪領域でのRJの議論を前提とするならば、加害者家族支援につき、次のことを主張しうるであろう。つまり、加害者家族およびコミュニティのハームに着目すべきこと、加害者家族の保護ではなく、支援を目指すこと、などである。

(1) 加害者家族およびコミュニティのハームについて

第一に、加害者家族として括られた人たちは、犯罪という事実そのものや帰責公式の帰結等により、さまざまなハームを抱えることになる。つまり、加害者家族は、加害者となった家族を〝失い〟、帰責公式の結果として国家機関やマスコミ等に不当に取り扱われ、学校・職場・地域社会等において孤立し、友人・恋人等を失い、あるいは地位・職等を失うことになるのである。[11]

加害者家族の抱える多種多様なハームを、重複を恐れずごく簡単に列挙するならば、次のものがあろう。つまり、(a)心理的なもの(たとえば、家族が犯罪者となったという事実それ自体から生じるもの、刑事司法・少年司法システムによる取り扱いから生じるもの、マスコミの攻勢や学校・職場・地域社会等でのいじめ等から生じるもの、地位・職等、あるいは友人・恋人等の喪失等から生じるもの、被害者との、または加害者本人との関係で生じるもの、など)、(b)身体的なもの(たとえば、事情聴取等での拘束から生じるもの、学校・職場・地域社会等でのいじめ等から生じるもの、引越しで生じるもの、加害者本人との面会等から生じるもの、など)、(c)経済的なもの(たとえば、稼ぎ手である加害者本人を「失った」ことから生じるもの、地位・職等の喪失により生じるもの、引越しの費用、加害者本人との面会等の足代、など)、などである。

これらのハームのうち、帰責公式によってもたらされうるものがかなりの数を占めるという事実は、注目されるべきことであろう。現実の問題として、加害者家族が加害者本人にとっての中核的な拠り所のひとつであるならば、加害者家族のハームの放置は、加害者本人の更生や被害者のハームの修復に悪影響を及ぼしうる。また、加害者家族のハームの放置は、加害者家族による逸脱行為への誘因となり、将来の犯罪発生に寄与しうる。それゆえ、加害者家族のハームの解消は、再犯防止に止まらず、広く犯罪予防にも資するのである。

ところで、加害者家族のハームには、事実的側面と規範的側面がある。従来のＲＪの議論では、ハームの事実的側面が強調され、規範的側面への関心は薄かったようにも感じられる。これは、実践的に視点の転換を生じさせる意味でも、刑事法システムの規範的性質に対するＲＪの実効性・正当性を強調する意味でも重要なことであった。しかし、ハームはただ単に事実として存在しているだけでなく、権利等の規範的な側面を有するものである。これは、たとえば、捜査機関によって不当に与えられた心理的なハームのような事実的なハームといえども、その修復が権利としての性質を帯びていることなどからも明らかなことと言えよう。ハームの規範的側面の認識は、加害者家族との向き合い方を考える上

11　阿部恭子「加害者家族と人権」共生と修復四号（二〇一四年）三八～四〇頁参照。

でも重要な事柄である。

第二に、加害者家族のハームとその修復を考える上で、コミュニティのハームを無視することはできない。コミュニティのハームには、犯罪発生や加害者本人・加害者家族の存在がもたらす不安、そしてその不安から生じるもの等がある。一般的に、コミュニティのハームの修復は、加害者家族のハームの修復と互恵的な関係にあると考えられる。なぜなら、一方で加害者家族のハームの中には、たとえば、コミュニティからの疎外や攻撃などのように、コミュニティのハームの解消によってある程度防止されうるものが少なからず存在するのであり、他方でコミュニティは、加害者家族のハームの解消により、犯罪に対する不安や犯罪の連鎖の危険性から解放され、人的資源を有効活用しうるからである。

(2) 加害者家族の支援について

加害者家族は、保護対象ではなく、支援の相手として認識されるべきであろう。そもそも、既述のように、ハームには、権利としての性質が結びついているのであり、権利主体の取扱いは、保護よりも支援の概念の方がなじみやすい。また、ハームの修復は、ハームの保有者の主体的関与によってこそ、遂行されうる。これに対して、保護の観点は、当事者を統制の対象に格下げすることによって、当事者の実存を把握し損ね、その主体性を害することによって修復を阻害する危険性を有する。犯罪をよりよく解決するためにも、保護ではなく、支援の観点を採ることが実践実務的にも要請されるのである。

おわりに

加害者家族支援は刑事政策的に見ても重要な働きであり、それに対して社会通念はむしろ破壊的な傾向すら有していると言えなくもない。理論的にも実践実務的にも、我が国の加害者家族支援の土台を整備することは急務であろう。もとより、この小稿は一片の粗描に過ぎない。他日詳細な検討をなすことを誓いつつ、筆を置くことにしたい。

第4章

加害者家族支援と刑事司法

岡田行雄（おかだ・ゆきお　熊本大学大学院人文社会科学研究部教授）

はじめに

本章では、加害者家族支援の理論的根拠について刑事司法の原則に基づいて検討することにしたい。[1]

ここで加害者家族について確認しておくと、罪を犯した者の家族を指すだけでなく、被疑者・被告人の家族、さらには、無罪とされるべきであるのに誤って受刑させられた、いわば冤罪被害者の家族も含むものとして用いる。つまり、本章における刑事司法の概念は、捜査から始まり刑の執行手続までも含む広いものである。

まず、刑事司法における鉄則である、無罪推定原則や適正手続保障原則に照らして、被疑者・被告人・冤罪被害者の家族に対する支援の必要性について検討を加える。次いで、犯罪者処遇の原則に照らして、犯罪者の家族に対する支援の必要性について検討を加える。そして、近代刑法原則に照らして加害者家族に対していわゆる社会的制裁を加えることの不当性を明らかにしたうえで、こうした社会的制裁によって被害を受けた加害者家族に対する支援の必要性についても検討を加える。最後に、日本と、加害者家族への公的資金による支援を行っている諸外国とを比較・検討して、日本の現状についての評価を行う。

こうした検討を通して、刑事司法からのアプローチによって加害者家族への支援の必要性を論証することが本章の課題である。

1　少年司法の対象となる少年の家族を支援する必要性については、岡田行雄「少年事件から考える加害者家族支援」阿部恭子編『少年事件加害者家族支援の理論と実践』（現代人文社、二〇二〇年）二〇頁以下参照。

刑事司法の原則からのアプローチ

刑事手続は、犯罪と疑われる事件を捜査機関が認知し、その事件に関係する資料の収集などからなる捜査から始まる。この捜査において、罪を犯したと疑われる者が被疑者である。そして、検察官によって被疑者の事件につき裁判所に公訴提起がなされると、被疑者は被告人と呼ばれる。しかし、たとえ被疑者・被告人であっても、裁判所による有罪判決が確定するまでは無罪の者と推定される、すなわち、被疑者・被告人は可能な限り罪なき者と同様に扱われなければならないという無罪推定原則が、刑事手続においては妥当する。

無罪推定原則は日本も批准している国際条約である、いわゆる自由権規約一四条二項に具体的な根拠があり、日本国憲法三一条にも内在する刑事司法における鉄則とも言える原則である。[2]

ここから、被疑者・被告人といえども、その身体の拘束、つまり逮捕・勾留といった身体に向けた強制処分は可能な限り避けられるべきことが帰結される。言い換えると、被疑者・被告人とその同居する家族とが可能な限り引き離されるべきではないということが、無罪推定原則から帰結されるのである。たとえば、主たる生計維持者が被疑者として逮捕・勾留され、被告人となってからも勾留され続けると、その同居家族はただちに生活が苦しくなる。[3]無罪推定原則はこのような事態を可能な限り避けるよう要請する趣旨とも解されるのである。例外的に被疑者・被告人の身体拘束が必要だとしても、それによる悪影響は最小限に止められなければならないことも帰結される。そうすると、逮捕・勾留によって生活苦に陥った家族に対する支援は、逮捕・勾留による悪影響を最小限に止めるために、無罪推定原則から必要とされると言えよう。なお、逮捕が大きく報道されることなどをきっかけに、被疑者の家族に社会的制裁という名の攻撃が加えられた結果、それによる被害を受けるのみならず、転居を強いられるなど、さらなる困窮状態に追い込まれることは、無罪推定原則の趣旨から大きく外れた事態と言うべきであろう。加えて、日本国憲法一三条に照らせば、やむを得ず被疑者・被告人の身体が拘束されるにしても、その不利

2　無罪推定原則が被疑者・被告人の身体拘束を可能な限り縮減させる内容を持つことについては、葛野尋之『未決拘禁法と人権』(現代人文社、二〇一二年)六六～六八頁、三島聡『刑事法への招待』(現代人文社、二〇〇四年)一五～三七頁等参照。

3　殺人事件で主たる生計維持者である夫が逮捕されてから、残された加害者家族が住宅ローンを払えなくなり、子どもの治療費も支払えなくなる実態については、鈴木伸元『加害者家族』(幻冬舎、二〇一〇年)五〇～五一頁参照。

益は被疑者・被告人に止まることが筋であって、その収入に依存している加害者家族まで困窮に追いやられることは妥当とは言いがたい。日本国憲法一三条によれば、人は個人として尊重されるべき存在だからである。

このように無罪推定原則を出発点に、日本国憲法一三条の趣旨に照らせば、被疑者・被告人として身体を拘束された者の家族が経済的に苦しい状況に追い込まれることは妥当ではなく、身体拘束の不利益は本人に及ぶにとどまるべきことから、加害者家族に対する一定の経済的な支援が必要とされると言うべきであろう。もちろん加害者家族が日本国憲法二五条に定められた、健康で文化的な最低限度の生活を送れない状況になっているのであれば、生活保護の給付という形で経済的な支援がなされるべきことになる。[4]

次いで、刑事手続において、被疑者・被告人には黙秘権が保障されねばならない。これは日本国憲法三八条に定められている重要な権利である。加えて、被疑者・被告人が適切な法的助言を受け、捜査機関からの訴追や有罪立証から自らを防御できるようになるための弁護人選任権も保障されねばならない。これも日本国憲法三四条に定められている重要な権利である。これらの権利が保障されねば、日本国憲法三一条に根拠を持つ適正手続保障の原則も空文化することになる。問題は、逮捕されたばかりの被疑者がこれらの権利を行使できるかである。

そもそも、これらの権利を被疑者が知らないことが少なくない。もちろん、取調べにあたる捜査官は黙秘権を被疑者に告知しなければならない（刑事訴訟法一九八条二項）。しかし、黙秘権が正確に被疑者に告知されるとは限らないのが現実である。[5] そのため弁護人が直ちに逮捕された被疑者に接見して黙秘権の意義などについて法的助言を行うことが重要となる。ところが、捜査官は、弁護人は被疑者を守ってはくれないなどと示唆し、被疑者による弁護人選任を妨害するケースさえ散見される。[6] このような場合であっても、被疑者

4　ただし、困窮状態に陥った段階でただちに生活保護の給付が受けられるわけではないのが現実である。同居していない親族への扶養照会など生活保護受給に至るまでには高いハードルがある。なお、生活保護申請段階での親族扶養の扱いについての地域格差や、面接によるスクリーニングによって申請にまでたどり着けない等の生活保護実務の問題については、嶋貫真人「『保護の補足性』に関する生活保護実施機関の聞き取り調査から浮かび上がる問題点：親族の扶養義務の優先（法四条二項）に関して」人間関係学研究：大妻女子大学人間関係学部紀要一七号（二〇一五年）七八頁参照。

5　熊本地判令三・三・三（LEX/DB25568901）は、否認する少年の被疑者に対して取調べにあたった捜査官が、黙秘権を改めて告知することなく、「黙ってても何にも前に進まんぞ」、「どんどん自分に不利になっている」などと発言したことを違法な黙秘権侵害に当たると判示した。

6　たとえば、著名な冤罪事件のひとつと言える甲山事件について被疑者として逮捕された女性に対して、捜査官は、彼女と接見した弁護士が大変なときに旅行に出かけていたであるとか、司法試験に合格した者の中で一番頭が悪いのは弁護士であると言われ、それに彼女が説得されてしまったとの指摘がある。上野勝・山田悦子『甲山事件　え

の配偶者、直系の親族及び兄弟姉妹は、独立して弁護人を選任することができる（刑事訴訟法三〇条二項）。つまり、加害者家族が被疑者に代わって弁護人選任権を行使できるのである。そうすると、被疑者が黙秘権を行使でき、適正手続が保障されるようになるためには、加害者家族が被疑者の弁護人を選任できる状況にあることが必要になる。加害者家族が、家族である被疑者の逮捕報道によって弁護人選任権を行使するどころではないほど心理的に疲弊していたら、被疑者も含めて誰も弁護人を選任できなくなるからである。したがって、加害者家族への支援は、日本国憲法三一条、三四条、三八条に基づく被疑者・被告人の権利を保障するためにも必要不可欠だと言えよう。

犯罪者処遇の原則からのアプローチ

被告人として刑事裁判において、いわゆる実刑判決を受け、それが確定すると、刑事施設に収容され受刑者としての処遇を受ける。この受刑者であっても、もちろん残虐な刑罰を科されてはならないし（日本国憲法三六条）、何より日本国憲法一三条に基づいて個人として尊重され、その幸福追求権は保障されねばならない。

これを受けて、刑事被収容者処遇法三〇条は、受刑者の資質および環境に応じ、その自覚に訴え、改善更生の意欲の喚起及び社会生活に適応する能力の育成を図ることを旨として受刑者処遇を行うことを原則として定めている。この受刑者の改善更生の意欲の喚起にあたって重要な役割を果たすものが、社会で生活している家族とのつながりを受刑者が持ち続けることである。そこで、刑事被収容者処遇法では、受刑者の処遇を行うにあたり刑事施設の長が受刑者の親族に協力を求める旨が定められ(九〇条)、受刑者の親族は原則として受刑者との面会が許可される者の最初に挙げられ(一一一条)、信書の発受禁止措置の例外と位置付けられている(一二八条)。

このように受刑中の犯罪者であってもその家族とのつながりを維持することができて、初めて立ち直りに向けた意欲を持つことができ、仮釈放ないし満期釈放後、受刑者が望む家族とともに生活できることは、さらなる犯罪を予防する効果も大きいと考えられている。[7]なお、更生保護法八二条は、保護観察所の長は、受刑者の社会復帰を円滑にするた

ん罪のつくられ方』(現代人文社、二〇〇八年)一五六頁参照。

7 ハーシー(Hirschi)が提唱したボンド理論によれば、一般人が罪を犯さないのは、家族や職場などが罪を犯させない

めに必要があれば、その者の家族等を訪問して協力を求めること等により、釈放後の住居、就業先その他の生活環境の調整を行う旨を定めており、加害者家族は受刑者の釈放後の受け皿として協力を求められる立場にあることがわかる。したがって、加害者家族が受刑者に手紙を出せたり、受刑者に面会に行けたり、釈放後の受刑者を迎えられる状態であることが法律上は望まれていると言えよう。しかし、主たる生計維持者が受刑者となった場合など、家族は生活が成り立たなくなり、あるいは生活が激変することによって、受刑者に面会に行ったり、手紙を出したりするどころではなくなってしまうのが現実であろう。また、逮捕・勾留からずっとそうした生活苦にあれば、受刑者と面会や手紙で交流することはなおさら困難となることは想像にかたくない。加えて、逮捕時から大きく事件が報道され、インターネットでもその情報が拡散されることを契機に、加害者家族にまでさまざまな攻撃が加えられていた場合、むしろ加害者家族は受刑者とつながりを切らざるをえない状況に追い込まれることになろう。[8] そこで、このように刑事被収容者処遇法や更生保護法に照らして望ましくない状況に加害者家族が追い込まれることを避けるために、加害者家族が受刑者に手紙を出し、さらには刑事施設に面会に行けるようになるための支援が必要となる。

救済されるべき犯罪被害者としての加害者家族

ところで、すでに述べたように、被疑者が逮捕され大きく報道されると、加害者家族に対して陰に日向にさまざまな攻撃が加えられる。しかし、一般に社会的制裁の一種とも言われる、加害者家族に対する攻撃は正当なものなのであろうか？　この点について、刑法の原則に照らして検討してみよう。

8　ボンドになっているからと説明される。したがって、罪を犯した者が家族とのつながりを欠いている場合などに、家族とのつながりを修復することが重視されることになる。ボンド理論については、岡本英生＝松原英世＝岡邊健『犯罪学リテラシー』（法律文化社、二〇一七年）三二～三三頁参照。なお、刑事施設から出所した受刑者の帰住先についての統計によれば、仮釈放者の場合、二〇一九年では、父母、配偶者、兄弟姉妹、その他の親族が帰住先となっている受刑者が五二・三％を占めるのに対して、満期釈放者の場合、それは二八・三％に過ぎない。しかも、一九八九年では、仮釈放者の場合で六八・三％、満期釈放者の場合でも五六・五％と高かった。この三〇年で、加害者家族が受刑者を受け入れるどころではなくなっていることが窺える。法務省法務総合研究所『令和二年版犯罪白書』（昭和情報プロセス、二〇二〇年）五二頁参照。
加害者家族が受刑者から手紙を受け取っても、有罪が確定するまでの極めて短時間の接見では詳しい事実を知ることもできず、受刑者本人から謝罪の言葉もないまま、受刑者のせいで世間から身を隠しておびえながら暮らす羽目になったことを恨み、二度と一緒に住む気になれないという現実については、鈴木・前掲註3書四七～四八頁参照。

まず、刑事制裁、つまり刑罰は罪を犯した者にしか科すことはできない。しかも、この罪は、あらかじめ法律によって明確に定められていなければならない。これを罪刑法定原則といい、日本国憲法三一条および三九条に根拠を持つ。[9]つまり、加害者家族があらかじめ法律に定められた罪を犯したのであれば刑法に基づいて制裁を受けることは許容されるが、そうでない限り、そもそも刑事制裁を受ける法的根拠はないのである。

にもかかわらず、加害者家族への社会的制裁は、日本に古くから染みついている、犯罪の責任は犯罪に当たる行為をした者だけでなく、その家族にまで及ぶべきだとする、縁座ないし団体責任の考え方から生まれていると見ることもできる。

しかし、罪刑法定原則を中核とする近代刑法の原則からは、犯罪の責任は犯罪となる行為を行った者にのみ認められ、行為をしていない者には責任が問われてはならないとする責任原則も導かれる。つまり、団体責任、言い換えると、近代刑法原則が妥当するようになるまで続いていた縁座や連座は排除されなければならない。[10]したがって、犯罪者の家族にも犯罪の責任を取らせるべきだという考え方は近代以前のそれであって、日本国憲法とはまったく相容れないものなのである。日本で加害者家族に対して攻撃を加えることは憲法に悖る野蛮な行為としか言いようがない。

加害者家族に加えられる社会的制裁の多くは、匿名の個人によるものと考えられる。それが刑法上の正当防衛(三六条)や緊急避難(三七条)に該当するのであれば、正当化の余地はある。しかし、匿名の個人が、加害者家族から急迫不正の侵害を加えられたり、現在の危難にあって、避難のためやむをえず加害者家族を攻撃したりしなければならないわけはないはずである。そもそも、法的な制裁は民事法によるものも含めて、公正中立な裁判所の手続において証拠に基づき認定された違法行為を前提に国家によって加えられなければならない。以上の検討からも明らかな通り、加害者家族に匿名の個人が加える攻撃は、そもそも許されない社会的制裁なのである。

加害者家族に加えられる社会的制裁には、名誉棄損罪、侮辱罪、偽計ないし威力業務妨害罪などに該当するものもある。それに該当しないにしても、加害者家族の権利を侵害する社会的制裁は民法上の不法行為(七〇九条)に該当する。したがって、こうした社会的制裁が加えられた加害者家族の中には、まごうことなき犯罪被害者もおり、少なくとも不法

9 一般の刑法総論の教科書では罪刑法定主義として論じられていることが多い。その内容については、浅田和茂『刑法総論〔第二版〕』(成文堂、二〇一九年)四八〜六八頁等参照。

10 犯人の家族や家人まで処罰される縁座が律令制度の頃から日本にあったことについては、佐伯千仭『刑法講義(総論)』(有斐閣、一九六八年)一五頁参照。

行為による被害者と言うべきものがほとんどであろう。にもかかわらず、加害者家族が、これらの犯罪被害について捜査機関に被害届、あるいは告訴状ないし告発状を提出することさえできないのも現実であろう。同様に、加害者家族がみずからに不法行為を行った者を特定し、それによる損害賠償を求めるための訴状を裁判所に提出し、民事裁判の原告になることもできないのは当然である。主たる生計維持者が逮捕されたのを契機に生活がままならず、追われるようにそれまでの住居から逃げ出さねばならない加害者家族にはそうした書面をまとめて捜査機関や裁判所に提出する余裕があるとは考えられないからである。このような事情もあいまって、加害者家族に対する犯罪を含む違法な攻撃が横行していると言えよう。[11]

このような被害を受けながらも、犯罪被害者としての加害者家族に対する支援は欠けている。たとえば、いわゆる犯罪被害者等給付金支給法で給付金支給の対象となる犯罪被害とは、故意の「犯罪行為による死亡、重傷病又は障害をいい、犯罪行為の時又はその直後における心身の被害であってその後の死亡、重傷病又は障害の原因となり得るものを含む」(二条二項)とされているため、そもそも加害者家族が受けた犯罪被害は給付金の対象とならないことが圧倒的だからである。もちろん同法で定める犯罪被害者等早期援助団体による援助の対象ともなりえない。

しかし、同法に遅れること二四年後に制定された犯罪被害者等基本法においては、犯罪被害者等とは、犯罪及びこれに準ずる心身に有害な影響を及ぼす行為（二条一項）により害を被った者及びその家族又は遺族（二条二項）とされている。しかも、「すべて犯罪被害者等は、個人の尊厳が重んぜられ、その尊厳にふさわしい処遇を保障される権利を有」（三条一項）し、犯罪被害者等のための施策は、「犯罪被害者等が、被害を受けたときから再び平穏な生活を営むことができるようになるまでの間、必要な支援等を途切れることなく受けることができるよう、講ぜられるものとする」旨も定められている（三条三項）。つまり、犯罪被害者等基本法では、被害を受けた加害者家族であっても、その被害を受けたときから再び平穏な生活を営むことができるようになるまで、必要な支援等を途切れなく受けることができるような施策が講ぜられるはずなのである。

加えて、日本においては、少年を除いて逮捕時に実名報道が当たり前のままであるう

11　なお、自宅で家族の遺体が発見された事件などでは加害者家族も捜査機関の取調べを受け犯人視されるなど耐えがたい苦痛を受ける現実もある。阿部恭子『息子が人を殺しました』（幻冬舎、二〇一七年）五一～五三頁参照。

え、[12] 二〇〇三年に長崎で一二歳の少年が幼児を殺害したとして補導されたことに関して当時の鴻池祥肇青少年育成推進本部担当大臣が「加害少年の親は市中引き回しのうえ打ち首にすべき」と、加害者家族にも犯罪の責任があるかのような、近代刑法の原則に反する驚くべき発言を行ったことさえある。[13] つまり、日本では、加害者家族に対する違法な攻撃を防止するための啓発活動が国によって行われるどころか、逆に、加害者家族に対する違法な社会的制裁を生じやすくする逮捕時実名報道を放置し、大臣が違法な社会的制裁を扇動しかねない言動を取ってきた事実がある。このような刑法の原則に悖る現実が、国によって放置された結果生じた加害者家族への犯罪被害に対しては、よりその被害を埋め合わせるための支援の必要性が根拠づけられるように思われる。

以上の検討から、そもそも加害者家族に対する社会的制裁としての攻撃は、法的に許されるものではなく、違法・不当なものであり、犯罪に当たるものさえある。こうした違法・不当な攻撃を受けた犯罪被害者である加害者家族に対しては、犯罪被害者等基本法によれば、被害を受けたときから再び平穏な生活を営むことができるようになるまでの間、必要な支援等を途切れることなく受けられるような施策を国が講じるべきなのである。

加害者家族支援の日独比較

それでは、日本において加害者家族に対して国からの支援はなされているのかと言えば、皆無に等しい状況と言えよう。日本の場合、World Open Heart等のわずかなＮＰＯ法人が国に頼らない独自の支援を行っているだけなのである。

これに対し、イギリスでは、マンチェスターに拠点を置くPOPS（Partners of Prisoners and Families Support Group）という一九八八年に設立された団体を始め、さまざまな加害者家族支援団体があり、オーストラリアには、シドニーに拠点を置く、COPSG（Children of Prisoner's Support Group）という団体が、地元の行政機関から資金面での援助を受けて、受刑者の子どもたちを支援する活動に取り組んでいるという。[14]

12　少年法六一条が本人推知報道を禁止しているにもかかわらず、インターネット上では非行少年の実名が晒されるため、当該少年の保護者等にも攻撃が加えられる現状については、岡田・前掲註1論文二一四〜二一六頁参照。

13　斎藤義房「今回の少年法『改正』法案の問題点と少年非行への対応の視点」自由と正義五六巻一一号（二〇〇五年）九〇頁等参照。

14　これらの活動については、鈴木・前掲註3書一七四〜一八一頁参照。

ちなみに、二〇一七年に公刊されたドイツの受刑者支援団体による情報誌によれば、ドイツ連邦を形成する一六の州のうち一〇の州に、受刑者の家族の相談を受けて受刑者家族を支援する団体が計四二あると紹介されている。[15] ドイツの場合、たとえば配偶者が勾留ないし受刑によって収入源が失われた場合に、社会法典(Sozialgesetzbuch)に定められた社会扶助などによる給付が受けられる。さらに、社会法典の給付が受けられない場合でも、日本風に言えば、ハローワークに当たるJobcenterから、配偶者との離別の意思なく当該配偶者の拘禁が二年以下の場合は住居の家賃を支払ってもらえ、拘禁が二年を超える場合は、狭い住居に引っ越さねばならないが、その引っ越し費用はJobcenterが負担する仕組みが整えられている。加えて、社会に残された側が社会法典の給付を受けている場合、拘禁された配偶者に面会に行くための交通費が高額になる場合、Jobcenterがその交通費を支払ってくれる仕組みもある。[16]

こうした、ドイツにおける加害者家族への公的な支援制度を紹介するなどして、加害者家族を支援する四二の団体のひとつが、ノルトライン＝ヴェストファレン州のミュンスター市にあるChanceである。筆者は、二〇一九年一二月にChanceを訪問し、加害者家族支援の実情についてご教示を賜った。それによると、ドイツ全体での受刑者親族支援の歴史は二〇年くらい前からのもので、ここでの加害者家族支援活動に必要な費用の九〇%は州の司法省から財政的支援で成り立っており、司法省が財政支援をする理屈は、犯罪者の親族を支援することで受刑後の元受刑者の受け入れがよりスムーズになり、それが再犯を減らすと考えられているからというものであった。[17]

以上のごく簡単な比較によっても、日本においては、刑事司法の原則に照らすと、加害者家族への支援が国家によってなされるべきはずであるのにWorld Open Heart等のわずかなＮＰＯ法人がそれを担っているに過ぎないのに対して、イギリス、オーストラリア、ドイツでは、加害者家族への支援を提供する団体が数多く存在し、そこには公的資金が投入されているという大きな違いがあることがわかる。

日本の刑事司法手続においては、法律上は加害者家族に大きな役割が期待されているけ

15 Bundesarbeitsgemeinschaft für Straffälligenhilfe (BAG-S) e. V.(Hrsg.), Wegweiser für Inhaftierte, Entlassene und deren Familien für Deutsche und Nichtdeutsche, Bonn 2017, S.97ff. なお、この文献は以下のウェブサイトでダウンロード可能である〈https://www.bag-s.de/materialien/wegweiser〉。
16 Vgl. Bundesarbeitsgemeinschaft für Straffälligenhilfe, a.a.O., S.86ff.
17 Chance の活動がわかる書籍としては以下のものがある。Chance e. V. Münster（Hrsg.）, Mann im Knast...was nun?, Druckerei Buschmann Müinster, 2017.

れども、逮捕時の実名報道を契機に痛めつけられることによって、加害者家族は期待された役割を果たすどころではないのが現状である。ところが、加害者家族への支援には公的資金はほぼ投入されていない。孤立無援の加害者家族が、被疑者、被告人、さらには受刑者を支援することなどできるはずはない。日本の加害者家族支援の現状は諸外国のそれと比べると大きく遅れていると言わざるをえない。

むすびに代えて

以上、刑事司法手続における原則に照らして、加害者家族への支援、とりわけ公的な支援の必要性について若干の検討を加えた結果、刑事司法手続における、無罪推定原則、黙秘権保障も含めた適正手続保障の原則、刑事被収容者処遇法における受刑者処遇原則に照らして加害者家族はそもそも支援されるべき存在であることが明らかになったと言えよう。しかし、ここで確認しておかなければならないことは、加害者家族に、被疑者・被告人・犯罪者を家族が支援しなければならない義務があるわけではないという点である。たとえ民法上の扶養義務が認められる場合であっても、逮捕を契機にさまざまな攻撃を受ける加害者家族には、それどころではないという者も少なくない。まして、そもそも身体拘束された者をもはや愛すべき家族として、その面倒を見ることはできないという加害者家族がいることも事実であり、そうした加害者家族に犯罪者とされた者の立ち直りの支援まで義務づけることはそもそもできないし、そうした支援が本人の立ち直りに役立つのかも疑問と言うべきであろう。[18]

そもそも、逮捕された者の家族が生活に困窮するのであれば、その家族に対する支援は、逮捕による悪影響を最小限にするためになされねばならないものである。しかも、加害者家族に対する社会的制裁という名の攻撃は決してなされてはならないものであって、その攻撃を受けた加害者家族は被害者として支援が必要な者として位置づけられるべきなのである。

18　非行少年を虐待してきた親に当該少年の立ち直り支援を委ねることの問題性については、二〇二〇年一〇月四日にオンラインで開催された、日本犯罪社会学会第四七回大会テーマセッションE「被虐待歴のある非行少年の保護者への働きかけと支援」において論じられている。このテーマセッションにおける議論の概要については、以下のURLで参照できる〈http://hansha.daishodai.ac.jp/meeting_reports/PDF/meeting-reports_47_2020.pdf（最終確認二〇二一年四月七日）〉。

第5章

加害者家族支援とソーシャルワーク

木下大生（きのした・だいせい　武蔵野大学教授）

序論

これまで日本社会では、加害者家族に対して、罪に至った本人の生い立ちや人となり、どのような成育歴であったか、また犯罪に至った背景的要因などについての説明責任や、罪を犯したことに対する連帯責任が求められてきた。刑罰のように直接的な罰ではなかったとしても、家族にいわゆる〝道義的責任〟を求める伝統的な価値観が、日本社会には鎮座しており、何か事件が起こるとその価値観に則って社会全体で家族の責任を追及し、制裁を加えようとする空気が醸成され、実際に降りかかる。

具体的には、加害者についての情報を求められたり、好奇の目に晒されることから始まり、加害者と同じ血が流れているのだから同じような事件を起こすのではないかと誹謗中傷される。そのようなことが繰り返されることにより、転居を余儀なくされる、仕事を追われる、コミュニティーから排除されるなど居場所が奪われ、経済的な困窮に追い込まれる。住み慣れたコミュニティから離れなかったとしても、地域の人々から疎まれ、罵倒され、時には暴力的行為を受ける。常にマスコミに追われることで、大きなストレスに晒され、精神的にも身体的にも危機的な状況に追い込まれる。以上のような状況が折り重なって生活を事件以前に戻すことは極めて困難になる。これまで多くの加害者家族がこのような社会的制裁を人知れず引き受けてきたが、それに対する支援は皆無に等しかった。

そんな中、二〇〇八年に加害者家族の支援を専門にするNPO法人WOHが設立され、加害者家族が一部不当な制裁を受けていること、苦しんでいるということが啓発活動により可視化され、支援の必要性がようやく認識され始めた。

加害者家族を取り巻く状況に鑑みると、その支援を充実させていくことは喫緊な課題であるといえる。しかし、日本ではいまだ、加害者家族支援を専門的に行う制度・政策、支援団体・組織は非常に少なく、加害者家族の支援に特化したことを看板に掲げている組織は、散見するに過ぎない。

そのような中で、今後日本における加害者支援が広がって充実していくにあたり、ソーシャルワークが理論的支柱になると考えている。というのは、ソーシャルワークを展開するソーシャルワーカーは、生活に課題がある人々の課題の緩和・解決を目指すこと、またその課題の根源となっている社会構造の改善にアプローチする専門職であるためである。つまり、加害者家族が個別に抱える課題、また加害者家族の生活課題の根源となっている社会的課題の双方の緩和・解決に寄与すると考えるためである。

そこで今後、加害者家族支援の取組みが広がっていくことを期待し、その際にソーシャルワークが理論的基盤のひとつに据えられることを提案したい。

本章ではソーシャルワークを理解することを目的として、歴史、価値と範囲、専門性、まなざしと態度、支援の展開について説明し、その後、ソーシャルワークが加害者家族支援にどのように活かされるかを論考する。

ソーシャルワークとは

1 ソーシャルワークの起源

ソーシャルワークは、一八〇〇年代後半にイギリスにおいて、貧困状態にある人を支援して、状況改善を目指したボランタリーな活動から始まっている。この活動の内容を一九〇〇年代初頭にアメリカのメアリー・E・リッチモンド(Mary.E.Richmond)が整理・体系化した。リッチモンドは、ソーシャルワークの理論化において、以下のようにソーシャルワークを定義した。

ソーシャル・ケース・ワークは人間と社会環境との間を個別に、意識的に調整することを通してパーソナリティを発達させる諸過程からなり立っている。[1]

1　メアリー・E・リッチモンド（小松源助訳）『ソーシャル・ケース・ワークとは何か』（中央法規出版、一九九一年）五七頁。

この内容が大学教育や職能団体の研修課程に取り入れられるようになり普及し、それにつれ、支援の対象が貧困状態にある人から、高齢者や障害のある人、児童、傷痍軍人といった何かしら生活に課題が生じやすい人や実際に生じている人全般へと広がっていった。

2 ソーシャルワークの価値と支援の射程

現在では多くの国々でソーシャルワーカーが活動しており、全世界的な職業であるといっても過言ではない。そのように世界にソーシャルワークが広がり、国が違ったとしても、ソーシャルワーカーが同一の価値を持って活動していくために、言い換えると国を超えたとしても均質のソーシャルワークが展開されるために、ソーシャルワーカーの国際職能団体である国際ソーシャルワーカー連盟(International Federation of Social Workers: IFSW)が発足するに至っている。ＩＦＳＷではリッチモンドのソーシャルワークの定義を発展させ「ソーシャルワーク専門職のグローバル定義」(以下、グローバル定義)を定めている。このグローバル定義からソーシャルワーカーの価値と専門性を知ることができるので紹介したい。

【ソーシャルワーク専門職のグローバル定義】

ソーシャルワークは、社会変革と社会開発、社会的結束、および人々のエンパワメントと解放を促進する、実践に基づいた専門職であり学問である。社会正義、人権、集団的責任、および多様性尊重の諸原理は、ソーシャルワークの中核をなす。ソーシャルワークの理論、社会科学、人文学、および地域・民族固有の知を基盤として、ソーシャルワークは、生活課題に取り組みウェルビーイングを高めるよう、人々やさまざまな構造に働きかける。[2]

グローバル定義では、ソーシャルワークにおける四つの価値、すなわち「社会正義」「人権」「集団的責任」「多様性の尊重」を価値基盤に据えていることが確認できる。以下にこの四つの価値についてもう少し詳しくみてみたい。

「社会正義」は公正・平等な社会の構築を目指すこと、「人権」は基本的人権の擁護・回復を図ること、「集団的責任」は極端化した個人主義と経済の増幅を第一義的目的に据えた経

2　日本ソーシャルワーク協会ウェブサイト「グローバル定義」〈http://www.jasw.jp/about/global/〉。

済活動およびそれに付随する環境破壊を是正していくこと、「多様性の尊重」は西洋の文化や価値が是とされ非西洋圏の文化や価値が抑圧されている世界的な兆候や少数民族や障害がある人などのマイノリティーに対する差別・偏見が一向に改善されない状況に対するアンチテーゼを唱えること、である。

さて、先にソーシャルワーカーは生活課題がある人の困難の緩和・解決を目指すと説明したが、ここで示した四つの価値から、ソーシャルワーカーが対象とする生活課題の範囲が規定されてくる。すなわち、ひとえに生活課題といっても、非常に広範であり、内容は個々人において大なり小なり違いがあったり、同じ人でもその人自身のライフステージによっても変化する。このように人が生活する過程において、さまざまな課題や困難が生じるが、ソーシャルワーカーが拠り所とする四つの価値は、「人権」が基盤となっている。したがって、必然的に相談範囲の、基本的人権が脅かされている状況にあるときにその獲得、回復の支援をしていくことが基本原則である。

3 ソーシャルワーカーの課題の捉え方――エコロジカル・システム・モデル

一般的に、専門職、とりわけ対人援助職と呼ばれる職業には、その職業独自の価値や倫理、知識や技術、すなわち〝専門性〟があり、それがあるからこそ、専門職と称される。たとえば、医師は患者の疾患を治癒することが専門性であるし、弁護士であれば裁判において被疑者・被告人の人権を最大限に守ることがあげられる。もう少し掘り下げると、医師や看護師、理学・作業療法士、心理士などの医療・心理職などの専門職は、人の心身の状況に異変(ここでは、疾患や障害を想定している)に対して、その異変の治癒や元の状態にできるだけ近づけることを目標とする。この心身の状況の異変を軸に本人を捉えるため、その異変から派生して生じた生活課題を、治癒や元の状態にできるだけ近づけること、つまり本人の心身の状況に働きかけることで生活に生じている課題の緩和・解決を試みる。

では、ソーシャルワーカーの専門性とはなんであろうか。これを端的に表すと、人の生活課題の緩和・解決を、以下の視点を持って試みることにある。すなわち、人に生じている生活課題は、その人と環境との接点から生じるものであるとし、その双方に働きかけることで課題の解決を図ろうとすることである。人を〝環境の中の人〟、つまり人とその人を取り巻く環境の両者に目を向ける。そして、現在生じている課題の要因をその人とその人を取り巻く環境の双方から分析し調整していく。課題の解決のために、本人の成長・発達と並行して、本人を取り巻く環境にも着目する。この際には、環境が人に及ぼす影響と人が環境に及ぼす影響の両側面を考えながら、課題の緩和・解決を目指していく。これがエコロジカルモデルであり、ソーシャルワーカーの特徴的視点である。

4 人(ミクロ)と環境(マクロ)視点とそれぞれへの働きかけ

ソーシャルワーカーは生活課題を人とその人を取り巻く環境の力側面から捉えることを説明したが、この二つはミクロ(個人・家族)とマクロ(環境)の各レベルに整理している。つまり、働きかけるのが、本人や家族の場合はミクロレベル、本人を取り巻く環境や居住する地域や、制度・政策や社会の場合はマクロレベル、としている。

ミクロの働きかけについてイメージを具体的にしながら、人と環境の相互作用、ということの理解を深めていきたい。[3]

直接的に本人に働きかけるミクロ支援に関してはイメージがつきやすいかもしれない。

もちろん、その後の支援内容は状況によって区々であるにしても、その取っ掛かりは支援者と当事者が一対一で、相談室で話を聴いている、という場面が思い浮かぶであろう。そこで加害者家族から、いつから、なぜ、どのようにして現在の〝良くない状況〟が生じているかを見立てていく。そして当事者と一緒にどうしたらその状況の改善を図れるかを考えたり、何かしら利用できる社会資源を紹介したり、本人の強みを見い出し（ストレングス：先で詳説する）力づけたりする働きかけをする。

一方、環境に働きかけるとは、先にエコロジカルモデルで確認したように、課題が本人を取り巻く環境から生じている場合、そちらに働きかける。たとえば、制度・政策の構築に取り組んだり、本人が居住する地域に働きかけたり、啓蒙・啓発活動などを行うことで人々の意識や社会の価値観の変革を促すこともある。これが環境に働きかける、ということである。

本人の生活課題を本人と環境の相互作用、と捉えるエコロジカルモデルからアプローチすると、本人のみに働きかけるのでは課題の根本解決に至らない、という思考に行きつく。

3　なお、本論考は加害者家族支援という個人に焦点化しているため、マクロ支援の内容と展開の詳細については別の機会にすることとしたい。

このような視点と実践、またグローバル定義にあった「社会変革」の志向が〝ソーシャル〟ワーカーという名称の由縁であり、他の対人援助職には見ないソーシャルワーカーの専門性といえよう。

5 支援対象者へのまなざし――ストレングス視点とエンパワーメント

次に、ソーシャルワーカーの支援対象者への特徴的な視点と働きかけは、ストレングス視点とエンパワーメントである。ストレングス視点とは、支援対象者の〝強み〟すなわちストレングスに着目しその強みを見い出そうとする視点、エンパワーメントは本人と本人が持つストレングスを共有し、その強みを課題の緩和・解決に活かせるように本人を力づけることである。

一般的に、生活に課題がある人の支援をする場合、とかくその人やその人を取り囲むネガティヴな情報に目が行きがちである。無論、課題の緩和・解決のためには、課題そのものやその要因と考えられる情報が必要となる。一方、同時にその状況に変化をもたらすポジティヴな情報、すなわち本人や本人を取り巻く環境の力や強みの情報も重要となる。また、ソーシャルワーカーの支援や助言によって一時的に課題が緩和・解決したとしても、本人が自身で課題を解決していく力が引き出されない限りは、自身の問題解決能力が高まらない。そのような考えから、ソーシャルワーカーは本人のストレングス、つまり強みに着目する。ここで事例からストレングスに着目するということが具体的にどういうことかを確認したい。

(1) 事例「息子が起こした殺人事件による家庭の崩壊」

ある日、四〇歳代後半の女性Aさんが、「息子が人を殺し、刑務所に入った。現在の家族が置かれている状況がよくない」という相談に訪れた。相談の概要は以下の通りである。

この事件があってから、これまで平穏であった家庭がめちゃくちゃになってしまった。夫はうつ状態になってしまい仕事を休職中だが、会社の雰囲気からするともう復職は難しく、退職を余儀なくされそうである。長女は通っていた大学にいられなくなり、先日退学をした。それ以降、家庭内で次女に暴言、時には暴力を振るうようになった。次女も高校で口をきいてくれる人がいなくなり、高校を休学中である。また長女からの暴力によりふさぎ込んでしまっており部屋から出てこなくなってしまった。さらに、外には常時マスコミが張りついていて買い物もままならない。この状況を少しでも変えるために、地方に住む親戚の所に身を寄せられないかと相談をしているところである。親戚は「こちらにも生活があるので一緒に住むことは難しい。ただ力にはなりたい」と言っているとのことであった。

(2) 検討

この事例からAさんのストレングスは何であるかを考えてみたい。先にも触れたように、息子が殺人を犯している、夫がうつ状態、長女は大学を中退、次女は高校を休学し、それぞれ先の見通しが立たない状況にある。また、長女は次女に暴力を振るい、次女は一日中部屋に引きこもっていて出てこない、といったネガティヴな情報に気が向きがちであったのではないだろうか。無論、支援を行っていくためにはこれらの情報は非常に重要で不可欠である。ただ、Aさんのストレングス、という意味においては情報を得られていない。このケースにおいてソーシャルワーカーは、Aさん、もしくはAさんの置かれている状況に対してストレングスを少なくとも七つ見い出すであろう。

【Aさんのストレングス（強み）】

① 自身の状況が〝よくない〟状況であるということを認識している。

② 〝よくない状況〟を積極的に変えようとしている。
③ 家族の状況を客観的に俯瞰して捉えることができている。
④ 状況の改善を他者に相談しようという考えに至っている。
⑤ 課題の緩和・解決の助けとなる専門家を適切に選択することができる。
⑥ 専門家に相談に行くことができる。
⑦ 頼ることができる社会資源（この場合は親戚）がある。

今生じている課題の緩和・解決に、本人のストレングスは大変に役立つ。ただ、自身の強みに気づいていない人も少なくない。このストレングスは、その後も、本人に生活上において違う課題が生じたとしても、本人がそれを覚知していれば、自身でそのストレングス（強み）を課題解決のために活用していくことにつなげていくことができる。

この、「ストレングス（強み）に気づく↓課題の緩和・解決↓次の課題に自身のストレングス（強み）を生かす↓課題の緩和・解決↓新たなストレングスを発見する……」という循環は、本人が自身のストレングスを覚知していることが前提となるため、まずそのストレングスに対する本人の気づきを促すこともソーシャルワーカーには求められる。その気づきやその強みの活かし方を知ることにより、はじめて本人が自身のストレングスを課題の緩和・解決や課題が生じる予防へと生かすことができる。そして本人のストレングスを見い出し、引き出し、本人がそれを利用できるように気づきを促し励ましていく。この一連の働きかけをエンパワーメントと呼ぶ。

5 支援対象者への態度——バイステックの七原則

次に、ソーシャルワーカーの援助はどのように展開されるのかを説明したい。以下では、個別支援（ミクロ）に焦点化して、ソーシャルワーカーの支援の展開プロセスとその際の態度について紹介する。また、ソーシャルワーカーには、「倫理綱領」と「行動規範」が定められている。[4] なお、ここで紹介するソーシャルワーカーの支援におけるあるべき態度として整理されているバイステックの七原則は、相談者がソーシャルワーカーを信頼し、安心して相談できることを目指し整理したものである。

4 「ソーシャルワーカーの倫理綱領」〈https://www.jaswhs.or.jp/upload/Img_PDF/506_Img_PDF.pdf〉。「社会福祉士の行動規範」〈https://www.jacsw.or.jp/citizens/rinrikoryo/documents/kodokihan.pdf〉。

表１　バイステックの７原則の原則名と内容

原則名	内容
個別化	クライエント各自の固有性を認め、理解し、よりよい適応へ向かって各自を援助する。
意図的な感情表出	クライエントがその感情を自由に、特に否定的感情を表出する必要のあることを認識すること。
統制された情緒関与	クライエントの感情に対するソーシャルワーカーの感受性と感情の意味することについての理解およびクライエントの感情に対する意図的な、適切な反応。
受容	ソーシャルワーカーが、クライエントの生まれながら所有する人間としての尊厳と個人的真価の観念を終始尊重しつつ、彼の長所と短所、好感の持てる態度と好感の持てない態度、肯定的感情と否定的感情、建設的な態度と行動および破壊的な態度と行動をふくんだ、現にあるがままのクライエントを把握し処遇するソーシャルワーカーの行動上の一原則。
非審判的態度	ソーシャルワーク機能が問題やニード（欲求）発生に対して、クライエントが有罪であるか無罪であるか、クライエントにどの程度責任があるかと決めつけることを排除する。
自己決定	ソーシャルワーク過程において、自ら選択と決定を行う自由についてのクライエントの権利と要求を認めること。
秘密保持	ソーシャルワーカーとクライエントの間に結ばれる専門的関係において打ち明けられる、クライエントに関する秘密の情報を保持しておくこと。

出典：F・P・バイステック（田代不二男、村越芳男訳）『ケースワークの原則――より良き援助を与えるために』（誠信書房、1965年）のそれぞれの原則を筆者が一部要約後、表を作成。

この七原則とは、「個別化」「受容」「非審判的態度」「統制された情緒的関与」「自己決定」「意図的な感情表出」「秘密保持」である。ここに通底する価値は、相談者の尊厳を守るためものである。つまり、一人ひとり違う個人であることを念頭に置き、個別性を大切にすること、またソーシャルワーカーの価値や倫理観を相談者に強要せず、相談者の価値感を大切にする。このために、相談者の発言を傾聴し、審判せず受け止める、という態度である。この七原則を遵守することで、相談者を圧迫したり、指示に従わせようとするような、対人援助職の大きな課題とされているパターナリズム的な態度を抑制することができるのである。

ソーシャルワークの支援の展開

ソーシャルワークの個別支援の要点を示すと、次の五つの段階に分けられる。

① 相談者の情報の収集（インテーク）

② 課題の分析と特定（アセスメント）
③ 支援の計画作成（プランニング）
④ 支援の実施と評価（モニタリング）
⑤ 終結と結果評価

以下では、先に見てきたソーシャルワークの価値、視点、態度を踏まえながら、それぞれの段階を説明していきたい。なお、ソーシャルワークの個別支援は多くの場合このプロセスをたどるが、ケースによっては各段階を行きつ戻りつすることもあるので、すべてがこのプロセスを直線的に辿るとは限らないことも付加しておく。

1 課題の発見・特定と援助開始（インテーク）

これは、相談援助が開始される最も初期の段階でソーシャルワーカーと相談者が出会う段階である。ソーシャルワーカーが加害者家族の支援に携わる場合、まず相談者から情報の収集を行う。これによって援助が開始されるが、これをインテークと呼ぶ。方法は一般的に面接で行われる。相談者がどのようなことで困っているか、どのような課題が生じているか、またどのような状況にしたいのかについての聞取りをしていく。

インテークで情報収集を行う際にソーシャルワーカーは、「〝加害者家族〞であるから特別にこのような支援が必要である」という視点から関わるのではなく、いち生活者としてどのような生活課題が生じているのか、その課題はなぜ生じているのかという視点からの分析から行う。このようなアプローチをする理由は、〝加害者家族〞というフラグに囚われ過ぎてしまうことによって、これまでの携わったケースのパターンに当てはめようとしてしまうからである。言うまでもなく、ケースはひとつとして同じものはなく、個別化をして支援をしていく。たとえば、同じ「夫が重大犯罪をして刑務所に入ったことで、家族は困っている」という相談があった場合、家族によって困っている内容や、同じ困っていたとしても、これが解決しないと生活が立ちいかないというもの、一方は解決しなくてもいいがなくなればいいもの、といったようにその度合いに違いがある。精神的に落ち込んで何もやる気が起きない、経済的に逼迫している、子どもが風評によっていじめを受けている、近隣住民から嫌がらせを受けている、一日中マスコミに追われ生活が立ちいかない、生活を立て直すため籍を抜きたい……。

このように表面上は類似しているように見える状況であったとしても、何が課題になっているか、あるいは同じような課題を抱えていたとしても、緩和・解決を目指す優先順位が異なったりもする。したがって、一つひとつのケースに対して、丁寧に時間をかけて向き合い、何が課題になっているのか、なぜその課題が生じているか、解決の優先順位はどうか等を相談者と話し合いながら分析する。

また、インテークにおいて注意が払われるべきことは、支援をしていくにあたり必要な情報を収集することと相談者と信頼関係を構築することである。前者は、相談者の人となり、抱えている課題、相談者を取り巻く環境について、ソーシャルワーカーに相談するに至った経緯を含めて包括的な情報を収集、整理、記録する、ということ、後者は、先に示したソーシャルワーカーの態度の七原則に忠実に面接を展開することである。これにより、相談者との信頼関係が構築され、相談の継続と課題解決への動機づけの強化を目指すことができる。

2 情報収集と分析(アセスメント)

相談者からえた情報を分析し、課題を特定していく段階である。課題に対するアセスメントを作成し、それを引き起こしている相談者の人間関係や関わっている組織等の関係性を整理する。個人的、対人的、環境的な関係性はシステムと呼ばれ、ソーシャルワーカーはそれらの関係性を視覚化する。そこから、活用が可能であったり、開発しなければならない社会資源を特定する。これは、先に見てきたソーシャルワーカーの専門性でもある、〝人と環境〟との視点からの分析である。

ところでソーシャルワーカーは、生活課題の改善のためにさまざまな社会資源を活用する。社会資源とは、人々の生活課題を援助解決の助けとなるものの総称で、大別するとフォーマルとインフォーマルなものに分別できる。前者は、国や自治体が用意する社会福祉や社会保障制度で、いわゆる公的な支援策である。経済的な困窮や失業、障害や疾病への手当や保障などがあげられる。後者は、公的なものではなく家族、親族や近隣住民、友人等があげられる。そのような社会資源を課題の緩和・解決に積極的に利用していく。また既存の社会資源がない場合、社会資源の開発も視野に入れることも重要である。例とし

図１　エコマップ

エコマップとは、支援者が支援対象者、その家族および社会資源の関係性を図にしたものである。これにより、支援対象者を取り囲む環境が可視化され、人間関係を調整することの必要性や、不足している社会資源や社会資源同士の連携の状況、必要性が整理できる。

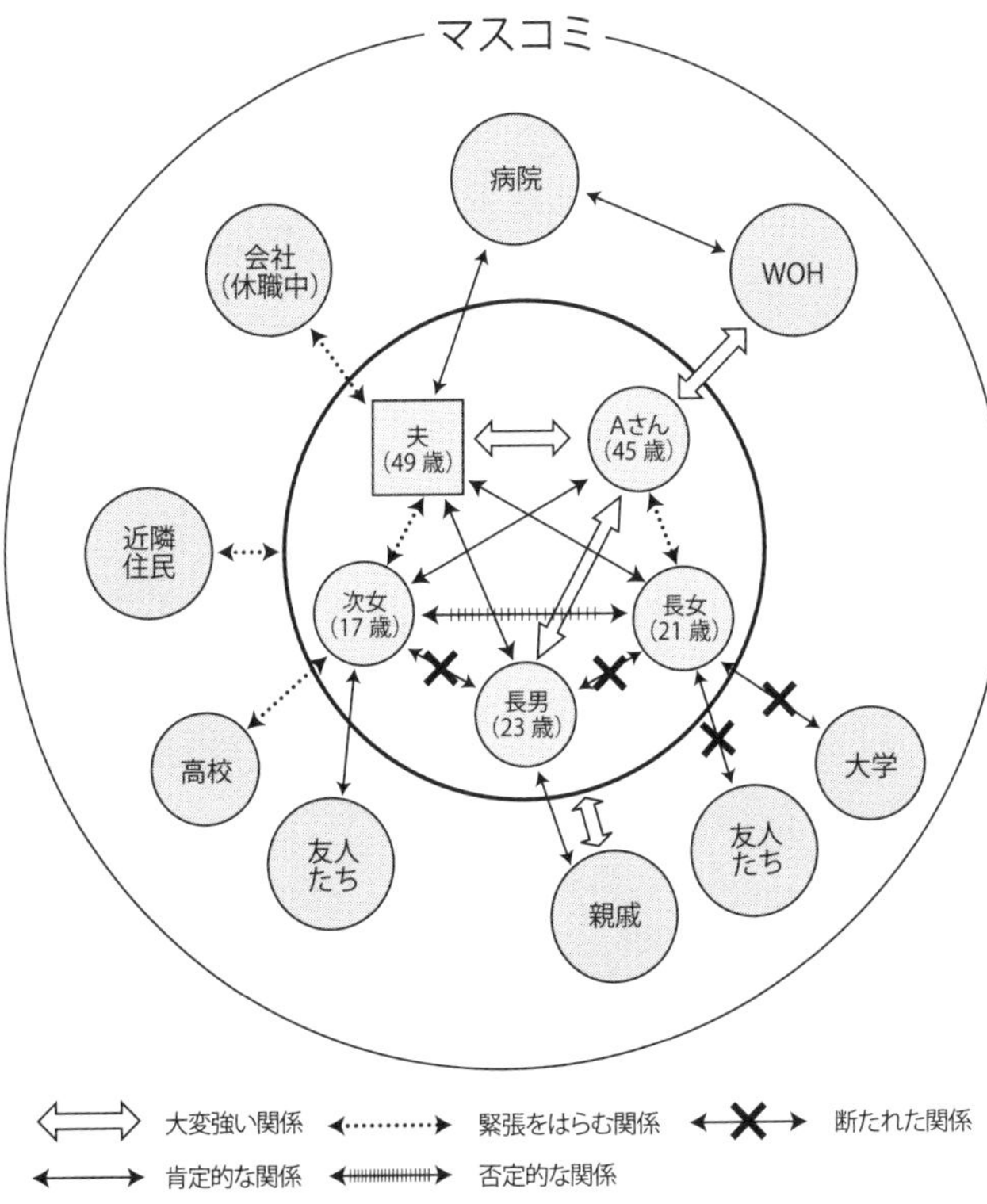

て、地域に加害者家族の支援に関するボランティア団体が必要であることが見出された場合、その構築を自治体に相談や交渉をするなどがあげられる。

ソーシャルワーカーの専門性である〝人と環境〟の両側面から課題を分析するために、エコマップを作成する。これを作成することで、課題がなぜ、どのように生じているかを可視化することができる。ここから、どこに介入し何に変化をもたらすことで課題が緩和・解決するかを分析し、見立てる。

3 支援の計画作成(プランニング)

収集した情報から課題を明確化し課題の緩和・解決のための計画を作成する段階である。ここでは、相談者の生活課題の緩和・解決のために取り組む計画を作成する。重要なのは、ソーシャルワーカーや連携する専門職のみで作成するのではなく、相談者やその家族とともに考え、承諾を取っていく、ということである。これは専門職のパターナリズムを抑制するためである。

目指すことは、相談者と相互交流を図りながら、課題の緩和・解決のために、個人、家族関係、関わりのある組織や人々、あるいは社会システムなど、何を変化させる必要があるのかを見つけ出し、その方法と目標について、短期・中期・長期、それぞれの具体的な計画を立てることである。アセスメントにおいて得た情報に基づき、課題を明確化し、その緩和・解決に活用できる社会資源を明らかにして整理する。フォーマルな資源の場合はサービスの具体的内容、種類、手続方法等の確認を、インフォーマルな資源の場合は支援を得られる頻度などを明確にする。特に家族を含む人的資源は重要である。

目標の設定の際に重要なことは、目標は具体的で成果がわかりやすい、実現可能であることである。そのためには、誰が、何に対して、どのようなことを行うことによって、どのような成果が達成されるか、を明確にする。例として、以下のようなことがあげられる。

- 毎月の収入がなくなったため、生活保護制度の利用申請をする。
- 長男の犯罪のことで、長女が学校でいじめにあっているため、学校と協議の場を持つ。
- 近隣住民からの嫌がらせが止まないため、できるだけ早急に他県に引越しをする。
- 加害者家族のピアサポートグループがないので立ち上げる。
- 加害者家族のための緊急事態に対応するホットラインがないため、市役所や社会福社協議会とその構築の検討をする。

なお、策定した計画およびその進行についてはその都度詳細に記録しておくことが望ましい。これには特に決まったフォームはないので、それぞれ使用しやすいものを作成されたい。

4 計画の推進と評価(モニタリング)

立案した計画を実行しその実効性の評価をする段階である。計画を立案し相談者とソーシャルワーカーがその内容に合意したら、その計画に沿って課題の緩和・解決に向けた具体的な行動を起こす。原則的には相談者が中心になって、自ら行動を起こしていく。しかし、状況に応じてソーシャルワーカーがサポートしたり、リードして行動することもある。これについては、相談者と検討しながら進める。また、定期的にどの程度目標が達成されているか、その過程も含めて相談者とともに評価していく。計画した内容に着手できているか、できているとしたらどの程度できているか、達成に近づいているか、立てた計画が妥当であったか、そうでなかった場合は、どう修正するかといった観点から評価していく。なお、目標はすべて順番通りに進行するものではなく、行きつ戻りつである可能性があることも、相談者と共有しておく必要がある。その場合にソーシャルワーカーは「目標達成の阻害になっている要因」を検討し、目標達成が実現するための方策を再検討する。

もう一点、計画の評価を定期的に行うことにおいて、ソーシャルワーカーが意識的に行うことは、相談者が課題の緩和・解決に取り組むプロセスにおいて身につけたストレングス、もしくは自己否定につながるような傷つき体験をしていないか、についての確認である。前者は、自身の課題の緩和・解決に向けた具体的な行動をすること、またその課題が徐々にではあったとしても解決の方向に向かっていることを感じることができたり、実際に解決することを体験することで自己肯定感・自己効力感が高まる経験をする。それによって、次の課題へより積極的に向き合うことができるようになる。ただこれについて、必ずしも自己認識されるわけではないので、その気づきを促す働きかけをする。

後者は、立てた計画や目標に向きあって取り組んだとしても、進捗状況がスムーズであることはあまりなく、何かしら阻害要因が出現することが少なくない。たとえば、公的な支援を受ける手続を取ろうとしたら窓口で断られた、人との関係性の修復を行なおうとしたら拒否された、自助グループを組織しようと動いたら思うように人が集まらなかったなど。さまざまなことが想定できるが、その都度相談者は自分自身や状況に対してネガティヴな感情を抱くことになる。そういった気持ちに寄り添い、努力を労い、どのようにすれば状況が進展するかを一緒に考えるのもソーシャルワーカーの役割である。

5 終結と結果評価

課題緩和・解決に達したと評された場合支援を終結する段階である。支援の終結の段階には大別すると三つの側面がある。

① 相談者の目標が達成できたといえるのがいつかをアセスメントすること。
② 相談者が支援関係終結後も変化を維持し成長を続けられるようにするための方法を構築できるように支援すること。
③ 援助関係をうまく終結させること。

支援が終結を迎える場合、目標が達成されたことがひとつのわかりやすい指標となる。そのためにも、先にも触れた通り、計画と目標は具体的であることが望ましい。しかし、目標が具体的ではないこともある。たとえば、「相談者が安心して生活をできるようになる」「相談者に対して社会が道義的責任を問うことがなくなるように相談者が感じるようになる」などである。このような場合、支援の終結がいつになるのか、どのような状況になった場合であるのか、ということの判断が困難である。ただ、難しいからといって支援を終結しないという選択はソーシャルワーカーにはない。一生、寄り添って先回りして問題を解決する、ということはできないためである。そういう考えが根底にあるための、ストレングスとエンパワーなのである。つまり、課題の緩和・解決と並行して、相談者が自身で生活課題を解決していく力をつけていくことも、ソーシャルワーカーの支援において目指されていることである。

ここでソーシャルワーカーが知っておかなければならないことは、ともに課題に向き合ってきた支援者に対して、少なからず愛着を感じているということ、またその逆もある、ということである。その場合、支援の終結は、頼りにし自身が構築してきた肯定的な人間関係を手放す、という喪失の体験につながることにもなる。このことを踏まえて、依存、共依存関係に陥らないように支援関係を結び、終結を見据えながら支援を行い、終結していくことまで含めたソーシャルワークの支援なのである。

おわりに

ソーシャルワーカーは、加害者家族支援に特別にフラグを立てて支援するのではなく、「生活に課題を抱えている人」と捉え、その人とその人を取り巻く環境に働きかけ、変化をもたらしその課題の緩和・解決を試みる専門職であること、またその価値、視点、方法について説明をしてきた。特段加害者家族に焦点化してソーシャルワークを説明してきたわけではないが、現在、WOHが行っている加害者家族支援は、ソーシャルワークの価値・倫理、視点や方法を取り入れながら行われている。今後、加害者家族支援がより広まり、その中にソーシャルワークが取り入れられていくことで、支援が均質的に広がっていくことが期待できる。

最後に今後の加害者ソーシャルワークにおける課題を示しておきたい。何度か強調してきたように、ソーシャルワークは加害者家族に特別にフラグを立てた支援を構築しているわけではない。ただ、ソーシャルワーカーは「貧困」「児童」「高齢」「障害」「ひとり親家庭」などの各論を構築してきた。これは、原則的にソーシャルワークの支援はどの領域にも通底するが、それぞれの領域に特化した専門的知識や技術も一部要求される、ということでもある。そう考えると、加害者家族への支援がより蓄積され、それに特化した知識や技術の構築も必要になってくることも考えられる。そのためにも、より多くの人が加害者家族支援の必要性を認識・理解し支援が広がっていくことが求められる。

第6章

加害者家族支援と弁護士

勝田亮（かつた・まこと　仙台弁護士会）

はじめに

『令和2年版　犯罪白書』によれば、一九九六（平成八）年を境に、道路交通法違反を除き、再犯者の人員は増加し続けていたが、二〇一六（平成二八）年をピークに少しずつ減少してきている。一方で、再犯者率（刑法犯検挙人員に占める再犯者の人員の比率）は一九九七（平成九）年以降一貫して上昇し続けており令和元年においては四八・八％となっている。[1] これは、刑法犯として検挙される人員は減少傾向にあるが、初犯者の人員が大幅に減少してきているのに対して再犯者の人員の減少が初犯者の人員の減少よりも少ないことが原因である。つまり、刑法犯として検挙される人員は減少しているが、その中での再犯者の人員の割合が五〇％に近い状況にあるということだ。

罪を償ったはずの者が、再び罪を犯す。筆者が刑事弁護人として活動した非行少年・被疑者・被告人（以下、「加害者」）の中で、自ら行った犯罪行為について後悔せず、反省しない者はほとんどいない。ではなぜ一度は反省し「二度と罪を犯さない」と決心した加害者が、再び罪を犯してしまうのか。さまざまな要因が考えられると思うが、再犯防止に向けて大切なことは、居場所の確保と出番（仕事）の確保であると言われている。この居場所と出番を確保するためには、社会の側での理解が不可欠である。特に、少年の場合は、親元に帰ることが多いことから、家族・地域社会の理解と支えが少年の更生を左右すると言っても過言ではない。つまり、社会が再犯防止の意義を理解し、再犯防止のために協力し合う必要があるのだが、いまだ十分とは言えないのが現状である。

二〇〇八（平成二〇）年一二月に「犯罪に強い社会の実現のための行動計画２００８」を策定してから、国としても再犯防止に向けた対策を行うようになり、そして、二〇一六

1 『令和2年版　犯罪白書』二一三頁〈https://www.moj.go.jp/content/001338452.pdf（最終閲覧二〇二一年九月一六日）〉。

年一二月七日、議員立法により「再犯防止推進法」が成立し、同月一四日に施行され、二〇一七(平成二九)年一二月に、政府は二〇一八(平成三〇)年度から五年間に関係府省庁が取り組む「再犯防止推進計画」を内閣府が作成し、「5つの基本方針」と「7つの重点課題」を定めた。

このように、国も本格的に再犯防止に向けた施策を考え、地域社会や民間団体との連携を取りながら再犯防止に向けて取り組み始めたところであり、今後、再犯者の人員を大幅に減少させることができるかどうか見守る必要がある。

筆者は刑事事件・少年事件の弁護人・付添人として活動をしてきたが、弁護活動の仕組み上どうしても再犯防止に向けた支援という点において限界を感じることがある。一方で、積極的に支援活動を行っている民間団体、たとえば、帰る場所のない少年たちを受け入れ立直りを支援しているNPO法人ロージーベル、身寄りのない高齢者等の成人に居場所を提供し立直りを支援しているNPO法人ワンファミリー仙台、犯罪加害者家族の相談や支援活動を行っているNPO法人WOH等とのかかわりを通じて、当事者の側に立った活動の有効性を感じるようになった。今回は特に加害者家族に対する支援について考えたい。

弁護活動を通じて加害者家族支援が必要と思われたケースについて

1 家族が立直りに協力的である場合

弁護士は、刑事事件の弁護人、少年事件の付添人として、犯行に至った経緯や反省の思い、被害弁償や今後の更生に向けた計画等について加害者とともに考え裁判・審判へとサポートしていくことになる。この裁判・審判までに弁護士が弁護活動できる時間は限られており、被害者との話合いや被害弁償、帰住先や就労場所の確保にその大半を費やすことも少なくない。このため、家族が協力的である場合には、家族とともに被害弁償や今後の具体的な更生計画を立てることができ、立直りという観点からも家族の存在は大きいと思われる。

他方、家族にとってみれば突然、加害者家族という立場に置かれ、大きなショックと不安を抱えることになる。筆者も、その胸の内を察するにあまりある家族の姿を何度も目にしてきたが、弁護人・付添人としては、先に述べたとおり限られた時間内に弁護活動を遂行しなければならず、家族の不安や悩みに深く介入することはできないのが現実である。さらに、裁判・審判が終了してしまうと、弁護士は元弁護人・元付添人としてボランティアで協力していくことになり、弁護士が介入できる範囲も限られると言わざるをえない。

しかし、再犯防止・更生という観点からすれば、立直りに大きな影響力を与える家族への支援は重要であり、家族が気兼ねすることなく悩みを相談できる専門的な相談窓口が必要である。またケースによっては専門医による診察や治療、専門機関での継続的な支援が必要になる場合も想定され、相談窓口には幅広いネットワークとコーディネート機能も必要であると考える。

2 立直りのために家族との分離が必要な場合

ケースによっては、家族が非行や犯罪を助長している場合や、家族が暴力等の虐待を繰り返し行っている場合など、一時的に家族との分離が必要となるケースがある。また、家族としては引き受けたいと考えていても、加害者自身が帰住を望まず、時には家族と対立関係になることもある。

このようなケースの場合、特に少年事件の場合には、一時的に分離が必要であっても、家族間の再統合について時間をかけて検討し、可能な限り再統合に向けた調整を図っていくことが望ましいかもしれない。

しかし、弁護人・付添人としてこれらの問題に介入していくことは困難であり、継続的に家族の悩みに寄り添い家族が孤立しないように、そして家族にとって必要な調整を図ることのできる専門的な相談窓口を求めたい。虐待や非行等を助長する家族の行動の背後に、実はその家族自身も問題を抱え支援を必要としているという場合もありうる。新たな犯罪を生み出さないという観点からも、家族への支援が重要であると考える。

3 過剰なマスコミ報道等から家族を守る必要がある場合

社会の耳目を集める重大事件はさることながら、インターネットの普及等により個人によるプライバシー侵害が問題となるケースもある。特に、匿名でインターネット上に掲載された記述については、その削除が困難な場合が多くプライバシー侵害の程度はますますエスカレートしている状況にある。この点について、インターネット関連の問題を専門に扱っている弁護士やプライバシー権保護に詳しい弁護士も少なくなく、法的な問題についてては弁護士が対処することは可能である。

しかし、家族が受けた心の傷は、法的な問題解決だけで癒されるものではなく、専門的な相談窓口を設け継続的に支援できる仕組みづくりが必要ではないだろうか。

再犯防止という観点での加害者家族支援について

1　加害者支援団体等とのネットワークの構築の必要性

繰り返しになるが、立直りや再犯防止のためには、家族や地域社会の理解と協力が重要である。けれども、前述したとおり、家族そのものが問題を抱え悩み苦しんでいる場合もあり、そのケアなくして協力を得ることは困難なのではないだろうか。このことは、立直りに支障を来すばかりでなく、再犯防止・新たな犯罪を生み出さないという観点からも早急な対応が求められるように思う。

これまでも保護司や更生保護に関する民間の協力団体等が、地域において地道な活動を続けてこられた。また最近では、更生保護法人に加えてNPO法人等が立直り・更生の場を提供し、さまざまな支援活動を行うようになっている。さらに、加害者家族への支援に焦点をあてた活動を展開しているNPO法人や、当事者による自助グループ等も増えつつある。このように地域における再犯防止・更生保護に向けた支援活動は、その対象も内容も範囲も確実に広がりつつあると言える。

今後は、これらのさまざまな取組みが有機的に結びつき、ケースに応じた効果的な支援を行っていくことが重要であると考える。そのための情報共有、ネットワークの構築が必要であることは言うまでもない。弁護士においても、個人的なネットワークのみならず、これらさまざまな団体等の情報やつながりを共有できる仕組み作りが必要ではないだろうか。

2 加害者家族についての調査研究の必要性

家族への支援が充実すれば「再犯を抑止し犯罪の総量を低減することにつながるであろ

う」と言われている。[2] その更生の場たりうる家族が、どのような状況に置かれ、どのような問題を抱え、何を必要としているのか、支援する側にはどのようなことができるのか、そのために必要な仕組みや制度は何かなどについて、今後さらに調査研究が進められ、有効な施策が講じられ再犯防止・更生保護に大きく貢献されることを期待したい。

おわりに

二〇一四(平成二六)年一二月一六日の犯罪対策閣僚会議では、「犯罪に戻らない・戻さない――立ち直りをみんなで支える明るい社会へ」という宣言がだされ、二〇二〇(令和二)年度までに出所者等の事情を理解した上で雇用する企業(協力雇用主)の数を一千五〇〇社にするという目標を掲げていたところ、協力雇用主、更生保護関係者の熱意と尽力により達成することができた。また、二〇二〇年までに帰るべき場所がないまま刑務所から社会に戻る者を四千四五〇人以下に減少させるとの目標を掲げたところ、更生保護施設および自立準備ホームにおける受け入れ促進などにより、令和元年には三千三八〇人にまで減少した。

　他方、犯罪・非行の背景にはさまざまな問題があり、その問題を解決しなければ抜本的な再犯防止にはつながらない。その意味では、それぞれの課題に応じた伴走型の再犯防止に向けた取組みも必要になってくるのではないだろうか。

　最後に、再犯防止という観点から弁護人・付添人としての役割について自戒を込めて述べたいと思う。私、前述したように、弁護人・付添人として弁護活動できる時間は限られているが、加害者や加害者家族の置かれている状況や問題点を把握しやすい立場にあることは事実である。たとえば更生保護にかかわっているＮＰＯ法人などの民間団体と連携し、限られた時間の中ではあるが、問題解決に向けた足がかりをつけることは十分可能ではないかと思われる。犯罪の背後にある問題点を一つずつ解決していくことが、加害者家族の支援、さらには加害者本人の立直りを支え、再犯防止に大きく寄与するのではないか、と考える。弁護人・付添人としてのあり方をこれからも模索し続けていきたい。

2　生島浩「犯罪臨床と家族」清水新二編著『臨床家族社会学（放送大学教材）』（放送大学教育振興会、二〇一四年）。

第7章

日本における加害者家族支援

阿部恭子（あべ・きょうこ　NPO法人WOH理事）

はじめに

現在、日本において加害者家族支援を標榜する団体は、NPO法人WOHのほかに、NPO法人スキマサポートセンター（以下、SSC）、山形県弁護士会の「犯罪加害者家族支援センター」の三団体である。WOHは、マイノリティの権利擁護に携わる活動家を中心に、弁護士や社会保険労務士などの法律家、臨床心理士、不動産経営者らによって構成されており、SSCもまた、刑務所で受刑者の更生プログラムを担当する臨床心理士を中心に、弁護士、社会福祉士、元家庭裁判所調査官といった専門家によって構成されている。「犯罪加害者家族支援センター」のスタッフはすべて弁護士であり、加害者家族の法的支援と人権擁護に取り組んでいる。欧米諸国では、加害者家族自らが運営する自助グループが主流であるのに比べ、日本では専門家が結集しなければならないのは、加害者家族バッシングが違法な行為にまで及んでおり、事件後、加害者家族が抱える社会的困難が複雑であることを示している。

本稿では、諸外国の加害者家族支援との比較から加害者家族を取り巻く日本社会の現状を踏まえ、日本で展開されるべき加害者家族支援について論じる。

バッシングに沈黙してはならない

加害者家族が抱える最大の問題はメディアであり、この問題抜きに日本の加害者家族を語ることはできず、この問題への対処なくして日本の加害者家族支援は成り立たない。

重大事件では、被疑者の逮捕報道直後、加害者家族はメディアスクラム(集団的過熱取材)

に晒される。何が「重大事件」とカテゴライズされるのか、殺人事件であっても被害者が親族か他人か、ひとりか複数か、犯行の猟奇性などによって報道陣の数や報道される期間は異なる。被疑者や家族の社会的地位や経歴によって、報道が過熱するケースもありえる。

事件報道において報道陣は、隔離されている被疑者と接触できないため、家族から事件の情報を得ることが目的であり、必ずしも加害者家族の声を社会に届けてくれるわけではない。一方的に報道される事実について、加害者家族が疑問を呈したり、意見を述べる機会は与えられておらず、我々が作るほかないのである。SNSを中心に情報が拡散する現代では、むしろメディアを通して加害者家族の真実を積極的に伝えていく役割が求められている。

捜査段階からの介入とプライバシー保護の必要性

世界的に加害者家族支援の中心は、〝受刑者〟家族の支援である。長期受刑によって、受刑者と家族の関係は断たれ、出所後の帰住先が失われることを防止するために、刑務所までの送迎バスの運営や刑務所の面会室のコーディネートなど、刑務所と連携した運営を行い受刑者と家族の外部交通を促進することを目的とした支援団体が多く見られる。[1]

逮捕報道の影響が甚大であることから、日本においては捜査段階からの介入が不可欠である。加害者家族は助言を必要とする状況におかれながらも、プライバシーが外部に漏れることに非常に慎重であり、情報を共有する支援者は限られたメンバーにならざるをえない。諸外国の受刑者家族支援では、地域の人や学生などのボランティアが参加する開かれた活動が展開されているが、日本の状況に鑑みれば、加害者家族と接する支援者は一定の専門家に限定され、相談者のプライバシー保護が優先される。[2]

1 具体的な団体や活動について、鈴木伸元『加害者家族』(幻冬舎、二〇一〇年)一七四～一八五頁などで紹介されている。
2 具体的な支援について、阿部恭子『加害者家族を支援する――支援の網の目からこぼれる人々』(岩波書店、二〇二〇年)二六～四二頁参照。

法的責任と道義的責任を区別すべき

事件が起きると、「家族なのになぜ犯行に気がつかなかったのか」などと、家族の監督責任を問うような批判が集中するが、各ケースの加害者家族の具体的な責任に踏み込んだ議論にはならず、世の中は、単純に家族から犯罪者を出した結果を非難するだけで事件を終わらせている。

加害者家族は、加害行為を行った行為者ではないことから責任の所在は行為者にある。しかし、事件の背景に虐待や家庭内暴力など家庭環境が大きく関係しているケースも少なくはない。また、未成年者の保護者の中には被害者に対して損害賠償責任を負わなければならないケースも存在する。

事件後、家族は身元引受人や公判における情状証人などさまざまな役割を求められるが、それらはすべて任意であり本来家族の選択に委ねられるべき問題である。家族連帯責任意識が強い日本では、家族が面倒を見るべきという世間の同調圧力が強いことから、家族は断ることができないと思い込んでいる人々も少なくはない。

加害者家族に求められる責任については、法的責任と道義的責任を区別した説明が求められる。

子の犯罪は社会的な死

諸外国では、加害者家族の中でも特に受刑者の親を持つ子どものケアが重視されている。養育者の逮捕によって貧困と差別の環境で育つ子どもたちは、非行や犯罪に手を染めるリスクが高いという。このような犯罪の世代間連鎖を断つための子どもへのケアが積極的に行われている。日本の加害者家族の子どもたちにも同様の問題がないわけではないが、日本の加害者家族の中で相談件数の続柄別で最も多く寄せられるのは、「親」からの相談である。

日本では、芸能人の子どもが不祥事を起こせば必ず親が会見で謝罪し、子どもが何歳であろうと親としての責任を問われ、仕事を辞めなければならない状況にまで追い込まれる。親の社会的地位が高ければ高いほど子の犯罪は社会的な死を意味し、自殺に至るケースは

「父親」が多い。

家族は更生の支え手なのか

事件が起きると世の中は、一様に犯罪者を出した責任を家族に問う。家族とひと口に言っても加害者との関係や事件との関わりによって、個人が負う責任はさまざまである。責めを負ういわれのない家族もいれば、家庭に問題があると言わざるをえないような家族も存在している。

罪のない人の命が身勝手な理由で奪われるような重大事件が起きると、世間の処罰感情が高まり、誰かを罰しなければ気が済まないという怒りの矛先は、加害者家族に向けられる。犠牲者が出た事実が報道されるや否や、人々の処罰感情はピークに達し、責任があるかどうかはもはや論外で、とにかく真っ先に攻撃の対象になりうる。

家族は事件の責任を厳しく追及される一方で、更生の支え手としても期待されてきた。しかし、犯罪の原因でありながら、再犯抑止要因にもなりうるというのは、家族も病理を認識し、加害者と家族双方がそれぞれケアや治療を継続している場合に成り立つ論理である。犯罪の原因となっていた家庭が、自然に再犯抑止の場に変化するわけではなく、専門家らによる介入が不可欠であり、こうした介入を行うのがまさに、加害者家族支援の役割である。

かつて、家族の再犯抑止機能に注目が集まりながらも、実証例は少なく、一般的な家族幻想に基づく仮説として主張されてきた。裁判所も、高度な専門機関ではあるが、家族に関しては家族神話信仰が根強い。刑事裁判の情状証人はもっぱら家族であることが多く、イネーブラーになっている加害者家族が更生を監督する証言をしても、裁判所が問題を指摘することはまずない。

刑事裁判では、被告人に家族がいるという存在が重視され、具体的な関わり方にまで言及されることはない。しかし、加害者家族にとって、法廷で家族を更生させる証言をしたことは、その後の生活においてプレッシャーになりうる。事件後、加害者と同居する家族は、加害者が隠れて悪いことをしていないか、悪い仲間と付き合っていないかなど、再犯への恐怖から見守りというより〝監視〟になりがちである。しかし、同居人といえども四六時中監視することは物理的に不可能であり、むしろこうした家族の監視的態度が加害者の自尊心を傷つけ、日常的なストレスから再犯という悪循環を引き起こすこともある。

そもそも裁判は、加害者の更生を検討するところではなく、刑の妥当性を判断する機関であり詳細な議論を展開するには限界がある。しかし、多くの事件は「性的欲求」「痴情のもつれ」「金銭目的」といった単純な理由で片づけられ判決が言い渡されているが、背景を丁寧に紐解いていくと、犯罪が起きた事情とはそう単純ではないのである。

法は、一般通常人の判断基準、つまり、常識を中心に規定されており、法律家は常識的な見地からしか犯罪を分析していないことが多い。しかし、犯罪は異常な心理状態の下で起きている。この異常性を理解しなければ、事件の本質に迫ることはできない。

家族が更生のモチベーションになるという家族幻想に基づく一般論が、家族に我慢を強いたり、監視行動を正当化するなど、家族を間違った方向に導いてきたところは否めない。

家族連帯責任の構造

日本の加害者家族の傾向として、家族でありながら、加害者の犯行に気がつくことができなかったという自責の念が強く、支援を求める立場ではないと考え、家庭の中で問題を抱え込んできた。日本社会に根強く残る家族を一体とみなす思想は、加害者家族自身にも内在しており、窮地に立たされながらも支援を遠ざけてきた。

家族に問題を押し付け、社会が責任を拒否するのはなぜか。犯罪も受刑者数も多いアメリカでは、犯罪者本人の支援もその家族の支援も活発に行われている。各州で多数の被害者を出す銃乱射事件もたびたび起こるが、未成年者の犯人の親が実名・顔出しでインタビューを受けることも珍しくはない。[3] 当然、家族の下には批判も寄せられるが、支援したいという声も多く寄せられるという。日本では考えられないほど多くの被害者を出した事件でも、家族が社会から追い詰められることはない。

銃乱射事件の背景には、銃社会というアメリカ社会が抱える大きな問題があり、家庭の問題だけに収斂するには無理がある。犯罪の背景に、人種差別や貧困格差が大きく影響しているであろうことは、日本にいても昨今のニュースから読み取ることができる。つまり、家族の問題ではなく社会の問題だという認識が市民社会に根づいているのである。した

3 当事者の手記として、スー・クレボルト（仁木めぐみ訳）『息子が殺人犯になった――コロンバイン高校銃乱射事件・加害生徒の母の告白』（亜紀書房、二〇一七年）。

がって、元受刑者や加害者家族も社会を変える一員として自ら声を上げ活動することができている。

一方日本では、犯罪に手を染めるのは少数の人々であり、社会で問題を共有しようというより、個人の責任、各家庭の責任として片づけられてしまうのである。

社会の責任とは何か

インターネット上での誹謗中傷や個人情報の暴露、自宅への投石といった違法な行為を含む加害者家族への攻撃も、これまで社会的に問題視されることなく見過ごされてきた。なぜならば、罪を犯せば家族までもが制裁に遭うという一種の〝見せしめ〟が、犯罪抑止として働いていると信じられてきたからである。

たしかに、悪い誘惑に駆られたとき、「家族に迷惑をかけるから悪いことをするのはやめておこう」と考え、行動を思いとどまることはある。しかし、このような発想が生まれるのは、家族関係が良好な人であろう。しかし、罪を犯す人には、信頼関係を構築した経験が不足しており、家族に対して憎しみを抱いてきた人も少なくない。こうした人々にとっては、家族は犯罪抑止力どころか、罪を犯す動機にさえなりえる。

また、犯罪が起きる状況を考えると、生活困窮の末の介護殺人、育児ノイローゼ状態での子殺しなど、加害者は追いつめられており、冷静な判断力を失っている。加害者に家族がいたとしても、このような状況で犯行の抑止になるとは考えられない。

さらに、後で返せばよいと思って繰り返した横領や、女性が騒がないだろうと思っての痴漢行為など、「ばれることはないだろう」という過信から行われる犯罪もある。そもそも逮捕されると思っていなければ、家族に迷惑がかかるとは考えない。

つまり、家族が社会的制裁を受けることによる犯罪抑止効果は極めて低く、虐待やDVの被害者支援を活発化する方が、よほど将来の犯罪をなくすことに繋がるのである。

親による虐待やネグレクトによって、子どもが反社会的行動を取るケースや、金銭感覚が異常で、子どもに明らかな悪影響をもたらしている家族も存在する。このようなケースでは、犯罪が起きた原因が家庭にあることは否定できないが、犯罪の温床になっている価値観が社会に蔓延していないかを見極める必要がある。

暴力は、躾や指導という名目で容認されてきた。いかなる場合でも暴力は許されないとしなければ、暴力を用いた犯罪はなくならない。いくら家族が暴力を否定しても、学校や職場でまかり通っていたならば、暴力は正しいという価値観が刷り込まれてしまう。

男尊女卑の思想も同様である。男尊女卑がまかり通っていた時代に育った人々は、性犯罪や性暴力に鈍感になる。性犯罪は、社会的関心を集めており急激に増加した印象を受けるが、被害者の相談窓口が増え、被害者が声を上げやすくなってきたことによって従来は事件化されなかったケースが犯罪として取締りを受けるようになった。

セクシャルハラスメントやパワーハラスメント、モラルハラスメントといった概念の確立によって、被害者が救済に繋がりやすくなり、加害行為という認識が社会に生まれた。近年、スポーツ界のパワーハラスメントや大学でのアカデミックハラスメントなど、特殊な世界で正当化されてきた加害行為も問題視される傾向にある。

被害者の概念が広がることによって、加害者の概念も広がっていく。人権意識の欠如が犯罪を生むという意識を社会で共有することが必要である。

おわりに

差別とは、個人の否定である。健全な家族は、家庭において個人が尊重され、家族の関係は対等であり、それぞれが自立している。男尊女卑や子どもの権利の否定によって、誰かが犠牲になっている家族の関係は長続きさせず、事件や自死という不幸を生む。加害者家族支援の目的は、個人を〝加害者家族〟から解放し、自分らしい生き方を歩んでいくことを支援することである。

COLUMN

新型コロナがあぶり出す「世間体」という病

感染者報道に端を発し、感染者の特定や個人情報の拡散で溢れるインターネット、感染者や感染を出した会社等による謝罪会見、誹謗中傷により転居を余儀なくされる感染者やその家族、この状況はまさに「加害者家族」である。[1]

佐藤直樹氏は、二〇一一年の東日本大震災下で人々がルールに従い行動していた理由を同調圧力によるものと説明している。[2]「ロックダウン」のような法による規制がない中、「自粛警察」や「マスク警察」など予防行動を取らない人々を攻撃する集団まで現れた。震災同様、こうした同調圧力が、感染拡大を阻止した点は否めないが、一方で差別を怖れて自殺する人々も出ている。

二〇二一年一月二二日、「コロナ自宅療養者自殺」という非常にショックなニュースが飛び込んできた。[3]新型コロナウイルス感染により自宅療養中だった東京都内の三〇代の女性が亡くなり、残されたメモには、周囲に迷惑をかけてしまった後悔などが綴られていたという。

女性の娘も感染したことから、女性は娘が学校で居場所がなくなるかもしれないと夫に相談しており、社会から排除される不安が背景にあることは間違いないようだ。

加害者家族は欧米諸国では「隠れた被害者」「忘れられた被害者」と呼ばれ、「被害者」とみなされている。たとえ犯罪者が育つ環境に家族が悪影響を与えていたとしても、行為をしたのは犯罪者であり責めを負うのはあくまで犯罪者である。ところが、世間（同調圧力）にはこうした理屈は通用しない。「世間を騒がせた」ことが「加害」であり謝罪を要求される。したがって、本来「被害者」とみなされるべき感染者やその家族も「加害者」として罪の意識を背負わされるのである。

私たちが幼い頃から刷り込まれている世間のルールに、「人に迷惑をかけてはならない」

1　WOHは、二〇二〇年九月から「新型コロナウイルス差別ホットライン」を設置し、加害者家族支援のノウハウを用いて「世間体」という病に対応している。

2　佐藤直樹『犯罪の世間学——なぜ日本では略奪も暴動も起きないのか』（青弓社、二〇一五年）参照。

3　「自宅療養中に自殺か　感染の女性『迷惑かけ申し訳ない』」朝日新聞二〇二一年一月二二年〈https://www.asahi.com/articles/ASP1Q65D9P1QUTIL02X.html〉。

という言葉がある。突き詰めると、他人の世話になることを否定する言葉である。病気になれば誰かの世話にならなければならないし、病気を他人にうつしてしまうこともある。誰しも病気にかかることはあり、個人の問題ではなく社会の問題であるはずだ。

責任感が強い人ほど個人として問題を抱え込みやすい。他人の世話になっては申しわけない、私が責任を果たさなければという思考は支援を遠ざけていく。罪責感が深い人ほど助けを求めるよりも、責任を取らなければと考えた末、命を絶つ結果を招いてしまっている。

二〇二一年一月一〇日の朝日新聞によると、新型コロナウイルスに関する調査で六七％の人が「健康より世間の目が心配」と回答している。[4] 日本に生きる社会的少数者にとって、「世間」による同調圧力との闘いは避けることができない。世間の暴走に歯止めをかける支援が必要である。

阿部恭子

4　「コロナ感染『健康より世間の目が心配』67％　世論調査」朝日新聞二〇二一年一月一〇日〈https://www.asahi.com/articles/ASP196RLJNDPUZPS002.html〉。

第2部

加害者家族と刑事弁護

第1章

重大事件の報道対応

阿部恭子（あべ・きょうこ　NPO法人WOH理事）

はじめに

世間の耳目を集めた「重大事件」の加害者家族を取り巻く環境は年々、厳しい状況になっていると感じる。従来の逮捕直後のメディアスクラム（集団的過熱取材）のみならず、逮捕の事実がインターネットに上がると、SNSでのバッシングが過熱し、家族の個人情報が拡散され、もはや制御不能になる。インターネットに残る情報は、「デジタルタトゥー」と呼ばれ、加害者だけでなくその家族らのスティグマとして社会復帰にも悪影響を与えている。

このような実情を踏まえ、本章では全国的に関心を集めた事件の支援事例を基に、今後の報道対応の目的と在り方について検討したい。

報道対応の目的

1 加害者家族の生活の確保

加害者家族支援における報道対応の主たる目的は、加害者家族の日常生活を守ることである。メディアスクラムに対して受け身ではなく、対応することによって、家族の生活への影響を最小限にすることができる。

加害者側は、報道される事実に対して公に反論しにくい立場にあり、事実とは異なる情報がどれだけ流され続けても沈黙を余儀なくされてきた。しかし、事実とは異なる、家族も共犯者であるかのような報道や、加害者の経歴や生育歴に関して加害性ばかり強調する偏った報道を放置しておくことは、加害者とその家族双方の尊厳を傷つけ、社会復帰まで困難にする。それゆえ、一時的な対処ではなく、長期的な視点で報道陣への対応を検討すべきであると考える。

2 加害者家族という存在の可視化

欧米諸国では、犠牲者を多く出した事件であっても、加害者家族が実名・顔出しでテレビカメラの前でインタビューを受ける例は少なくない。個人主義が確立されている国では、家族に批判が集まったとしても社会的地位や生活基盤を失うまで追いつめられることはないことから、加害者家族が直接インタビューを受けるハードルが低い。現在の日本では、加害者家族が同様の行動を取ることが困難であることは言うまでもないが、近年、加害者家族にも社会的関心が向けられるようになり、その存在を社会に可視化していく方向を目指すべきだと考える。第三者が加害者家族の実情を社会に伝えていくことは、加害者家族である事実を隠さず生きることにより、加害者家族が生きやすい社会への第一歩である。

事例による検証

1 事例①「野田市小四虐待死事件」

(1) 概要

二〇一九年一月、当時、小学校四年生だった被害者Aさんが千葉県野田市のアパートで父親による暴行を受け死亡した。父親のB氏は、A氏への暴行、強要、傷害致死等で懲役一六年の判決を受け量刑不当等を理由に控訴したが棄却され、判決が確定した。当団体は、父親の親族の支援を行っている。

(2) 検討「被害者遺族という側面」

本件の報道対応を実行できたのは、裁判員裁判が開廷される一週間前である。本件は、Aさん死亡により両親が逮捕された後、Aさんが通っていた小学校や児童相談所の不手際が浮上し、報道は予想以上に長期化した。加害者家族は逮捕直後のメディアスクラムにより転居を余儀なくされた。生活の拠点を変えてからしばらく平穏な生活を取り戻したものの、公判が近づくと再び報道陣が自宅付近に取材に来るようになった。

裁判員裁判に向けて取材が再過熱する可能性が浮上し、ＷＯＨが取材陣の窓口として一定の情報を出す代わりに、自宅周辺への取材や家族への直接取材を控えてもらうことを目的に、千葉県内の会議室で記者会見を開いた。会見には、加害者Ｂ氏の母親で、被害者Ａさんの祖母であるＣさんが出席し、筆者が司会進行を務めた。会見の告知は、取材依頼があった社に連絡し、当日会場にすべての地元メディアが詰めかけた。

Ｃさんはマスクを着用していたが、テレビカメラには顔は映さず、声もぼかしてプライバシーに最大限配慮してもらうよう要請した。Ｃさんは裁判では検察官および弁護人双方の証人として証言が予定されており、質問は裁判以外の事実に限定した。

Ｃさんとその家族は、世間では〝加害者家族〟として厳しい批判に晒されてきたが、事件直前までＡさんと一緒に暮らしてきた遺族でもあった。会見を通して、〝被害者遺族〟という側面にも焦点が当たり、事件への理解が進んだと感じた。

判決後も会見を予定はしていたが、家族の心理的負担が大きく体調を崩したため筆者が代理で会見を行った。その後も、Ａさんの命日に家族としてのコメントを出すなど報道対応を続け、複雑な事件の検証を続けている。

2 事例②「池袋暴走事故」

(1) 概要

二〇一九年四月、東池袋で当時八九歳だった加害者D氏の車が暴走し、二名が死亡九名が負傷する事故が起きた。D氏は元官僚で勲章を受章しており、その経歴に注目が集まりバッシングが過熱した。二〇二〇年一〇月から開廷した刑事裁判で、D氏は過失を否定し、暴走は車の故障によるという主張を展開した。二〇二一年九月の判決では、禁固五年の実刑判決が言い渡され、控訴せずに確定している。

(2) 検討「加害者家族の名誉回復」

D氏は足が不自由で、事故直後も怪我をしており、逮捕を伴わない捜査が進められたが、インターネットを中心にD氏の経歴から、逮捕されないのは元官僚のコネを使ったからだという「上級国民バッシング」が始まった。

事故直後、一部メディアはバッシングを煽る報道を行った。某テレビ局は、D氏の車が暴走した原因を「フレンチに遅れる」というテロップをつけて報道した。しかし、D氏が向かっていたレストランはフランス料理店でも高級レストランでもなく、馴染みの洋食屋で、遅れてもかまわない店であり急いでいたわけではない。さらに、D氏は事故発生直後、救急隊が到着する前に息子に電話をかけたと報道されたが、D氏の息子が電話を受けたのは事故発生から五五分後で、すでに救急隊が到着した後だった。この誤報により、D氏が人命より保身を優先し、息子に逮捕されないよう根回しを頼んだといった情報がインターネット上で拡散し、家族を巻き込んだバッシングに発展した。こうした誤報に対して、筆者は二〇二〇年一〇月九日の講談社現代ビジネスで反論記事を発表した。[1] その後も、刑事裁判を傍聴し、あまりに偏った報道に対して事実を訂正する記事を書き続けている。

本件の刑事裁判では被告人が無罪主張をしていたこともあり、家族は裁判に関与していないことから筆者と被告人が直接かかわりを持つに至ったのは、まもなく結審を迎える時期である。公判が始まるまでに二年以上を要し、当時は、世間の関心も薄れていくのではないかと推測していた。被告人が無罪を主張したことで再び注目を集め、公判後、毎回、被害者側は会見を開いていたにもかかわらず、弁護側は沈黙を貫き、バッシングは過熱していった。報道陣の弁護側への取材申し入れに対して、完全に無視していた態度は報道陣の反発を招き、被告人の評価にも悪影響を与える結果となった。

報道対応の在り方

1 バッシングを招きやすい事件

池袋暴走事故では、加害者が逮捕されなかったことによりバッシングが始まった。逃亡や罪証隠滅のおそれがなければ身体拘束は必要ないが、「逮捕＝罰」であり、制裁を免れたという感覚が世間にまん延している事実は否めない。いじめ事件の加害者も逮捕されないことで〝社会的制裁〟としてネットで実名や個人情報が晒されたり、バッシングが過熱する傾向がある。

世間には、加害者の発言は謝罪以外認めないという風潮があり、無罪主張や、控訴・上告など裁判で争う姿勢を見せるとバッシングが起こることがある。こうした現象に対して加害者側をフォローするメディアも少ないのが現状である。弁護人や加害者側家族に取材

1　講談社現代ビジネス「『上級国民』大批判のウラで、池袋暴走事故の『加害者家族』に起きていたこと——家族は『逮捕してもらいたかった』と話す」（二〇二〇年一〇月九日）〈https://gendai.ismedia.jp/articles/-/76274〉。

依頼が来ることから、むしろ、無視せずに対応する方が有効ではないかと考える。WOHでは、弁護人から取材対応を依頼され、弁護人と連絡を取りながら進めているケースもある。重大事件では、弁護士だけではなくWOHのような団体と連携し報道や誹謗中傷への対応策を進めていくのがよいのではないだろうか。

2 避難から情報開示へ

WOHとして報道対応についての知見が蓄積されてきたのは最近のことであり、筆者のメディアでの発言の場が増えたことも理由のひとつである。これまで報道対応といえば、避難所への誘導など加害者家族を避難させる選択肢しかなかったが、それには限界が生じてきたことも対応に踏み切った理由である。

シェルター設置案も検討されてきたが、報道陣の情報網では発見されるのは時間の問題であり、日本において重大事件は滅多に起きないにもかかわらず維持にはコストもかかる。密室ゆえに適切な管理人を置かなければトラブルも発生しており、リスクとコストを考えてもむしろ正面から報道対応する方が合理的であると考える。

発言によって批判が集まることは免れないが、沈黙したからといってバッシングは収まるわけではない。間違った情報ばかりが社会に拡散されていくことを防ぐためにもバッシングに立ち向かう体制構築が不可欠である。

おわりに

池袋暴走事故で過熱した「上級国民バッシング」の始まりは、二〇一五年、東京オリンピック・パラリンピックのエンブレムが著作権侵害であるという疑惑が生じ、大会組織委員会はエンブレムを白紙撤回した際に、「著作権侵害ではないが一般国民から理解を得られない」と述べ、「一般国民にはわからない、理解できるのは上級国民だけ」という批判が集中した事件が始まりであるが。「専門家にしかわからない」という態度は、市民の司法に対する不信に共通する感情とも思われる。事件が起きた背景や主張の意味について、社会に対して丁寧に説明していくことが、被疑者・被告人そしてその家族の生活、人権を守ることに繋がると考える。

第2章

捜査段階における支援

阿部恭子（あべ・きょうこ　NPO法人WOH理事長）
監修：草場裕之（くさば・ひろゆき　仙台弁護士会）

はじめに

マスコミや捜査機関に対して、個人で対応することは困難であり、捜査段階は、支援のニーズが最も高い時期である。捜査側も弁護側も、あたかも義務であるかのように家族に協力を求めるが、家族の疑問や悩みに耳を傾け、適切な助言を与えてくれる者はなく、加害者家族はただ都合のいいように扱われてきた。

本章では、被疑者の家族が直面してきた「警察からの事情聴取」「被害者対応」「示談への協力」における問題について検討したい。

参考人としての事情聴取

家のなかで犯罪が発生した場合や、金銭を目的とした犯罪によって一家の生計が立てられていた場合など、捜査機関から家族も被疑者と同視される可能性があることに注意しなければならない。しかし、「加害者家族」として相談に訪れる家族にこのような意識はないことから、捜査機関に対して無防備である。事情聴取への対応について、刑事事件の弁護人に助言を求めてはいるものの、家族の立場に立った助言を得られるケースは少なく、逮捕に至るような事態にならなくとも、取調室という密室での恐怖体験による心の傷に何年も苦しめられている家族もいる。

事情聴取に臨むにあたって、起こりうる事態を予測できていれば、冷静に対処することができ、精神的負担も軽減できるはずである。

1 事例①「長時間にわたる拘束」

自ら経営していた事業が立ち行かなくなり、多額の借金を背負うことになったAは、金銭目的で二人の命を奪うに至った。事件当時、Aと再婚したばかりの妻Bは、Aの会社が倒産寸前である事実に気がついていなかった。

事件後Bは、二カ月以上もの間、本件の参考人として事情聴取を受けた。逮捕前後、Aが犯行を否認していた時期は、一日五時間以上、事実上警察署に拘束された。

Bは、Aが失業した事実を家族に知られたくなかったために犯行に及んだ旨の供述を報道で知り、事件が起きたのは自分の責任と思い込んだ。

事情聴取において、Bは同居していながら、なぜ犯行に気づくことができなかったのか、家族としての道義的責任を厳しく追及された。

時には、男性警察官から、「夫とどのくらいセックスをしていたんだ?」と夫婦生活にまで質問が及び、セクシャルハラスメントを受けることさえあった。警察は、Bの実家や元夫の下にまで事情聴取に向かっていたことから、自分が事情聴取に全面的に協力しなければ、事件とは関係のない子どもたちまで事件に巻き込むことを怖れ、警察からの出頭要請を断ることができなかった。

うつ病になり、通院が必要な状態であったが、病院にまで警察が同行し、診察が終わるとすぐ車に乗せられ署まで連れていかれた。こうした状況から解放されるにはどうすればよいのか、Aの国選弁護人に相談したが、同情を示してはくれたものの、具体的な対処方法について助言を得ることはできなかった。

作成された調書の内容は決して納得のいくものではなかった。それでも署名押印を躊躇すると、捜査官に「この事件のせいで一カ月も帰っていない。サインをもらえないと困る」と言われ、申しわけない気がして署名押印をしてしまった。そして、調書さえあれば裁判で証言する必要はなく、事情聴取はまもなく終わると言われたことからすべて指示に従い、必要と言われればすべての書面に署名押印をした。事件後、Bの仕事にも影響が出ており、一刻も早く職場に復帰しなければならない状況だったことから、公判で証言をすることによって、再び世間の目に晒されることだけは何としても避けたかった。

そして何より、自分の態度によって警察の機嫌を損ねれば、夫が不利な状況に立たされるかもしれないと思い、警察に従うことだけが生きる道だと思い込んでいた。

2 事例②「加害者家族から被疑者へ」

Gは、大勢の消費者を騙して高額な商品を購入させたことから詐欺罪で逮捕された。事件は全国的に報道され、任意捜査段階から、Gと家族が暮らす自宅には報道陣が詰めかけた。報道陣が取り囲むなか、Gと家族は自宅で生活できる状態ではなかったが、親族のところまで報道陣が取材に押しかけており、頼れる人もなく、ホテルを転々としていた。宿泊代金も底をついた頃、インターネットでWOHのサイトを見つけたGから妻子の支援依頼があった。

筆者は、協力団体に連絡を取り、Gのいる場所とは遠く離れたところに、妻子の緊急避難先を確保した。Gには家族との連絡が途絶えないように、WOHの連絡先を伝えておいた。避難先に着くや否や、子どもは旅の疲れと安心からであろうか、急に熱を出した。Gの妻Hは突然の出来事に、何度も自殺を考えていたと話した。

Gが逮捕されて間もなく、警察からHに連絡があり、事情聴取のために警察署に来てほしいと要請された。筆者は、とりあえず、子どもを協力団体の託児所へ預け、Hを警察署に送った。事情聴取の初日は、Gとの出会いや彼女自身の生育歴について淡々と質問された。子どもの精神状態が不安定なので、できるだけ数時間で終わらせてもらうように予め警察に話しておいた。筆者は、事情聴取の内容について、いずれGの弁護人から連絡があったときに役立つと思い、記録をとっておくようにとHに伝えた。この記録が、この先重要なものになるとはこの時点ではわからなかった。

事情聴取の二日目、警察署から戻ってきたHは、非常に不安定な様子だった。まるで自分が犯人であるかのような質問をされ、腹が立つと同時にショックを受けたという。Hが記録していた二日目の事情聴取の内容は、明らかに事件の内容に踏み込んで彼女が事件に関与していないかどうかを確認する内容だった。そして、最後に三面写真を取られていた。

筆者は、この記録とともにHの現状について協力弁護士に相談すると、警察はHを被疑者とみている可能性が高いという助言を得た。Hは、疑われるようなことは身に覚えがなく、まさかそんなはずはないと呆然としていたが、協力弁護士から直接助言を受け、翌日の事情聴取に備えた。

三日目の朝、Hはこれまでになく緊張し、子どもも、ただならぬ雰囲気を感じている様子だった。協力弁護士は、Gが警察にHが共犯のだと話していると推測していたが、Hは夫に限ってそのようなことは絶対にないと否定した。しかし、協力弁護士によれば、Hの逮捕も可能性としては排除できないという。筆者はこの日、事情聴取の間、子どもの面倒を見ていたが、母親まで逮捕されてしまうかもしれないと考えると子どもが不憫に思えて仕方なかった。

協力弁護士の助言通り、昼休みに一度休憩を取ってもらい、電話をもらうようにHに伝えていた。しかし、昼の時間を過ぎても連絡はなく、筆者がHの携帯に電話をするとしばらくしてHから着信があった。

Hは震えた声で、「もうひとりでは耐えられない」という。取調官から最初に、「今日からは家族ではなく被疑者として取り調べる」と告げられていた。筆者はすぐに協力弁護士に電話し、取調室にいる被疑者に電話を入れてもらった。Hは、弁護士の助言通り、「任意の取調べなので帰してほしい」と取調官に伝えた。筆者が再びHと電話で話していると、うしろで「サインだけしていって」という取調官らしき声が聞こえた。急かしてなんとか調書に署名押印させようとする取調官に「弁護士に、弁護士と相談しないうちはサインしないようにと言われている」と伝えると、すぐ解放された。

このような緊迫したやりとりのなかで、子どもの不安もピークに達していた。母親が警察署から戻ってくるまで、非常に長い時間に感じた。Hは、喫茶店に入り腰を下ろした途端泣き崩れ、彼女の表情から、取調室での恐怖と屈辱感が伝わってきた。

取調官は最初に、「黙秘権は使えるけどよく考えて。言いたくなければ言わないというのではあなたに不利になりますよ」とHに告げたと。このような黙秘権の告知の仕方があるであろうか。Gは、警察に対して、Gが違法に販売した商品はHが考えたものだと説明していた。身に覚えがないという事実について、何度も同様の質問をされ、否定すれば「嘘つき!」と言われ、自白を強要された。「認めれば夜は帰してあげる。その方がお子さんにとってもいいでしょう?」と言われたときは、子どもの顔が目に浮かび、一瞬認めてしまおうかという気持ちになったという。取調官は、Gと出会う前のHの交際相手のところにまで事情聴取に行ったという事実も伝え、警察はHの私生活のすべてを把握しており、逃げ場がなくなるような精神的圧迫感を与えた。私生活を丸裸にされるだけでもいつもの自分ではいられなくなる。

この日、次回の取調べに備え、協力弁護士から、Hが逮捕された場合の子どもの預かり先を決めておくよう指示された。Hの弱点は「子ども」であり、取調官はそこをよく理解している。取調べが長時間に及ぶと子どもが心配になり、納得のいかない調書でも署名押印をしてしまおうと揺さぶられてしまうのだ。WOHでは、Hが逮捕された場合の子どもの支援についてスタッフと早急に協議をし、方針を決めてHに伝えた。協力弁護士はHに対し、調書が作成されずに困るのは警察の方であり、取調べを受けている方は、調書が作られないことで不利になることはないと、自信を持って主張を貫くよう助言した。

万が一逮捕されても子どもは安全であるという確信が持てたことによって、Hは落ち着いて取調べに臨むことができた。その後、Hは協力弁護士を正式に弁護人として選任し、警察の捜査に対応した。弁護士の介入によって警察側が慎重になったことから、強引な取調べもなくなり、意に沿わない調書が作られることもなく、Hの逮捕には至らなかった。しかし、夫であるGとは主張が食い違い、夫婦関係は破綻した。

3 検討――家族の心理

(1) 罪責感と刑事責任

犯行当時、加害者と同居していた家族は、「なぜ一緒に住んでいながら犯行に気がつくことができなかったのか」という家族としての道義的責任を追及されている。こうした延々と続く追及が「説教」の範囲なのか否か、加害者家族には判断が難しい。

夫から受け取った給料が犯罪によって得た金銭であったり、使用していたものが盗品であったことに、同居していた家族が気づかないということは、よくあるケースなのではないだろうか。

振り返れば、いつもより給料の金額が多かったとか、加害者本人の話の辻褄が合っていなかったなど、後から考えると事件の兆候となる事実が積み重なっていたことに気がつくこともある。そのような時、家族は、「なぜきちんと事実を確かめることをしなかったのか」「不自然な収入の増加の原因について問い詰めていれば事件が起こらなかったかもしれない」と、自責の念に苛まれる。さらに、そうした行動を取らなかったことが、何かの罪にあたるのではないかとさえ思ってしまう。そうした家族の不安を取調官は見逃さない。密室のなかで、家族としての責任はないのかと問い詰められれば、「ない」とは言えなくなってしまう。こうした心理状況を踏まえて、加害者家族としての罪責感と刑事責任は別であるという助言が必要である。家族が事情聴取を受けた内容を、日付がわかるように弁護士宛にFAXをしておくなど記録を残しておくことは、被疑者扱いされている兆候を見逃さないためにも重要であり、被疑者にとって不当な情状証拠を作られていないか確認するためにも有効ではないだろうか。

事情聴取で作成された調書については、被疑者同様、早口の「読み聞かせ」によって、内容がよくわからないまま署名押印させられたという報告も多い。署名押印を拒否したり、取調官の機嫌を損ねてしまうと被疑者に不利に働くのではという不安から、事実上同意を余儀なくされている。

捜査協力を拒否した場合の不利益や、家族としてどのような目的で呼ばれ、証言した内容が本件にとってどのような意味を持つのか、捜査側の意図や事件の見通しがわかれば、事情聴取が長時間にわたる場合でも心理的負担は軽減できるはずである。

(2) 事情聴取に伴う精神的苦痛

強制わいせつ事件の被疑者の家族として、参考人として事情聴取を受けた女性が、夫との性生活について取調官から執拗に尋ねられ、精神的苦痛を受けたとして特別公務員暴行陵虐致傷の疑いで県警の男性巡査部長を地検に刑事告訴した事件があった。[1]

事情聴取の際、夫婦関係や家族の性癖について男性警察官から質問を受け、屈辱的な思いをしたという性犯罪者の家族は少なくない。こうした事件を教訓として、今後、性犯罪に関して妻や母親を参考人として呼ぶ場合、女性警察官が対応するシステムに変えていくべきである。

女性被害者の事情聴取には女性警察官という対応が始まっており、尊厳ある存在として、セクシャリティを尊重されるべきである点では被害者も加害者家族も同じである。

家族の謝罪

1 報道を通した謝罪

(1) 被疑者への影響

家族のもとにマスコミが殺到するのが逮捕時である。報道により事件を知ることとなった家族もおり、逮捕の時点で被疑者と連絡が取れていないケースも少なくない。

報道陣は執拗にコメントを求めてくるが、家族は事件や被疑者の状況についてコメントできるほど十分な情報を持ち合わせていない。しかし、加害者家族としては、マスコミを

1　二〇一二年九月二日河北新報朝刊三二面。

無視すれば、世間に悪い印象を持たれ、被疑者を不利な状況に追い込むのではないか、世間を騒がせたことについて謝罪をしなければさらに強い非難を浴びるのではないかという不安がある。こうした理由から、加害者家族は被疑者の言い分について十分な情報がない時期に謝罪を表明しているケースがある。

被疑者が事件について否認しているにもかかわらず、家族が先に犯行を認めるかのような謝罪をしているケースさえある。被疑者が否認している場合や、被疑者が報道されている事実とは異なる主張をしている場合、家族がマスコミを通じて発表される警察の主張を鵜呑みにして謝罪をしてしまうと、被疑者に心理的なダメージを与えかねないということを、多くの場合、家族は認識できていない。

弁護人は、家族も含めた事件のマスコミ対応について、逮捕直後の早い段階から検討していただきたい。[2]

(2) 加害者家族との連絡

弁護人には、被疑者が家族との連絡を拒まない限りにおいて、早急に事件に関する正確な情報を家族に伝えてほしい。

重大事件の加害者家族は、メディアスクラムによって、自宅を離れて避難していたり、嫌がらせや抗議を恐れ、電話や携帯などの通信を遮断している可能性もある。

ＷＯＨでは、家族が一時的避難をしている場合、被疑者に手紙などでＷＯＨの連絡先を伝えておくことによって、家族と被疑者を繋ぐ窓口の役割を引き受けている。突然の逮捕によって離散しなければならなくなるケースもあるが、必ずしも被疑者との連絡を拒んでいるとは限らないので、アプローチを続きていただきたい。

2 被害者側への謝罪

警察や報道によって事件を知った家族のなかには、被害者に一刻も早く謝罪をしなければと考え、突然被害者宅へ訪問したケースもある。しかし、早く謝罪がしたい一心で、面識のない被害者の個人情報を独自に入手し、被害者を怖がらせてしまうようなトラブルも起きている。

息子が被害者を死亡させてしまった両親が、事件直後に遺族宅を訪問したところ、激昂

2　報道対応のあり方については本書第2部第1章参照〔↓一七二頁〕。

した両親から熱湯をかけられたり、玄関で土下座をした状態で、遺族から数十分間殴る蹴るの暴行を加えられたという報告まであった。一歩間違えると新たな事件を生むことにもなりかねないことから、被害者側と加害者側双方に、早い段階で第三者が介入することがトラブを防ぐことにつながる。

現在は、捜査機関も被害者側の個人情報の開示に非常に慎重であり、二次被害が起こらないよう配慮が行われている。しかし、親族間のなかで起きた犯罪や被害者と加害者宅が近所であるなど、被害者側と加害者側の関係が非常に近いケースも稀ではない。事件の処理という観点のみならず、加害者家族の生活保障という観点からも介入の余地が検討されるべきだと思われる。被害者側の支援と加害者側の支援の連携も今後の重要な課題である。

家族の示談への協力

被疑者に資力がないため、弁償金や示談金などを家族が支払うケースは少なくないと思われる。家族による示談への協力については、被疑者の利益を第一に考える弁護人と、家族の利益を中心に考える家族支援者の立場で意見が対立することもある。
被害弁償や示談に協力する家族のなかには、示談金の工面が原因となって借金が膨らみ自己破産や生活困窮に至った家族もいる。[3]
しかし、家族の生活を崩壊させるほどの大きな犠牲を払うことが、はたして被疑者の更生や人生にとって有効な援助となりうるのか、その点は熟慮されるべきである。

1　事例③「家族の援助が加害行為を助長しているケース」

Ｉは、未成年の頃から非行の傾向があった。成人する頃には親元を離れ、飲食店に勤務していたようである。あるとき、Ｉの両親の自宅にＩの被害者を名乗る人々がたびたび訪れるようになり、「Ｉに金を貸した」「騙し取られた」「恐喝された」等という理由で両親に損害額を請求し、両親は警察や弁護士に相談することなく請求される金額を払い続けていた。支払いはいずれも現金を玄関で渡すという方法である。被害事実をきちんと確認していた

3　事件後、二一％の家族が自己破産をし、一八％が生活困窮に至っている［↓二一〇頁］。

わけではないが、Ｉは少年時代から恐喝事件などを起こしていたことから、相手方が言う事実を疑わなかった。自宅の前に見知らぬ車が停まり、玄関先で複数の人が声を荒げて話しているところを近所の人に見られては困ると、一刻も早く帰ってほしいという思いで請求された金額を支払っていた。

それからしばらくして、Ｉは詐欺と恐喝の容疑で逮捕され、弁護人から正式に両親の下に示談の話が持ち込まれた。両親は、これまで自宅に請求に来た人々に多額の支払いをしており、今回も被害者が複数いるため、すでに資力は底をついていた。

そして、Ｉの父親からＷＯＨに「示談金を一時的に立て替えてくれるところはないか」という相談があった。息子の弁護人から、損害額を返済しないと執行猶予判決は難しいことから早急にお金を用意するように言われている、と非常に焦った口調で話をしていた。Ｉの両親は、すでに年金生活であるにもかかわらず、「消費者金融から借りるか、家を売るしかないか……」と何があってもお金を工面せねばならないと冷静さを失っていた。「死んで保険金で……」という言葉まで出るほど追い込まれていた。

筆者がまず、家族に支払う法的義務はないと説明すると、非常に驚き、少しずつ精神的な落着きを取り戻した。本件の数年前から両親の暮らす自宅に、被害者を名乗る人物が何度も訪ねてきたが、逮捕に至ったのは今回が初めてであり、Ｉがどこで何をしていたのか、両親は詳しい事実は把握しておらず、確かめる術もなかった。近所に親族も暮らしており、できる限り大事にしたくないという思いから、Ｉと話し合うこともせずに、損害を訴えてくる人に謝罪し、請求額を支払い続けてきた。しかし、Ｉの加害行為は止まることなく被害者は増え、逮捕に至った。

本件の示談への協力については、まず弁護人を通してＩと十分に話し合うことを勧めた。Ｉ本人の問題であり、家族が責任を肩代わりすることは、問題行動を助長させることにもつながりうるということも理解してもらった。Ｉの家族は、すでに資力もなかったことから、示談への協力はせず、今後はＩへの援助は一切しないことを決意し、情状証人も引き受けなかった。Ｉは、実刑判決を受けたが、ギャンブル依存症であることに自ら気がつき、家族にとっても長年抱えてきた家族病理と向き合う機会となった。

判決確定後も、被害者と名乗る人が両親宅を訪ねてきたことがあったが、脅し文句に屈することなく対応できるようになったことは、家族のみならず加害者本人のためにも大きな回復の一歩である。

2 検討「長期的視点からの助言の必要性」

犯罪や非行を繰り返しているケースでは、家族の協力が加害者本人の責任を曖昧にし、加害行為を助長する結果を招かないか、再犯防止の観点からも非常に重要である。

再犯者の家族からは、執行猶予判決を得るために経済的な苦労をしてまで協力したが、再犯は止まらず、援助すべきではなかったという後悔を幾度となく聞いてきた。初犯で執行猶予の可能性が高いケースでは、事件がなぜ起きたのかという分析よりも、示談や被害弁償といった事件の処理に囚われがちである。

本件のように、前科はないが非行歴があり、金銭トラブルを繰り返しているケースでは、被疑者と家族双方に関連書籍を読んだり、カウンセリングを体験してみるといった問題を掘り下げる機会が必要である。事件の本質的な原因についての分析が行われ、家族を含めた環境調整が準備され、はじめて執行猶予判決の意義があるはずである。

家族のなかには、示談への協力は義務であり、避けられないと考えている家族さえいる。協力しない選択肢があることをきちんと理解したうえで、支払うか否かという二者択一ではなく、「家族としての援助の意味」を考えてもらうことが重要である。示談への協力に関しては、必ずしも被疑者のためだけではなく、損害を与えてしまった「被害者」への家族としての謝罪という意味もあるであろう。

弁護人には、家族の協力が今後、被疑者の人生にどのような影響を与えるのか、家族に迷惑をかけてしまったという反省材料にできるのかどうか、被疑者とその家族と十分に検討していただきたい。

おわりに

家族は、仕事や子どもの養育、介護といった生活があり、家族の逮捕によって崩れかけた日常を取り戻していかなければならない。筆者は、家族が事件に協力するならば、時間的・精神的・経済的限界を意識するよう助言している。捜査段階は事件の始まりであり、無理をしすぎないように誰かが支えていかなければ、加害者が更生する前に家族が限界を迎えてしまう。刑事弁護人には、被疑者の家族に協力を求めるならば、家族の生活環境にも十分配慮していただきたい。

第3章

公判に向けての支援
――被告人の更生と家族

阿部恭子（あべ・きょうこ　NPO法WOH理事長）
監修：草場裕之（くさば・ひろゆき　仙台弁護士会）

はじめに

　情状証人としての家族の証言において、「反省させる」「更生させる」「監督する」という言葉をしばしば耳にする。真に説得力のある証言とは、家族からの一方的な要求ではなく、被告人と家族がどのような関係を築いていくことが、家族の再犯抑止効果を高めるかという点ではないだろうか。

本章では、公判に向けての被告人と家族の関わりに焦点を当て、家族へのアプローチによる家族関係の変化が被告人にどのような影響を与えるのか検討する。情状証人の意義について、事例から改めて考えていただく機会になれば幸いである。

事件の原因分析から見えてくる家族の役割

1 事例①「被告人が犯行の動機について認識できていないケース」

Aは、東京近郊に住む六〇歳代のパート従業員の女性で、通貨偽造行使罪で逮捕された。事件を知り、慌てた息子からWOHに連絡があった。これまで犯罪とまったく無縁な家庭環境であったことから、なぜこのような事件が起きたのか、家族全員が悩まされていた。Aは前科・前歴もなく、優等生として育っており、これまで社会に迷惑をかけるようなことをしたことはない。また、経済的に困窮している家庭でもなかった。

Aと同居している家族は、Aが逮捕される前、普段と特に変わった様子も見ていない。

宗教や悪徳業者に騙されたのではないかと考えたが、すでに背後に宗教団体や暴力団組織は関係していないことは捜査で判明していた。偽札で購入したものは日用品などの低額なものであったことからも組織的犯罪に関与しているとは考えられなかった。

Ａが犯行を思いついたきっかけは、孫が遊んでいた玩具の偽札を見たことであり、自分の作った作品がどれだけ完成度が高いか試してみようと、偽札を近所のスーパーで使用したという。

定期的に面会していた家族は、Ａ自身も、なぜこのような事件を起こすに至ったのか、自覚できないのかもしれず、家族には話すことのできない秘密があるのかもしれないとも考えた。Ａの家族は、不可解な事件をどのように理解すればよいのか、そして、家族としてどのようにＡに接していけばよいのかを悩み、ＷＯＨに相談に訪れた。

筆者は、Ａの弁護人（男性）と話し合った結果、犯行動機は家庭の外にはないと考えられること、それでも被告人も家族の支えを必要としており、家族は被告人を支えていく意志を示していることから、Ａの心理状態や犯行に至った動機を分析し、家族関係を見直すために心理の専門家を探すことにした。そして、家族療法[1]を専門とする臨床心理士（男性）に、保釈が認められるまでの数カ月間、警察留置施設で月に一度一時間、Ａとの面接を依頼した。

筆者は保釈後にAと面談をし、まずは逮捕から現在まで八カ月間の間で気がついたことを語ってもらうことから始めた。Aは、勾留中、弁護人に自分を見つめ直すために書くように勧められたノートを見せてくれた。犯行を行っているときは自分を見失っていて気がつかなかったが、弁護人との対話や記録をつける作業によって、原因らしきものが少しずつ見えてきたと話した。

犯行当時は、幼少期に回帰していたところがあり、いたずら感覚だった。「本物にそっくりなお札を作る」という行為が重罪にあたるという認識がまるでなかった。事件当時、Aと同居していた息子が転勤になり家を離れ、夫も、転職したことで出張が増えていた。自由な時間ができたという反面、ひとりになった時間に戸惑うことも多くなっていた。犯行に至る前、連日のように震災で人が亡くなった映像がテレビから流れ、年老いた母親と

1　家族療法について「家族集団を研究と治療の単位として扱い、個人の問題を家族という脈絡の中で捉えようとする。それまでは治療の焦点はもっぱら個人のみにあてられていたが、こうした個人へのアプローチには限界があることから、家族集団のなかでその個人を捉え直し、そこにある対人関係のプロセスが注目されるようになった」と説明されている（中島義明ほか編『心理学辞典』〔有斐閣、二〇〇六年〕一二〇頁）。本書第3部第1章で事例を詳しく紹介する〔→二八四頁〕。

の残された時間を意識するようになった。甘えたいという気持ちが芽生え、焦ってその欲求を満たそうとしたが、それを素直に表現することができなかった。この点、臨床心理士は「犯罪行為それ自体が歪んだ甘えの表現となっていた可能性もうかがえる」と分析している。

Ａ自身の問題が明確になってきた頃、Ａは、家族関係の修復に向けた心理療法を家族と一緒に週に一回受けていた。二回目の筆者との面談でＡは、心理療法によって、母親や夫、子どもたちと「家族」という枠組みを超えた対話ができるようになり、何でも話せる関係に変化していることを嬉しそうに話してくれた。事件後、Ａの家族は心をあわせてＡを支えていた。Ａが愛情を求めていた母親も「これからも、何があっても自分の娘だから」とＡに伝え、毎日のように面会や手紙を欠かさなかった。

Ａは、捜査段階から、弁護人の勧めにより事件と向き合うための記録をつけており、起訴後まもなく臨床心理士によるカウンセリングを受け、公判までには、これから同じ過ちを起こさないために何が必要であるかをきちんと認識できていた。家族もまた、捜査段階からＷＯＨに繋り、Ａが保釈されて戻ってくるまでに、更生の受け皿としての家族の体制が整っていた。公判が始まる時点で、再犯について心配する点はまったくなかったといってもよい。

問題は、裁判員裁判において、母親への満たされない欲求を、犯罪によって訴えるということは、少年事件であればまだ理解を得られるかもしれないが、障がいの影響や何らかの精神疾患のない成人した子を持つ大人が起こした事実について、裁判員が納得するか否かという点である。Aという人格になりきれば理解できる行動であるが、心の底にある寂しさに気がついてもらう手段として、通貨偽造を選ぶ点に飛躍がありと違和感を抱いても不思議ではない。

案の定、裁判では、臨床心理士が動機について説明したものの、裁判員からは納得がいかない旨の質問が多く出ていた。裁判員のなかには、臨床心理士が証言する心理的背景は、〝言いわけ〟にしか受け取ることができず、震災の影響を持ち出すこと自体不謹慎ではないかという意見まで出た。筆者は、原因解明が〝蛇足〟となり、想定より厳しい判決が下るのではないかと心配した。

家族は、Aの夫が情状証人として、これからは家族だけでなく専門家や支援団体の協力を得ながらAを支えていく旨証言した。

Aは被害弁償を済ませており、偽造紙幣を使用した店への謝罪も行っていたことや、家族の適切な監督下で更生可能であると判断されたことから、執行猶予付き判決を得ることができた。

2 検討

(1) 更生を支える者に必要な事実

「なぜ事件が起こったのか」という疑問に迫ることなくして、家族と被告人の適切な関わり方を導き出すことはできない。家庭そのものが、事件を起こす原因を生み出している場合もあるからである。家族にとって、事件原因に踏み込む作業は勇気のいることである。事件発覚後、多くの家族は、自分にも事件が起きた責任があるのではないかと考えている。事件原因が明らかになることによって、心の中にある不安が現実として現れ、第三者から突きつけられることは耐えがたいことでもある。明らかになった真実が受け止めきれず離婚をしたり、関わりを絶つことを決断をせざるをえない家族もいる。

本件は、Aの更生を検討するにあたり犯行が、経済的要因に基づく犯行か、もしくは精神的要因なのかが争点である。Aの家庭は生活困窮家庭ではないが、金銭を必要とする部分はなかったのかがまず検討された。家計の管理をすべて妻に任せている家庭では、夫は家計の状況をまったく把握していないことも多い。時間的に余裕ができたことで、旅行や習い事にお金が必要だったということはないのか。経済的要因に基づく犯行だったとすれば、Aが再び同じ過ちを犯さないために、Aの家族が気をつけるべきことは、家計をA任せにしないことである。しかし、弁護人からの情報や臨床心理士の意見書、筆者がA宅を訪問した事実やAと面談を重ねたうえで感じたAの価値観などから、経済的要因に基づく犯行ではないと思われた。

臨床心理士の意見書が示すように、最大の要因は、Aの家庭における役割の喪失であり、孤独であった。Aの家族は、Aは犯罪やトラブルとは無関係な存在だと信じていたことから、今回の事件に大きな衝撃を受けた。しかし、Aを疑わなかったことは、裏を返せば、家族は誰もAの孤独に気がつくことができず、無関心であったともいえる。大人であるがゆえに、耐えがたい孤独を自ら認識することができず、家族に伝えることもできなかったのである。本件をきっかけとして、「母」「妻」「娘」といったAの家庭のなかでの存在感を家族がもう一度Aに認識させ、家族がAとコミュニケーションを図るうえで積極的に具体的な役割を与えていくことが、再犯抑止に必要な家族の役割であるということが明らかになったのである。

(2) 常識の枠組みに収まらない真実

本件において、検察官は、大金ではないとしても、やはり利欲犯的動機に基づく犯行であるという主張をした。一般人であれば、五千円でも千円でも、働かずして手に入れば得をしたと感じるのは当然である。また、犯行の動機として、常識に照らせば多くの人が受け入れやすい結論ではないかと思われる。

筆者は、Aは被告人質問において、自分の言葉で真実を話していたと感じた。犯行に至るまでの心理については、Aが自ら立ち直りたいという思いで勾留中から向き合ってきたことであり、弁護人や臨床心理士の言葉を鵜呑みにして供述したわけではなかった。Aは独特の価値観を持っており、供述の最中、自分の世界に入ってしまうと、どうしても話がくどくなり、一部の裁判員が指摘したように、〝言いわけ〟や〝自己弁護〟と受け取られてしまう部分があることも理解はできた。

しかし、お金に困って物を盗むというような、単純な犯罪ばかりではない。罪を犯す人々のなかには、常識の尺度にはあてはまらない拘りや、価値観、劣等感を持っている人々も存在する。

こうした被告人の「個性」は、一般通常人に理解しがたいことから、危険に映る可能性もある。しかし、再犯防止や犯罪のない社会を目指すのであればなおさらのこと、ありきたりの謝罪や反省の言葉を淡々と述べて終わりにするのではなく、犯罪が起きるに至る被告人の心理や家庭環境について、法廷ではできるかぎり明らかにされるべきではないかと考える。Ａの家庭は、一般的に犯罪者を生み出す要因と考えられる貧困や暴力とは無縁の家庭である。犯罪者やその家族への偏見を解消していくためにも、犯罪は、特殊な場所からではなく、身近なところからも発生しているという現実を社会は受け止めていかねばならないのではないだろうか。

被告人と家族の関わり

1 事例②「反省は更生への近道なのか」

二〇代のＢは、高校卒業後、大学受験に失敗し、仕事に就いても長続きせず、恋人の稼ぎで生活をしてきた。恋人が別れを切り出したことに腹を立て、暴力をふるい、傷害の罪で逮捕・起訴された。これまでも、元恋人の自宅に侵入し、現金や貴金属を盗むといった住居侵入・窃盗の前科があった。

相談者は、Bの母親である。母親は、弁護人から情状証人として出廷してほしいと頼まれていたが、Bからは来ないでほしいと言われ、どうすればよいのか迷っていた。母親は、弁護人から証言の際、裁判官に被告人との面会や文通の頻度について質問される可能性があるので、できる限り文通や面会を行うよう助言されていた。母親は、前回の住居侵入・窃盗の裁判においても情状証人として出廷しており、情状証人の役割についてはおおよそ理解しているつもりだった。

Bは、母親が証言することをなぜ嫌がるのか。母親はBと面会した際、弁護人から証人の要請があったことについて、Bに引き受けたくないと話していた。「証言に立つことで恥ずかしい思いをした」「一カ月位は近所のスーパーに買い物に行けなかった」「今でもトラウマになっていて裁判の報道やドラマを見るたびチャンネルを変えてしまう」など、証人を引き受けるにあたっての精神的苦痛をBに理解してほしいと伝えていたが、Bは責められていると感じ、「俺が頼んだわけじゃない。今回も俺は頼んでないから来ないでほしい」

と激しい口調で、証言を断っていた。

母親に、これまでBに書いた手紙を見せてもらうと、Bに毎回伝えている内容は、「加害者家族としての恥ずかしさ」と「早く更生するように」という言葉だけだった。「警察官の言うことをちゃんと聞きなさい」「弁護士先生の言うことをちゃんと聞きなさい」「挨拶をしっかりしなさい」。そして、必ず最後は、「しっかり反省して更生して下さい」という言葉で締めくくられていた。

Bは、母親の期待とは裏腹に、更生するどころか、前回に比べて犯行をエスカレートさせていた。社会から隔離されている被告人は、社会にいる家族が、事件後どれほど肩身の狭い思いをして生活することになるか理解することは難しい。身柄を拘束されている本人にそれを伝えたところで、本人は何もすることはできず、自責の念を強くするだけである。このようなコミュニケーションであれば、被告人を追いつめることにしかならない。したがって、筆者は母親に対し、しばらく文通や面会は控えた方がいいと助言した。母親も事件によって傷ついており、まずは自分の傷を回復しない限り、被告人とも傷つけ合うだけだということを伝え、WOHでケアを受けてみてはどうかと提案した。

筆者が拘置所でBと面会したところ、Bはやはり、母親に出廷してほしくないと話した。

前回の裁判で証言する母親の姿を見て、怒りが込み上げた経験からだった。Bの母親は、検察官や裁判官にも深々と頭を下げていたが、Bに視線を向ける瞬間は一度もなかった。Bは、執行猶予付き判決を受け、一度は母親のいる実家に戻ったが、すぐに恋人を作って実家を離れていた。

Bは、〝子どもよりも世間体〟という母親の態度に腹を立てている一方で、心の底では母親の愛情を求めていたのだ。そして、Bの更生のためには、母親との関係修復が必要だと感じた。

Bの母親は、以前は教員をしていたことから、どうしても〝世間〟というものに敏感になってしまう傾向があった。夫を早くに亡くしてしまったことから、父親の役割も担わなければいけないというプレッシャーを絶えず感じていた。大学進学を希望しなかったBについて、どうしても大学だけは出てほしいと親の希望を押しつけてしまったことなど、子育てにおける後悔を語り始めた。それでも、決してBを愛していなかったわけではなく、「食事はきちんと食べられているのか」「健康であることを祈らない日はない」と心配しており、否定的なメッセージではなく、息子を思う気持ちを言葉で伝えるように助言した。些細なことに思えるが、これまであたりまえのように行ってきたコミュニケーションを変えることは難しい。どうしても子どもの顔を見ると、親として小言が先に出てしまうのだ。Bの母親は、自分の感情を自然に息子に伝えられるようになるまで、手紙や面会は控えることにした。その代り、週に一度、息子が幼い頃好きだった菓子を売店で見つけ、それを差し入れていた。母親として息子を忘れていないというメッセージだった。

Bの母親は裁判で、これまで子どもの愛し方がわからなかったと告白した。そのうえで、親として本来すべきことを自分なりに考えていきたいと証言していた。Bは、母親の証言を聞いて涙をこぼしていた。Bは実刑判決を受けたが、更生の意志を固め、順調に受刑生活を送っている。

2 検討

(1) 被告人の否定的感情の受容

裁判において、反省に至るまでの〝過程〟を語るより、「すべて自分の責任です。申し上げることはありません。どんな刑でも受け入れます」と反省の弁だけ述べる方が、被告人の心象がよくなるのではないかと思うこともある。裁判員のなかには、謝罪と反省の言葉だけを淡々と述べる〝理想的な加害者〟の姿を求めている人は少なからずいるであろう。しかし、形式的な反省を求める教育が、加害者を追いつめ、さらなる加害行為を生み出す危険もある。[2]

真実を法廷でどこまで明らかにするかは弁護人の判断に任されることになるであろうが、被告人の更生を考える上では、誰かが早い段階で被告人の心の底にある否定的感情を受容するという作業が不可欠であると考える。

家族が被告人の否定的感情を受け止める役割を担えればよいが、家族も事件によって深く傷ついており、家族としての傷を回復しない限り、被告人の感情を受け止める余裕は生まれない。本来、被告人のありのままの姿を受け止めるべき存在が、〝監督者〟というプレッシャーを与えられることによって、世間と同じように被告人に反省を求めてしまうのである。こうした家族の関わりは、被告人の傷に塩を塗るようなものである。家族に被告人の更生の受け皿としての役割を期待するのであれば、第一にすべきことは、事件によって傷ついた家族自身のケアである。

(2) 被告人の更生と裁判

筆者がこれまで、家族を通して被告人にアプローチしてきた事例から言えることは、判決確定までに否定的感情が受容された被告人は、執行猶予判決を得て社会復帰しても、実刑判決を受けて刑務所へ行くことになったとしても、自分にとっての課題が明確になっており、更生のためのスタートを切る心構えができているということである。納得のいかない裁判の不満を抱えて刑務所に行く受刑者は、受刑する意味を認識できておらず、更生に向けたスタートも遅れることになる。情状証人として証言を求められる家族も、被告人の更生の過程が明らかとなっているからこそ、そのなかで家族の役割を認識し、更生の支え手として説得力のある証言が可能となる。

裁判が、被告人にとっても家族にとっても、更生の誓いの場となるか否かは、被告人と家族の将来にとって非常に大きな意味を持つことから、裁判の準備の段階での原因分析が求められる。

2　岡本茂樹『反省させると犯罪者になります』（新潮社、二〇一三年）。

家族にとって不都合な真実

1 事例③「妻と弁護人に伝えられなかった真実」

三〇歳になるパート従業員のCは、住居侵入と強制わいせつの罪で起訴された。WOHには、会社を経営するCの妻が相談に訪れた。夫の国選弁護人（男性）と弁護方針が合わず、ストレスを抱えていた。事件が性犯罪であることから、男性の弁護人と話をすること自体も苦痛だという。その後、妻は知人の女性弁護士に私選弁護を依頼した。

Cの保釈決定後、妻は、裁判に向けて、Cに再犯防止のために贖罪教育を受けさせたいと、筆者はCと面談を行うことになった。弁護人は、Cが真摯に反省するように、性犯罪被害者の手記と加害者家族がどれだけ辛い思いをしたかをCに考えさせるため鈴木伸元『加害者家族』（幻冬舎、二〇一一年）を読ませていた。それゆえ、反省文や謝罪文からは、被害者や加害者家族の心情についてよく勉強していることは伝わるのだが、Cの本心が見えず、弁護人や妻の期待にひたすら応えようとしているようにしか見えなかった。

筆者はCに、事件前、日常生活に欠けていたものはなかったのか、犯行によって何が満たされたのか、家族のためにも二度と同じことをしてほしくないので、もっと生々しい感情と向き合ってほしいと伝えた。

Cの妻は、Cが事件を起こしたのは仕事によるストレスで、生活のすれ違いから夫婦のコミュニケーションが十分ではなかったことが原因だと考えていた。Cは情状証人として、今後、Cを自ら経営する会社の正社員として受け入れ、一緒にいる時間を増やすことで監督すると証言した。Cは被告人席で涙を流して聞いていたという。

判決言渡しを待つ間、筆者は事件の核心と思われる事実をCから打ち明けられた。ある日、妻と二人で生活している自宅に帰ると、テーブルにCが隠していたヌード雑誌が置いてあった。「結婚しているのに、こんなもの見て情けない！」と妻はいつになく激怒した。それ以来、パソコンの履歴や部屋の引出しなどもすべてチェックされるようになった。

交際していた頃から、Cは、女性の友人もなく、浮気や疑われる行為もまったくしたことがなかったので、この出来事で妻が自分に対して見せた嫌悪感と軽蔑に満ちた言葉は、心の奥底に潜んでいた妻への劣等感を浮かび上がらせることになった。「情けない！」と妻から投げつけられた言葉がしばらく頭から離れず、家庭のなかで、性的欲求を抑えなければという思いがいつのまにかストレスになっていた。Cは資格取得のための受験勉強の時間を確保するために、これまで仕事は正社員を選ばなかった。仕事と受験勉強の両立がうまくできないまま、どちらも中途半端で時間が過ぎていくなかで、早く妻に追いつかなければという焦りを感じていた。成功している妻に比べ、自立できない劣等感、焦燥感を女性の性的自由を奪うことで満たしていたのだった。

Cは自分と年齢の近い男性の国選弁護人には真実を正直に伝えることができていたが、女性の私選弁護人に代わってからは、羞恥心と妻の友人であることからも、本音を言うことができなかった。接見に来てくれてはいたが、必ず反省の言葉を求められることにプレッシャーを感じ、接見時間が苦しかったとも話した。

国選弁護人は妻に、Cの話を伝えたが、妻は強く否定し国選弁護人との関係は悪くなった。妻から自分のよく知る弁護士を紹介したいと申し出があったとき、Cは、断ることができなかった。Cは実刑判決を受け、出所後の生活については、自分自身でどうすべきか受刑中によく考えてみるという。

2 検討

(1) 表面化しにくい家族病理

本件は、加害者家族支援が援助を間違うと犯罪を助長する可能性があることを認識した初めてのケースだった。相談に訪れたCの妻は、有能な女性という印象だった。夫が起こした事件の内容は、妻としては屈辱的で耐えがたいと思われたが、夫を責めるような発言はなく、事件直後から、裁判や社会復帰の準備を淡々と進めていた。更生の支え手としては、頼もしいと感じたが、被告人であるCと面談を始めてから、事件の構図が変わったのである。

Cの妻は情状証人として、家庭と職場の両方でCを監督する旨証言した。住居と仕事がきちんと用意されていることで更生の環境が整っていると判断され、裁判所を説得する力はあったようである。裁判ではまったく問題とならなかったが、Cは、これまで夫婦のコミュニケーションは十分だったと考えており、問題は家庭のなかで個人を解放できるスペースが制限されていたことだった。夫婦であってもプライバシーは尊重されるべきであり、この点について夫婦間でよく話し合う機会が必要だと思われた。妻しか頼りにできないCには選択肢はなかったが、妻の経営する会社で同い年の妻の部下として仕事をすることはできれば避けたかった。妻の下で働くということはCにとって、Cの劣等感をさらに強め、さらなるストレスになることが予想された。

Cの妻は、事件による傷はかなり深いと思われたが、自分自身のケアの必要性を認識していなかった。夫の問題を引き受け、事件の処理を担うことで、自らの問題と向き合うことを回避していた。夫婦関係はぎくしゃくしていたわけではなく、Cも妻と別れたいとは考えていないことから、家族病理が見えにくいことに注意しなければならない。単純に、離婚という選択肢が解決になるわけではない。夫婦それぞれが問題の本質に気がつかないまま離婚をしても、お互いまた同様の相手を選んでしまうだろう。

家族が被告人の更生可能性を高めることができるかどうかは、家族と加害者本人との〝関わり方〟次第である。悪意はなくとも、関わり方によって家族が加害者本人を追いつめていたり、意図とは逆に犯罪行為を助長してしまう可能性のある場合も存在するからである。[3] 事件当時、犯罪の抑止とならなかった家族がそのまま更生の受け皿として機能することはない。したがって、加害者本人と家族の関係性について、双方の話を聞きながら、丁寧に見ていく必要がある。

事件後、加害者本人と同居する家族の多くは、加害者本人が再び罪を犯していないか、悪い仲間と付き合っていないか、再犯への不安から見守りというよりは「監視」になりがちである。事件によって、家族自身大きなダメージを受けており、もう二度と同じ思いをしたくないという心境からは当然のことである。しかし、現実的に家族が犯行を予期して止めることは不可能に近い。むしろこうした犯罪予備軍であるかのような視線は、加害者本人の自尊心を傷つけてしまうこともあり、日常的なストレスから再犯という悪循環を引き起こすこともある。監視や監督という構えからは、真の意味での更生を保障する対等な人間関係の構築が生まれることはない。

こうした家族間の関わりや距離の取り方については、家族自身では調整が難しいことから、専門家や支援団体等の援助が有効である。

(2) 弁護人と家族との関係

Cは、自分と年齢が近い男性の国選弁護人には胸の内を話すことができていた。この弁護人は、Cの両親からも事情をよく聞いており、情状証人としては父親と妻双方を考えて

3 共依存と呼ばれるケースなどである。参考文献として阿部恭子『家族という呪い――加害者と暮らし続けるということ』(幻冬舎、二〇一九年)一〇六～一三〇頁。

いた。しかし、Cが話した夫婦間の問題を妻に伝えたことによって、妻と関係が悪くなり、解任されてしまった。Cが告白した夫婦の問題について、国選弁護人がどのように妻に伝えたかは定かではないが、デリケートな事柄であるだけに、Cの妻とも信頼関係が築かれていなければ反発を招くだけの結果となるであろう。問題点を指摘するだけの事務的な言い方や、非難するような口調で伝えたならば、家族の弁護人に対する信頼は失われかねない。このような場合、心理の専門家やWOHのような家族支援者を介してアプローチすることも有効である。デリケートな問題であるがゆえに、手間と時間を要することにはなるが、こうした家族関係の修復のための作業は、再犯防止の観点から不可欠であると考える。

おわりに

WOHでは、加害者家族の生活の建て直しと傷ついた心のケアをできるだけ早い段階から行うことを心がけている。家族も被告人同様、日々責められるばかりでは、自分を守ることだけで心の余裕を失い、罪を犯した本人を許すことさえできなくなってしまうだろう。

傷を抱えた者同士が、また傷つけあう悪循環を生まないためにも、傷の回復を意識した被告人と家族双方へのアプローチが必要である。

第4章

公判における支援

阿部恭子（あべ・きょうこ　NPO法人WOH理事長）
監修：草場裕之（くさば・ひろゆき　仙台弁護士会）

はじめに

公判における支援として、WOHでは、家族が証人として証言する期日や傍聴にあたっての同行支援と、家族が傍聴できない期日の代理傍聴を行っている。傍聴席には被害者・加害者双方の関係者や記者などさまざまな人がおり、加害者側の付添いとして同行するには、毎回、かなりの緊張を伴う。実際、傍聴席にいて、周囲からの厳しい視線を感じるここともある。

情状証人として家族が証言するということは、刑事弁護人にとってごく当たり前の光景かもしれないが、事件後、常に周囲の目を気にしながら生活することを余儀なくされてきた家族にとって、法廷で証言することは、かなりの緊張と精神的苦痛を伴うことさえある。

本章では、こうした情状証人の精神的負担への配慮とプライバシー保護の必要性について検討する。

加害者家族のプライバシー

1 事例①「証言にあたっての秘匿事項」

Aは、自ら経営している会社が倒産し、多額の負債を抱えることになってしまった。そこで、なんとか金を貸してほしいと友人に頭を下げて頼んだが断られ、口論となった末、友人とその妻を殺害し金を奪って逃走した。殺人罪で逮捕されたAの事件は、全国的に大きく報道され、逮捕直後からAの家族はメディアスクラム（集団的過熱取材）に悩まされることとなった。

Aの弁護人は、Aの裁判において妻を情状証人として証言してもらいたい旨、Aの妻に連絡をした。Aの妻は、Aの弁護人に対してあまりよい感情は抱いてはいなかった。任意捜査段階からAの妻も警察署に呼ばれ、かなり長時間にわたる事情聴取が行われていた。毎日続く五時間以上にもわたる事情聴取に気が狂いそうになり、Aの弁護人に助言を求め続けたが、対応してくれることも適切な助言もなかった。むしろ、報道陣から守ってくれる警察の方が頼りになると考えていた。その後、刑事手続が進んでも、弁護人から連絡があるわけでもなく、精神的に追いつめられていくなかで支えになっていたのは、検察側の鑑定人だけであった。

Aの逮捕後のメディアスクラムによって、Aの妻が経営していた店は休業しなければならない事態となり、しばらくは、人目が怖くて帽子とマスクがなければ買い物にさえ行くことができなかった。ひとりで生計を立てていかなければならないことから、なんとか店を再開し、ようやく日常生活が送れるようになってきた。裁判で証言することによって再びメディアスクラムが蒸し返されることは絶対に避けたかった。長時間にわたる事情聴取に応じ、納得がいくとは言えない調書に署名押印を求められたとき、同意しなければ裁判で証言しなければならなくなると言われ、「これで終わり」という思いで署名押印をした。Aの弁護人に対し証言できない旨伝えると、極刑になる可能性もあることからどうしても妻の協力が必要だと説得された。残された家族を支えていくことで精一杯という状況で、夫に対しては裏切られたという思いもあり、これ以上、家族の生活を危険にさらすようなことは避けたかったが、〝極刑〟という言葉を聞いてからは、何もしないということもできないと思い始めていた。証言にあたっては遮蔽措置を取ってもらい、氏名や家族構成といった個人情報は公表を伏せてもらえるということで、プライバシーを保護してもらうことを条件に情状証人となることを承諾した。

その後も、弁護人との確執は続いた。裁判の準備にあたって、何度か弁護人と打ち合わせをしたが、数人の弁護士が毎回自宅に来ることは正直迷惑だった。弁護人側としては、Aの妻の自宅を訪ねた方が、彼女にとって安心できるだろうと考えたのかもしれないが、夜間に数人のスーツを着た、いかにも〝弁護士〟という人々がぞろぞろと自宅に出入りする光景は近所の人々に不審に思われないか、いつも不安だった。最も精神的に苦しかった捜査段階で何もしてくれなかった弁護人に対して、証人への協力を約束してから突然

〝気遣い〟と思われる行動を取られてもわざとらしく感じ、利用されているという思いしかなかった。

証言当日、予定していた時刻までに裁判所へ向かったが、裁判所の駐車場が非常に混雑していた。なかなか車が進まず、このままでは証言の時刻を過ぎてしまうと思い、弁護人に連絡を取った。弁護人の指示によって職員用の入口から入ることができ、なんとか時刻に間に合うことができたが、緊張しているうえに遅刻するのではないかと非常にハラハラした。初めから、職員用の入口を利用することができるように調整してもらうことや、駐車場の混雑を想定して早めに到着するようにとの助言をしてほしかったと苛立ちを感じた。

そして、証言台に立つと、裁判官が「〇〇さんですね？」と伏せてもらうはずだった氏名を読み上げてしまった。その瞬間に、自分の存在が周囲にばれてしまったと頭が真っ白になり、職場の人間にわかってしまったらと思うと、証言に集中することができなくなった。そして、被害者遺族も同じ場所にいるかと思うと一気に恐怖に襲われた。

個人情報を保護してもらうことを条件に証人を引き受けたはずなのに、どういうことかと弁護人に詰めよると、裁判官には口頭で伝えておいただけだったので、もう一度、個人情報を伏せるよう伝えると言って責められた。その後、裁判官がAの妻の氏名や個人情報を漏らしてしまうことはなかったが、今度は弁護人が何度か被告人質問においてAの妻の名前をうっかり口にしてしまうことがたびたびあったのである。

弁護人も必死であり、証人にまで気を遣えるような状況ではないことはAの妻もよくわかっていたが、家族として命がけと言っても過言でないような決意で証言を引き受けたにもかかわらず、弁護人には最低限の約束さえ守ってもらえず、弁護団が組織されているにもかかわらず、あまりに配慮に欠ける対応だったことに怒りを抑えきれなかった。

2 事例②「被害者からの苦情」

筆者が偶然に傍聴した窃盗と住居侵入の裁判での体験である。筆者が法廷の扉を開けるのと同じタイミングで駆け込んできた五〇～六〇歳位の女性は、弁護人に深々と頭を下げ、弁護人に諭され、慌てたように証言台に向かった。

証人は、被告人の母親だった。弁護人は証人に三つの質問をした。まず、被告人との面会の頻度で、「週に一回は面会に行き、文通もしていた」と答えた。次に面会の際の、被告人の様子で、「事件前よりだいぶ痩せてしまって、とても息子とは思えない表情で……」と涙ながらに答えた。最後に、無職の被告人の面倒を見ていくかについて、「はい。実家に迎えて、きちんと健康になってもらいます」とまた涙ながらに答え、尋問は五分程度で終了し、証人はすぐ法廷を出ていった。

この場面だけを見ていた筆者は、この母親がとても無責任な人物に感じた。時間ぎりぎりに法廷に現れ、早口で話し、息子の話になると涙ぐみ、まだ続いている裁判を傍聴さえせずそそくさと法廷を出ていく姿に、とても更生の支え手など期待できないと感じた。事件の内容は詳しく知らないが、罪名からすれば被害者がいるだろうに、被害者が傍聴席にいたらなんと思うだろうとさえ感じた。

筆者は帰ろうと思い、裁判所のトイレに立ち寄ると、証言をしていた母親が鏡の前で目を真っ赤にして涙を拭いていた。筆者はたまらず声をかけ、自分の身分を明かし、待合室で話を聞くことにした。話をするうちに、証人のイメージが変わってきた。

まず、遠方から来ていたことから、裁判所の場所がよくわからず、到着後も法廷の場所がわからず、誰に尋ねればよいのかさえわからなかったことから、遅刻しそうになったのだという。弁護人と会うのは今日が初めてで、打ち合わせがあるのかと思っていたら、いきなり証言するように言われ、突然で焦ってしまったようである。質問に対してあまりに短すぎる回答だったが、弁護人に「時間がないのでとにかく簡潔に答えてください」と言われたことから、簡潔に答えるということしか頭になかった。そして、傷つけてしまった被害者や迷惑をかけた人々に謝罪ができなかったことをとても後悔していた。緊張や後悔で、尋問が終わった瞬間、涙が込み上げ法廷を出るしかなかった。被告人とは別居しており、しばらく会っておらず、失業していたことも知らなかった。被告人の仕事は肉体労働であったが、腰を悪くして以来、職場を転々としていた。正社員として勤めていた会社にはいられなくなり、休んでもいられないことから無理をして日雇いのアルバイトなどをして体調を悪化させていった。結局は仕事を続けられず、罪を犯すに至ったという。最後に「健康になってもらいます」と証言したのは、健康を害したことによって、罪を犯すに至ったことから、まずは健康を取り戻すことが更生にとって重要だと言いたかったのである。

法廷に戻ろうとしたところ、すでに閉廷しており。帰ろうとしたところ、裁判所の入り口付近に座っていた女性から声をかけられた。その表情と口調からすぐに被害者側の人間であるとわかった。やはり、被害者の女性で、母親の証言に怒りを感じたということだった。資力のない被告人に代わって、母親が被害弁償は済ませていたが、被害者と面識はなかった。

説明を求められた点は、第一に被害者側への謝罪がなかったことである。事件後、被害者は自宅に住み続けることができなくなり、転居を余儀なくされている。このような事件後の被害者の状況について、母親はまったく知らされていなかった。母親は、証言のなかで謝罪のタイミングがつかめず、お詫びができないまま尋問が終了したこと、事件によって被害者が今でも深い心の傷を負っていることを知り、改めて息子が申しわけないことをしたと謝罪をした。第二に、被害者は、示談にあたってたびたび国選弁護人と話をすることがあったが、この弁護人の口調や電話での話し方があまりにぶっきらぼうで会話をすることが苦痛だったようである。母親が法廷に入る際、弁護人に深々と頭を下げていながら、被害者側には一言も言及しなかったことに非常に腹が立ったという。そして、証言全体として、「事件のせいで痩せた」など、あたかも被告人が被害者であるかのような発言に、被害者に対してあまりに無神経だと、深く傷ついていた。被害者の意見について、傍聴席で聞いていた筆者もまったく同感だった。

示談にあたって、被害者は、転居などに十分な額は受け取っていた。しかし、だからと言って、お金で解決したとは思ってほしくなかった。母親の証言を聞く限り、裕福な家庭で甘やかして育てた結果がこの事件であると感じたという。ところが、現実には、被告人の家庭は経済的に余裕などまったくなかった。示談金についても、被害者に申しわけないという気持ちから、年金生活のなかで必死にかき集めた金額である。

呼び止められたときはどうなることかと心配したが、筆者が母親から聞いた事情を伝えると、被害者は納得してくれた。被告人の母親は、直接きちんと謝罪したいと心から願い、被害者宛ての手紙を書いていたが、弁護人から、すでに被告人が謝罪文や手紙を送っていることから、家族は被害弁償だけでよいと手紙の受け取りを拒まれていた。母親は、証言にあたって、手紙を読み上げようと思い、手紙を持参していた。その手紙を被害者に受け取ってもらい、直接の謝罪ができたことで、母親にとっても不幸中の幸いとなった。

もし、被害者と出会う偶然がなかったら、加害者家族の自責の念は募り、被害者も加害者側への怒りをさらに募らせ苦しんだことだろう。

本件は、被告人の反省が認められること、被害弁償がきちんとされていること、家族が監督できることなどを理由に執行猶予付き判決が言い渡された。おそらく弁護人としてはすべきことをし、きちんと結果を出したと考えていると思うが、事件に巻き込まれた被害者や加害者家族が裁判のなかで、いかに関心が向けられていない存在なのか、深く考えさせられた一件である。

検討「情状証人への配慮」

1 家族の生活への配慮

事件による加害者家族の経済的損失は大きく、パートやアルバイトを増やして生計を立てている家族にとって、出廷のために休暇を取ることは必ずしも容易なことではない。弁護人には、家族に協力を求めるのであれば、証人尋問の期日について、できる限り早めに連絡するなど、家族側の事情に十分配慮していただきたい。

証人尋問の準備についても同様で、場所や日時について、一方的に判断するのではなく、家族と話し合ったうえで決めることが望ましい。加害者家族は事件後、近所からの視線に過敏になる傾向がある。警察や弁護士と思われるような人が出入りをしている様子は、近隣住民から不自然に映り、疑惑の目を向けられるのではないか不安に思う人もいる。実際、近所の人々がどれほど注視しているかは定かではないが、それほど肩身の狭い思いをしてびくびくしながら生活している加害者家族の心理を理解していただきたい。**事例①**において、弁護人は、証人を気遣う様子もあったが、あくまで弁護人の目線からの配慮であり、加害者家族が求める配慮とはズレており、家族にとってすべて迷惑な行為となってしまった。

2 証人のプライバシーへの配慮

重大事件において、遮蔽措置を条件として、情状証人を引き受けた家族もいる。被害者のプライバシー保護を目的として、証言の際の付添いや、遮蔽措置、ビデオリンクといった制度が明文化されたが[1]、情状証人としての加害者家族のプライバシー保護という意識は低いと思われる。弁護人には、社会的影響が大きい事件については、家族からあえて要請がなくとも、遮蔽措置について裁判所と協議していただきたい。

事例①のように、証言にあたって証人から氏名や居所を伏せてほしいとの要望があった場合は、口頭での連絡に留まらず、裁判所に書面を提出するなど、証人へのプライバシー

1 刑事訴訟法一五七条の四〜六。

への配慮を徹底する必要がある。当日は、被害者側の人々も含めてさまざまな人が法廷にいることから、証人が証言に集中できるよう、法廷までの同行や控室の確保も求められる。従来、加害者家族のプライバシーについては問題視されることはなく、加害者家族自ら声をあげることも困難であった。公判での二次被害を招かないためにも、証人のプライバシーには十分配慮されるべきである。

3　証言にあたっての準備

事例②のように、証人との打ち合わせが不十分なケースは少なくない。WOHには、情状証人としての役割や尋問の様子がわからないといった不安を訴える相談がたびたび寄せられている。検察官から家族の責任を問うような厳しい質問が突きつけられることもあり、弁護人にとっては想定内の質問であっても、家族にとっては生涯の心の傷になることもある。証言にあたっての心構えや注意事項を予めきちんと伝えておくことによって、証人の心理的負担を軽くすることができる。

多くの家族にとって、情状証人はできれば避けたい役割だが、稀に、あえて証言することを希望する家族もいる。家族も事件によって直接的被害を受けているにもかかわらず、刑事手続において蚊帳の外に置かれており、苦情はどこにも受け入れられず、被害者側の意見陳述のような機会も与えられていない。唯一、公に発言できる場が、情状証人としての法廷となる。したがって、弁護人の意図とは違い、家族は事件に責任がないという主張や、稀に被害者側への不満、会社への不満など他責的な主張を展開する家族もいる。

家族に協力を求めるにあたっては、情状証人として求めている役割について、十分な説明と理解を求めるための話合いが必要ではないかと思われる。

おわりに

刑事裁判では、被告人席に座る家族の姿を目の当たりにする瞬間が辛いと語る加害者家族は多い。裁判で初めて明らかにされる事実もあり、傍聴席に座る家族の心理的負担は甚大である。情状証人は義務と捉えている家族もいるが、弁護人は家族に無理を強いることのないよう心理的負担とプライバシーへの十分な配慮を心がけていただきたい。

第5章

殺人事件の家族支援

阿部恭子（あべ・きょうこ　NPO法人WOH理事長）
監修：草場裕之（くさば・ひろゆき　仙台弁護士会）

はじめに

WOHでは、刑事事件のなかで、殺人事件の家族を最も多く支援してきた。事件発生直後のメディアスクラム（集団的過熱取材）の最中にある事件もあれば、すでに人々の記憶からは消えているであろう何十年も前の事件の家族もいる。

殺人事件報道は、全国的で、親族や家族の職場など広範囲に影響が及ぶ可能性が高い。

被害者が残忍な方法で殺害されている場合、社会の怒りと憎悪は、塀の中の加害者を通り越して、加害者を生み出した家族に向けられる。報道や社会からの批判に日々晒されている殺人事件の家族である相談者の九割は、転居を余儀なくされている。

「○○事件」として犯罪史上語り継がれているような事件であれば、殺人者の家族としての悩みは、次世代まで続くことさえある。

本章では、日本の殺人事件の半数を占めている家族間殺人を中心に、殺人事件の家族へのアプローチについて検討する。

家族間殺人事件

1 事例①「介護殺人の背景」

四〇代（女性）のAは、血の繋がった母親を自宅で首を絞めて殺害した。殺害後、自らも命を絶つことを決意したが、実行できずに自首をした。本件は、介護疲れの末の無理心中だと報道されていた。Aは夫と小学生の息子がおり、数年前からひとり暮らしが困難になってきた実母と同居することになった。Aの子どもは、殺害現場を目撃しており、Aの夫はAの犯行が許せず、事件後まもなく離婚を申し出た。Aの息子は夫の実家で引き受けることになった。

Aは事件が起きる一年ほど前、勤めていた会社を辞めていた。職場のストレスから鬱病になり不眠が続き、次第に多量の睡眠薬を服用するようになった。事件当日も薬の影響で意識が朦朧としていた。

事件後、Aの兄がたびたび面会に行っていたが、意識がはっきりしない様子で何も話さなかった。弁護人に対しても同様で、何を聞いてもたしかな返答は得られなかったという。

Aの兄は、父親が他界した後、母親をAに預けてしまったことをとても後悔していた。兄弟のなかで母親と最も関係がよいのはAだった。母親がAの下で暮らすことについては、Aからの提案で、Aの夫も反対はしなかったことから、これまで不満や困りごとを聞いたことはなかった。Aが、これまで喧嘩をしたこともなかった母親をその手にかけるなど想像もできないことだった。

Aが起訴された後、筆者はAと文通を続け、定期的に面会に行った。Aは、ひたすら後悔しており、兄弟に迷惑をかけ申しわけない、息子に会いたいと訴えていた。

Ａは、仕事を辞め、家計の収入が減ったことから、借金が増えていた。捜査機関は、借金と介護疲れから、精神的・経済的に追いつめられた末の心中というストーリーを作っていたが、夫の収入や母親の年金もあり、仕事を辞めたとしても、心中しなければならないほど追いつめられたという説明に、Ａの兄弟は納得がいかなかった。Ａの家庭で何が起きていたのか、Ａの兄弟はＡの国選弁護人にも犯行の原因を尋ねていたが、Ａは弁護人にも詳しい事情は話していなかった。

Ａと文通を続けるうちに、少しずつ、Ａの胸の内が明かされるようになっていった。刑事施設での生活に慣れてきたこともあり、表情も豊かになり、自分から話をするようになっていた。子育てでも介護でも、人の世話をすることは好きで、介護が苦痛だと思ったことはなかったという。それにもかかわらず、なぜ母親に手をかけたのか。Ａは、比較的穏やかな性格で、これまで事件や揉め事を起こしたこともなかった。おそらく、何かに追いつめられた結果なのではないかと思われたが、何がＡを追い詰めたのか、原因は見えてこなかった。

Ａは、公判が近づくにつれ、人とコミュニケーションを取ることに積極的になってはきたが、事件と向き合っているようには見えなかった。母親はすでに亡くなっており、戻ってくることはない。絶望感のなかで、その後はどうなってもかまわないというような投げやりな様子だった。しかし、待っている兄弟のためにも前向きになってほしいと、家族とWOHでアプローチを続けた。

公判前整理手続も終了したところで、ようやくAは、犯行に至った背景について語り出したのだ。原因は、夫婦関係にあった。共働きで忙しかったが、これまで夫は子育てに非協力的で、息子が病気になったときでさえも病院に連れていくことさえしなかった。Aの体調がどれほど悪くても息子の面倒を見ることはせず、息子も父親になついてはいなかった。夫は車や洋服など高級品を好み、ふたりの収入がなければ生計を立てていけなかった。夫は、母親と同居することで、母親がいくらか家計にお金を入れてくれることを当てにして、母親と同居することを提案したという。しかし、母親に対して、身体的な暴力を振るうことはなかったが、口も利かず、Aの介護の様子を見ていて「汚い」「臭い」など暴言を吐き、自分がいる部屋からは車椅子の母親をいつも追い出していた。Aにとって、仕事は唯一の支えだったが、業務が増え、経営に関する事柄まで任せられる立場になった頃から仕事についていけなくなった。ストレスから鬱病になり、仕事を辞めざるをえなかった。夫は収入が減ることに怒り、家事や育児をこなせないAを責めるだけで、一切協力はしなかった。収入が減っていくにもかかわらず、夫が毎月使う金額はこれまでと変わらず、どんどんお金がなくなっていった。Aはこの頃から過酷な現実を忘れるために、睡眠薬を過剰摂取するようになっていった。再就職はおろか、育児も介護もままならなくなり自殺を考えたが、母と息子を道連れにしなければ、自分が死んだ後に夫に虐待されると思い、三人で死ぬ覚悟で母親から殺害した。息子は嫌だと言ったことから、手をかけることはできなかった。

Aは、自分が母親を殺したという自責の念から、全面的に自分に非があり、捜査機関や弁護人にも事件の原因に関わる夫婦関係の話はしなかった。息子は父親の下におり、真実を話すことで、息子に影響が及ぶことを懸念したからである。

事件の背景には、夫のDVがあったが、裁判で明らかにされることはなかった。家庭で見つかった高級品など、事実上、Aが購入したものではなかったが、贅沢な生活をしており、生活が続かなくなった末の短絡的な犯行として、Aには厳しい実刑判決が下った。

Aの兄弟は、事件によって、対立することとなった。Aの弟は、母親を殺された被害者という感情が強く、Aに厳しい判決が下るよう検察官に話していた。Aの兄は、妹の面倒を見ていく立場として、情状証人も引き受けた。後に、ＤＶと思われる夫婦関係が事件の背景にあることが明らかとなったことによって、兄弟間で話し合いを重ね、兄弟の関係は修復されつつある。

2 検討「加害者家族であり被害者遺族」

(1) 事情聴取への対応

家族間犯罪は、家庭で起こることが多く、家族も事情聴取を受けることになろう。

長男が自宅で母親を殺害した事件では、事件後まもなく、他の兄弟も父親も警察から事情聴取を求められ、長時間にわたる事情聴取を受け丸一日自宅に返してもらえなかった。父親と兄弟それぞれが、携帯電話を任意提出させられ、連絡を取ることも許されず、犯人かのような厳しい質問を受け、ポリグラフ検査にもかけられた。

親族を亡くした時点で、普通の市民にとっては被疑者として扱われることなど考えられないかもしれないが、捜査機関は、残された家族であっても事件に関して何らかの重要な情報を有していると考えるであろうことを念頭に置いておかなければならない。犯人が特定されるまでは遺族として配慮されることはないと考えておくべきであろう。家族のなかには、任意の事情聴取において弁護士に依頼をしようとした際、警察官から「弁護士が必要だということは、やはりやましいことがあるんだな」等と言われ、さらに疑いが強まることを懸念して依頼を躊躇したという報告もある。冷静な判断が困難な状況において、弁護士への依頼は当然の権利であることを啓発すべきである。

(2) 情状証人としての遺族

筆者は、家族間殺人事件の裁判傍聴において、情状証人として遺族が証言する内容に、違和感を覚えることがある。傍聴席で身内が殺害される過程が再現されると、涙を流している遺族が、同時に自分の家族を奪った被告人の減刑を求める証言をするのである。被害者遺族である家族が、加害者をこれまでのように家族として迎え入れることができるようになるのか。

被告人の家族という理由だけで、遺族としてケアされることもないまま、被告人の更生の支え手としての役割を期待されても事実上困難である。加害者家族であるという自責の念から、被害者としての権利を主張することを躊躇する人もいる。しかし、被害者性にも十分配慮されるべきである。

「加害者遺族」のケアと人権

死刑が執行された死刑囚の家族や、加害者が自死したケースでは、残された家族は「加害者遺族」であり、家族間殺人の遺族とも異なる立場に置かれることに注意が必要である。家族間殺人の遺族同様、加害者家族という側面のみならず、遺族としての立場を尊重して接するべきことは言うまでもない。しかし、家族が連帯責任を背負わされる日本社会において、加害者が亡くなったことによって、残された家族が矢面に立たされ責任追及される可能性もあることから、ケアのみならず、報道対応や被害者対応が検討されなければならない。

高齢化社会を迎えた現代、全国各地で高齢ドライバーによる事故が発生し、近年、マスコミが大きく取り上げるようになった。運転手が死亡したケースでは、遺族のもとに取材陣が集まり、事故発生からしばらくして加害者が亡くなったケースでは、被害者への謝罪や墓参を代わりに行う遺族もいる。加害者遺族の視点について今後、益々課題となろう。

おわりに

中絶や婚姻関係にないパートナーとの死別など、社会的に受け入れられがたい悲嘆を「公認されない悲嘆」という。加害者遺族はスティグマから、遺族としての痛みや悲しみに蓋をしてしまいがちである。加害者遺族としての喪失感を表出しやすいグループカウンセリングといった感情の受け皿を増やしていく取組みが課題である。

第6章

否認事件の家族支援

阿部恭子（あべ・きょうこ　NPO法人WOH理事長）
監修：草場裕之（くさば・ひろゆき　仙台弁護士会）

はじめに

夫が性犯罪で逮捕された妻は、「検察官の話には説得力があって、やはり、夫は犯人だと思いました。でも、弁護士さんの話を聞くと、やはりやっていないのかな……と。家族として、何をすればよいのか、毎日不安です」と話していた。

多くの家族は、事件内容を把握していない。それにもかかわらず、被疑者の家族であることを理由として、さまざまな人から事情を聞かれるが、家族として知りたいと思うことは誰にも教えてもらえないのだ。

本章では、否認事件における家族の苦悩と支援について検討する。

捜査段階の支援

1 事例①「心の支えは家族」

電車で痴漢をしたとして逮捕された経験のあるAは、勾留中取調べを受けている期間に家族と面会できていれば、否認を貫くことができていたかもしれないと、被疑者の立場から加害者家族支援の重要性を語った。

痴漢はしていなかったが、高校生の娘がおり、受験がまもなくだということから家族にもわからないように、すぐに認めてしまおうと考えた。しかし、当番弁護士に事情を話すとやってもいないことは認めてはいけないと諭され、否認を貫く決意をした。当番弁護士は頼りになると感じ、私選弁護を依頼し、家族には弁護人から事情を伝えてもらうことにした。

弁護人から、家族と会うと自宅に帰りたい気持ちが強まり、否認を貫けなくなることから、面会や文通は控えるようにと言われた。弁護人は、毎日のように接見に訪れて、折れそうになる心を支えてくれた。しかし、最も必要としていたのは家族の存在だった。弁護人を通して家族の状況は聞いていたが、姿を見るまで安心できなかった。家族と会うと否認を貫けなくなると初めは思っていたが、一〇日も過ぎればむしろ家族のことが気になりだした。事件のショックで自殺をしたりしないだろうかと不安になり眠れなくなった。それでも、妻も仕事が忙しい時期であり、このような状況で会いに来てほしいとは言いにくかった。勾留二〇日目、取調官から娘の誕生日であることを告げられた。Aは居ても立っても居られない気持ちになり、何のために頑張っているのかわからなくなり、女性に触ったという調書に署名押印をしてしまった。

Aの妻が、弁護人から説明されていたことは、夫は冤罪であり頑張って戦っている。家族に会うと自宅に帰りたくなり否認を貫けなくなるので伝言があれば弁護人にＦＡＸを送るようにという指示だった。Aの妻は、家族の近況を弁護人へのＦＡＸで伝えていた。弁護人とのコミュニケーションはFAXだけで、家族が知りたいと思う情報について、尋ねてよいのかさえわからなかった。

警察から事情聴取を求められた際も、弁護人のFAXは、「応じる必要はありません」というだけの回答であったが、本当に断ってよいのか、警察からの電話の口調が強くなるたびに不安が大きくなり、警察署まで行くことにした。

Aの妻は、夫の無実を信じていたが、警察から、「ご主人は証拠がそろっているのにまだ認めないなんて……」と言われ、証拠があるのなら間違いないのではないかと考え、とても面会する気にはなれなくなった。

Aが釈放された後、勾留中の出来事について話し合ったことで、夫婦の溝は埋まったが、警察署で事情聴取を受けた翌日は、離婚を考えたという。

2 検討

(1) 家族の力

否認事件の被疑者家族は、先の見えない不安から、自白事件よりも精神的ストレスが大きい。被疑者と違い、あらゆる情報に晒されていることから、いろいろなことを思いめぐらしては日々悩んでいる。

家族との関係が悪くないならば、身に覚えのない罪によって勾留されている被疑者は、精神的に追いつめられれば追いつめられるほど家族や大切な人の存在を必要とする。[1] こうした被疑者の心理的支援は、弁護人の複数選任で対応するか、ＷＯＨのような組織と連携して行われるべきであり、家族を支える必要性が大きいと考える。弁護人と関係が悪い家族は、むしろ捜査機関を頼りにしてしまう傾向があり、捜査側に有利に働くことにもなりうる。弁護人に防御してもらうよりも、警察官や検察官の言うことに従っている方が、被疑者・被告人に有利だと考えている家族も少なくはないのである。

(2) 家族の不安に寄り添う助言

ＷＯＨでは、ホットラインを設置しており、緊急対応が必要なケースには二四時間体制で相談を受け付けている。早朝や深夜まで頻繁に電話が来るのは、捜査段階の否認事件の家族である。

詐欺罪で逮捕され、否認をしている被疑者の家族は一週間、**表1**のような内容でほぼ毎日ＷＯＨに電話をしていた。本件では、家族も接見が禁止され、会社絡みの事件であることから、家族にも伝えられない情報が多かった。

こうした相談ひとつひとつに、不安に思う家族の気持ちに寄り添いながら対応していくことで、徐々に家族は精神的落着きを取り戻していく。家族の心理的不安は、事件の見通しが立たないことからくる不安であって、このような場面では心理の専門家より、司法に精通した専門家が適して

表1　家族からの相談

被疑者への不信	「やっぱり、うちの主人が主犯なんですかね……」 「私が聞いていた話と全然違う。警察が嘘を言うはずないですよね、長年騙されていたのかしら?」
事件の見通しについて	「子どもの夏休みももうすぐ終わっちゃいますけど、それまで戻ってくることはないんですよね?」 「不起訴だったらどのくらいで戻ってきますか?」 「裁判はどのくらいの期間でしょうか?」 「刑務所は遠くに行くのですか?」
面会について	「面会にお金かかりますよね?」 「いつごろ面会できるようになるでしょうか?」 「面会はどこでどんな感じで面会するのですか?」
家族の責任や生活について	「家族も賠償とかしなくちゃいけないんですか?」 「お盆に親戚が集まるんですが、主人がいないことをなんて説明すればいいのか……」 「子どもになんて説明すればいいのか……」 「会社は倒産ですかね?　私も働かないとダメですよね」 「主人の収入がなくなれば、子どもの大学進学は難しいでしょうか?」
弁護人について	「私選でお願いするとどのくらいかかるでしょうか?」 「有名な先生にお願いすると早く出してもらえるんでしょうか?」

1　勾留を経験した憲法学者の飯島滋明氏も著書『痴漢冤罪にまきこまれた憲法学者』(高文研、二〇一二年)八一頁において、家族のことを思い自白を考えたことを明かしている。

いる。安易な励ましでは家族は安心できないことから、これまで対応してきた否認事件の例から、最悪の事態まで想定した助言が必要である。一家の大黒柱を失うということは、家族の生活も危機に瀕することになる。生活保護の申請方法や、子どもの奨学金に関する情報、土地の処分や転居についてなど、被疑者が長期間戻って来ない場合の家族の生活設計をして備えておくことが不安を和らげる適切な方法である。経済的な不安がある場合アルバイトなどを始めておくことは、事件を忘れる時間を作ることにも繋がり、家族の自立にとっても望ましい選択肢だと考える。

家族としてすべきことが明確になり、行動に移していくことによって、電話相談の回数も徐々に減っていく。自白事件においては、示談への協力や裁判での情状証人など、家族に一定の役割が与えられ、手続が進行していくが、否認事件の場合、家族はただ状況を見守ることしかできないことが不安とストレスの要因となる。こうした不安を和らげるためには、家族としてすべき役割を見出すことである。

(3) 家族の事件への関与

家族は、被疑者が起こした事件の影響を直接受けており、事件はもはや〝家族の問題〟と捉える傾向がある。事件が長期化することによって、家族の生活にも支障が出ることから、被疑者が否認を貫こうと思っても家族が認めて早く戻ってきてほしいと被疑者を説得する場合さえある。被疑者は、家族を大切に思えば思うほど、家族に迷惑をかけている後ろめたさから、家族には本音を言いにくい状況にもなる。

しかし、事件の責任を背負っていくのはあくまで被疑者本人であることから、家族に決定を委ねてしまうことなく、自分自身の問題としてとことん考えてもらう必要がある。家族が協力できるか否かは、被疑者不在で家族の生活が成り立つかという部分が大きいことから、具体的な生活保障のプランを考えられるかどうかにかかってくる。

謝罪できない家族の苦悩

1 事例②「疑わしい被告人」

B(二〇代)は知人と口論になった末、知人を包丁で刺して殺害し、殺人罪で逮捕・起訴された。逮捕直後は容疑を認めていたが、途中から否認に転じた。Bは、非行を繰り返しており、事件が起きるだいぶ前から家族とは疎遠だった。Bにはすでに前科があり金に困れば、兄妹を脅して金を要求するようなことまでしていた。Bが殺したとされる被害者との間には金銭トラブルがあり、Bの家族は、冤罪の可能性などは考えられなかった。

Bは、裁判でも無罪を主張したが、傍聴していたBの両親は、Bの供述にあきれていた。Bと被害者が顔見知りであることは、多くの人が証言しているにもかかわらず、会ったことがないと主張し、犯行当日のことについて、どう考えても辻褄が合わない供述ばかりであった。凶器の包丁の指紋など物的証拠も多く出されているにもかかわらず、事件に関与すらしていないという。家族はBが、これまであまりに多くの嘘をつき過ぎてきたことを知っておりBの話など到底信じることはできなかった。家族は、むしろ被害者参加人として法廷で意見陳述をした被害者に対して、申しわけない気持ちしかなかった。家族として、被害者遺族に謝罪をしなくてはと弁護人に相談していたが、被告人が容疑を否認している以上、矛盾している行動は取れなかった。Bの両親は、Bに面会し、亡くなった方のためにも本当のことを話してほしいと何度もBを諭したが、Bは、荒唐無稽な主張を繰り返すばかりで、無実だと信じられるような具体的な事実や説明はひとつも出てこなかった。そして、最後には、「子どもを信用しないなんて酷い親だ」と怒鳴られ、その後何度か拘置所を訪ねても面会を拒否されてしまった。Bの両親は、息子が人の命を奪ってしまったにもかかわらず、事件と向き合おうとせず、息子に対しても被害者に対しても何もできない自責の念に悩み苦しみ続けている。

2 検討「家族としての謝罪」

本人が犯行を否認している場合や責任を否定して弁償を拒んでいる場合でも、あくまで家族として、被害者側に対して何らかの償いをしなくてはならないと考える家族もいる。被害者が失業や通院など経済的負担に苦しんでいる事実がわかれば、少なくとも事件に関わった人間として最低限のことをしたいという感情もある。

謝罪や弁償ができない状況というのも、事件と真摯に向き合っている家族であればこそ苦しいと感じている。WOHでは、弁護士と加害者家族で話合いを重ね、被告人の意思と対立しないような形で、家族からの見舞金として被害者に被害弁償相当の支払いを提案したケースもある。法的責任がないという理屈では割り切れない感情もあり、こうした加害者家族の複雑な感情をどのように掬い上げていくかが支援において最も重要ではないかと考える。

おわりに

人として果たすべきことが果たせていないのではないかという不安や後ろめたさは、加害者家族が社会生活を送るうえで大きな精神的負担となっていく。漠然とした心のケアよりも、加害者家族の目線に立ち、刑事手続の進捗状況を見ながら、家族としてできること、すべきことをともに考えていく支援が求められる。

第7章

少年事件と家族

阿部恭子（あべ・きょうこ　NPO法人WOH理事長）
監修：草場裕之（くさば・ひろゆき　仙台弁護士会）

はじめに

少年事件の場合、付添人をはじめ、家庭裁判所調査官、法務教官、保護観察官、保護司など成人の事件に比べて、少年を更生に導くための専門家が数多く関わっている。保護者としての家族も、少年の更生を支える役割を期待されてきた。各専門家は、少年が犯行に至った要因のひとつとして家族にアプローチする側面が強く、保護者はケアを受ける対象としてはみなされてこなかったのではないだろうか。

少年は可塑性があると言われる一方、保護者に変化は期待できないと考えている人々もいるかもしれない。たしかに、家族が自ら問題に気がつき、行動を起すまでには時間を要する。しかし、家族の変化が少年に与える影響は非常に大きいことが明らかとなっている。本章では、少年事件の家族が事件と向き合い、変化していく過程を紹介する。そして、少年事件の家族支援において、求められる視点や必要とされる支援について検討する。[1]

事例紹介

1 非行から犯罪へ

少年Aは、中学校の後半から、校則違反や喫煙などの問題で学校側から注意されることが増えた。高校に入学してまもなく不登校となり、昼間から仲間と飲酒やゲームをして過ごすようになっていた。高校を退学した後は、ギャンブルにのめりこむようになり、家からお金を盗み、店で万引きをするようになっていった。その後、窃盗と住居侵入の罪で逮捕され、少年院送致となった。

Aの両親は共働きで、安定した職業についており、経済的には問題のない家庭である。Aの母親は、Aが万引きをするようになった頃から、カウンセリングや子育てセミナーといったあらゆるイベントなどに参加し、Aの問題行動を止めるための情報を必死に集めていた。しかし、Aの問題行動は落ち着く様子もなく、むしろエスカレートするばかりだった。

2 社会で孤立する加害者家族

Aが少年院送致となった後、Aの母親はWOHの存在を知り、二カ月に一度開催している加害者家族の集いに参加するようになった。「加害者家族の集い」とは、身内が罪を犯した経験を持つ人々が集まり、当事者間で体験を共有することによって、自分自身の回復を

1　少年事件加害者家族への支援の詳細については、阿部恭子編著『少年事件加害者家族支援の理論と実践――家族の回復と少年の更生に向けて』（現代人文社、二〇二〇年）を参照されたい。

目的としたカウンセリングのひとつである。[2]

Ａの母親は、これまで家族以外には打ち明けたことのなかった〝加害者家族〟としての辛い体験について人前で初めて涙を流しながら語った。Ａは、家族の住む自宅のすぐ側の家に侵入しており、Ａの両親は、被害者から、かなり厳しい言葉をぶつけられた、そして、事件後、家族は近所の人々に顔向けできず、気まずい思いをして過ごしていた。友人や親戚からしばらく様子が見えないＡのことを尋ねられるたびに胸が痛んだ。少年院にいるという事実は外では口にできず、説明に苦労していることや、秘密を抱えて生活している苦しさなどを話していた。

これまでＡの問題について、少年院の教官やカウンセラーなどいろいろな専門家にも相談してきたが、親として何もできない苦しさについてはまったく理解してもらえず、説教や安易な励ましの言葉にいっそう傷を深くしてきた。相談を重ねるたびに傷つき、自信を失い、人を信頼できなくなっていた。

加害者家族の集いのなかで、同じような経験をした人々の語りを聞き、心の奥に押し込めていた気持ちを初めて表現することができたという。

3 依存症という家族病理の発見

少年院にいるAは、定期的に家族に手紙を送っており、その内容からだいぶ精神的な落着きを取り戻している様子だった。家族も定期的に面会に行き、Aが戻ってくることが待ち遠しく感じていた。Aは在院中に家族と約束していたとおりに、資格取得のための学校に通い始め、一見、生活は順調であるように思えた。しかし、そうした生活は長くは続かず、ひと月も経たないうちに事件前と同じ状態に戻ってしまった。

Aの母親は、「加害者家族の集い」の参加者の話から、Aのギャンブルについて依存症という疑いを持つようになった。そして、依存症の患者が通う病院にA本人を連れて行ったが、Aは通院を嫌がるようになり、いつのまにか通うのを止めてしまった。Aは、また家からお金を盗むようになり、外でも金銭トラブルが絶えることなく、Aにお金を貸した人々が自宅を訪ねてくるようになった。

そして、ついに窃盗罪で逮捕され、Aは再び少年院に戻ることとなった。二度目の少年

2 加害者家族の集いで行っているカウンセリングの方法や期待される効果については本書第3第3章を参照〔↓三一七頁〕。

院送致は、家族に衝撃を与えたが、Aの問題について、家族がコントロールすることに限界があると家族全員が認識する大きな転機となっていた。その後、Aの母親は、依存症の家族会にも定期的に参加するようになり、自分自身の問題と向き合い始めた。

4 回復の兆し――〝親〟から〝私〟へ

Aの母親は、依存症の家族会において、ほかの参加者の体験を聞くことによって、自分の共依存性を認識し始めた。これまでAが問題を起こすたびに、ことを大きくしないために、Aに代わって支払いをするなどAの問題行動の尻拭いをする役割を担ってしまっていた。

Aが起こした事件の対応の仕方やAとの関わり方について、家族の間でも齟齬が生まれており、家の中でも口論が絶えることなく、家庭はもはや安心できる空間ではなくなっていた。

WOHでは、Aの母親だけではなく、父親や兄弟についてもそれぞれに悩みを聞く時間を設けた。その後、依存症の家族会に、Aの両親は夫婦で参加するようになり、だんだんと夫婦間の感情のギャップも縮まっていった。

Ａの両親は、今回は、Ａが出院後まもなく成人する年齢であることからも、Ａを自宅で引き受けることはせず、適切な第三者の下で自立してもらうという方針を固めた。家族として、就職が決まるまでは一定の経済的援助をしていくということで、Ａも納得した。Ａの家族は、面会に行き、出院後について家族でＡと話合いを重ねた。

Ａを〝引き受けない〟という家族としての決断は、特に母親にとっては苦渋の選択だった。できるならば、Ａを側においてずっと守っていきたいというのが母親としての本音だった。そうした母親としての愛情が、Ａの問題行動を助長し、結果として、Ａ本人をも苦しめることになっていたのだ。このまま家族が面倒を見続ければ、Ａは永遠に自立が困難になってしまい、他の家族もそれぞれ傷を深めるだけだということに気がついた。そしてようやく、息子を家族の下から手放す覚悟に至ったのである。

子どもを手放す覚悟をした親が乗り越えなければならないのは、〝世間体〟である。内情を知らない人から見れば、子どもを見捨てた家族と受け取られかねない。少年院からは、Ａの出院にあたって、一度は施設ではなく自宅へ戻すようにと何度も説得された。それでもＡの両親は、事情を説明し、受け入れ先の自立支援施設の担当者からも話をしてもらうなどして、Aを自立に導く方針を貫いた。

Aの家族には、大きな変化が現れていた。Aの母親は、WOHに繋がって間もない頃はひたすら自分を責め、Aの問題行動そのものを止めるということに必死だった。その必死さの裏には、母親の自分しか止めることができないという考えがあった。母親である自分には、Aを理解できないはずはないとも考えていた。反対にAの父親は、どうしてよいかわからず無関心を装っているようだった。自助グループに繋がることによって、「子どもの問題」ではなく自分自身の問題に気がついた頃から、家族の集いでの発言の主語が変わってきたのである。家族の集いのなかで、子どもが罪を犯してしまった親の会では、参加したばかりの親は、自分の話ではなく、子どもの話が中心になりがちである。会を重ねるにつれて、自然と子どもではなく、自分の物語が中心になってくる。家族それぞれが自分自身の問題に気がつき、家族としてできることの限界を認識したことによって、子どもとの適切な距離を作れるようになり、子どもの問題行動が落ち着きを見せ始めたのである。

Aの自立に向けて、夫婦が一致して行動するようになってから、夫婦喧嘩もなくなり、妹も受験勉強に集中できるようになり、志望校に無事合格することができていた。Aの家族は、こうした回復の兆しが見えるまでに五年という月日を要している。

検討

1 社会から〝親〟への過度の期待

日本においては、成人が罪を犯した場合であっても、犯罪者の親への社会的非難は強い。罪を犯した者が未成年であればなおさら、親としての罪責感は強く、社会からも厳しい目を向けられることになる。[3]

少年による凶悪犯罪の加害者家族をテーマに扱った映画『誰も守ってくれない』(二〇〇八

3 一九九八年アメリカ・アーカンソー州の高校で少年による銃乱射事件が発生した。少年の母親は実名で顔を隠すことなく取材に応じていた。この母親に全米から届いた手紙のほとんどが励ましの内容だったという。現地で取材をしたTBS「ニュース23」の下村健一記者は、日本においては想定しがたい社会の反応に「最大の衝撃」を受けたと報告している(鈴木伸元『加害者家族』(幻冬舎、二〇一〇年)一八〇～一八三頁で紹介)。一方、二〇〇三年長崎市で起きた少年による男児誘拐殺人事件では、時の防災担当大臣が「少年を罪に問えないのならば、親を市中引き回しにしたうえで打ち首にすればよい」と発言し、社会的批判を浴びたが、その日のうちに大臣の下に寄せられた一〇〇〇件を超えるメールや電話による意見の八割が発言を支持する内容だったという(同書、八一頁参照)。

年）の冒頭、「未成年による凶悪事件が発生した時、警察が犯罪者の家族を保護する場合がある。過去の事件で、犯罪者の家族がマスコミから非難され、自殺したケースが何度もあったからである」という字幕が流れる。[4] WOHが支援してきた家族のなかでも、罪を犯した未成年者の母親が事件後、自殺をしているケースが存在する。

筆者は、「子どもを殺して自分も死のうかと思った」という罪を犯した未成年者の親たちの告白をこれまで何度も聞いた。その発言には、親としての無力感と少年の社会復帰への絶望感が現れている。つまり、犯罪者となってしまった子どもを社会が受け入れてくれるわけはなく、家族が守っていくしかない。しかし、事件を起こした原因は、自分の育て方が悪かった結果である。親として子育てに自信が持てなくなってしまった以上、子どもを立ち直らせることはできない。このまま犯罪者として生きていても、社会から排除され、辛い思いをするだけではないか。それならば、ここで一緒に死んでしまった方がいいのではないか……。社会から追い詰められ、思い悩んだ末の親としての心境を汲み取ることができる。

家族が最も身近で適切な監督者となりうるということは、社会通念に照らせば、道理に適っているように思われる。したがって、家庭内暴力や貧困といった明らかな問題がない未成年者の家族は、当然のごとく少年の出院後の受け皿とみなされる可能性が高い。

家族自身も、家族が少年の更生を支えることにむしろ意欲的であり、それが家族としての義務のように感じている。〝常識〟を基盤とした家族の思考と世間からの家族への期待、責任の押しつけが伴って、家族と少年をさらなる家族病理へと追い込んでいくのである。

本事例のように、両親が揃っており、経済的にも安定した家族の場合、更生の支え手としての家族へのプレッシャーは大きく、自動的に出院後の受け皿となることに疑問の余地はなかった。しかし、暴力や貧困といった目に見える問題がない家庭の少年が事件を起こしているとすれば、むしろ家族自身も問題を認識できないほど家族病理が深い可能性があるとは考えられないだろうか。こうした原因分析をすることなく、安易に家族に更生の支え手としての役割を押しつけてしまうことは、原因である環境にそのまま少年を戻すことであり、同じ問題が繰り返されるのは当然である。

両親は、生きてきた年数分問題が蓄積している場合もあり、自ら問題を認識し、変化するまで少年以上に時間を要する。少年が立ち直って家族の下に戻ってきたとしても、その

4　さらに、字幕は「この件について警察は公に認めていない」と続いている。

間、家族が事件前と同じ問題を抱えていたならば、家庭は更生の場として機能することはありえない。

出院後の少年を受け入れる社会の受け皿は、たしかに十分とは言えない。しかし、決して社会に受け皿が存在しないわけではなく、施設や団体に限らず、個人のネットワークを辿って見つけていくことは可能である。本事例のようなケースにおいては、付添人をはじめ、少年の更生に関わる専門家が、家族以外の更生のための社会資源について必死に探した形跡が見当たらないのである。

再犯防止の観点からも、家族病理が疑われるケースにおいては、家族が問題に気がつくためのカウンセリングや自助グループへとつなげると同時に、少年の家族に代わる一定期間の受け皿を社会のなかで見つける努力が求められる。こうした努力を怠り、ただ家族が存在することをもって、問題を抱えたままの家族に更生の役割を期待することは間違っているといわざるをえない。

2 被害者性の受容

WOHに相談に訪れる未成年者の親たちは、自分たちがケアを受けることを目的とは考えておらず、子どもの問題をどう解決するか、子どものケアをどのようにするか、事件に対して、親としての責任をどのように果たせばよいのかといった、あくまで子どもを中心とした問題の相談に訪れている。〝加害者家族〟というより、自らが〝加害者〟という意識が強く、自分たちが支援を受ける対象であるとは考えていない。

しかし、事件後、保護者が背負う精神的負担は計り知れない。被害者への謝罪や被害弁償の用意、学校や迷惑をかけてしまった近所の人々への謝罪といった事件の処理に追われることになる。経済的負担も大きいことから、働かなければならず、事件後、パートなどを増やす家族もいる。

事件の影響は、家庭のなかにも及ぶ。両親は、祖父母や親戚から、身内から犯罪者を出したことを他人以上に責められることもある。父親と母親で子どもとの関わり方に差があることから、事件の処理や少年の更生に関する意見が一致せず、夫婦関係も悪くなりがちである。事件後、兄妹が不登校や引きこもりになってしまったり、事件によって、親の関心が一挙に事件を起こした少年に集中してしまう寂しさから、非行に走る子どもも存在する。

WOHが定期的に開催している「加害者家族の集い」は、参加者である加害者家族が自ら問題に気づき、本来の自分を見つけるための時間となっている。参加して間もない家族からは、社会から疎外されていく孤独感や家族としての努力や苦労が報われない苛立ち、事件にどのように対応してよいのかといった不安が語られることが多い。

事件の発覚によって、「育て方が悪い」「親として失格」などと、周囲から否定的な言葉ばかり浴びせられている親としては、自分の考えや行動にまったく自信が持てなくなってしまっている。そうした不安や無力感を、同じ体験をした者同士が共有し、励まし合うことによって、罪責感を和らげ、少しずつ自尊心を取り戻していく。そして、親としてのあるべき姿や世間体という枠を超えて、本来の自分や最も大切なことに気がつくという回復のプロセスが見られる。どのくらいの時間を要するかは、個人によってもケースによってもさまざまである。

家族の修復という形もさまざまであり、ありのままの少年を受け入れるようになった家族もいれば、少年と家族が距離を置くことが双方にとって望ましい決断に至る家族もいる。

傷を回復していくなかで、家族の構成員それぞれが一番無理のない生き方を選ぶことが望ましいのであって、〝理想の家族像〟を押しつけてしまうことは、家族としての本来の力を奪う結果となる。

家族の構成員それぞれが自分を取り戻し、家庭のなかでも社会においても〝個人〟として尊重されるようになることが、同時に〝家族〟という集団の回復に繋がっている。

3 少年の家族へのアプローチ

家族を対象とした支援を専門的に行う機関は存在しないことから、付添人である弁護士や教員、家庭裁判所調査官、保護監察官や保護司といった少年の更生に関わる人々が家族の相談役を担っている部分もあるであろう。しかし、少年の更生のために家族にアプローチすることと、少年の家族を個人として支援することは、具体的な援助において重なり合う部分はあっても目的は異なる。少年の更生に関わる人々が、どれほど丁寧に家族の話を聞いたとしても、主たる目的が少年の更生である限り、最終的には、家族より、少年の更生が優先されることを念頭に置く必要がある。

保護者の立場からは、少年の更生に関わる人々に対して、子どもが世話になり、迷惑をかけてしまっているかもしれないという意識から遠慮が生まれ、対等な関係にあるとは言いがたい。家族と支援者において対等な関係が構築されていなければ、本音や核心に迫ることは難しい。

付添人をはじめ、少年の更生に関わる立場として家族にアプローチする際には、WOHのような家族支援団体や臨床心理士等、家族が保護者としての責任や義務に囚われることなく話ができる相談者を紹介し、審判の後も継続して支援や助言を受けることができる人々と連携していくことが望ましいと思われる。

4 環境調整の重要性

少年事件の場合、家族が生活する地域で事件が起きているケースが多く、事件後、転居を考える家族からの相談は少なくない。

少年事件の加害者家族が暮らす近隣住民から、出院後、少年に地域に帰ってこないでほしいという苦情が家族の下に寄せられていたケースもある。ローンで購入したばかりの土地・建物で売却が困難なケースなど、家族を転居させることは不可能な場合もある。こうした事態に対して、第三者が介入し、地域住民と対話を重ねる必要も出てきている。

また、事件に暴力団などの組織が関係している場合、少年を家族の下に戻すことで、家族や兄弟までもが危険に晒された生活を送ることになる。戻ってきた少年へのメッセージと取れるような自宅付近でのバイクの暴走や自宅への投石など、犯人が特定できず、警察の介入が困難なことから家族が怯えているケースが存在している。

家族病理といった家庭内の問題が解決していても、家族と地域住民との関係が悪化しているなど、安心して暮らせない状況であるとすれば、少年の更生の環境として適切とは言えない。少年の家族への家庭訪問の際は、地域の状況にも目を配る必要がある。

おわりに

加害者の年齢が低ければ低いほど、保護者としての家族への社会的責任は厳しく問われることとなり、被害者や世間に対する罪責感も強くなるであろう。それと同時に、少年の更生と社会復帰への責任は、家族のうえに重くのしかかっている。

社会において、家族が問題を語り合える場が増えてきたことは大きな進歩であるが、家族が適切な養育者ではない場合に、一定期間、少年を受け入れてくれる施設や就労先といった親の代わりを引き受けてくれるような社会資源が不可欠である。

社会における受け皿を確保するためには、罪を犯した少年の更生について社会の理解を得ることが不可欠である。先進諸国と比べ、犯罪発生率が低いことからも、犯罪者アレルギーの強いと思われる日本社会において、偏見を持つ人々との対話や、各地域における地道な支援活動を続けることによって、理解者・協力者を増やしていく取組みが重要である。

COLUMN

加害者家族「支援者」の傍聴する権利

加害者家族とともに傍聴したり、傍聴できない家族のための代理傍聴は、公判段階の支援の要である。新型コロナ感染拡大の影響により裁判所は傍聴席を減らしたため、「支援者」としての傍聴が難しくなっている。一般傍聴券を減らすことから、特別傍聴券も家族全員分は発券されず、支援者は自力で傍聴券を手に入れるしかない。抽選に並び、外れれば(たいてい外れるのだが……)報道関係者に尋ね歩いて、あまった券を譲っていただき、ようやく傍聴するに至る。傍聴券を獲得するまでは、加害者家族に同行することはできない。複数で傍聴に来た家族はまだよいが、ひとりの家族は気の毒である。裁判が始まれば、弁護人に傍聴席まで気を配れというには無理がある。

一方、被害者の場合、被害者や遺族のみならず、支援者の傍聴も権利として認められている。二名が死亡、九名が負傷した交通死亡事故の裁判では、筆者は家族の代理としてひとり特別傍聴をした。傍聴席には被害者の親族や支援者が数多くいるなかで、筆者は被告人席の前にひとり座ることとなった。注目を集めた裁判ゆえ厳戒態勢で、傍聴席の隅々に職員が座り、出廷入廷も細かい指示のもとに行われていた。それでも被告人への厳しい視線を感じるなか、家族の代理としてたったひとり特別傍聴席に座ることには、慣れるまで極度の緊張感が伴った。

ようやく審理に集中できるようになってきた頃、被告人が退廷する間際、

「人殺し……、人殺し！」

後ろから女性の叫ぶ声が聞こえた。

「発言は止めなさい！」

と職員や裁判官がすぐに止めたが、この出来事は被告人にも傍聴席にいた筆者にもトラウマとなり、その後の審理でも同様のことが起こらないか、常に不安に襲われた。

本件で、被告人は無罪を主張しており、世間の「無罪主張バッシング」は凄まじいものがあった。公判の様子が報道されるたびに、ネットのコメント欄には被告人への罵詈雑言が溢れ、沈黙する家族が誹謗中傷されることもあった。家族の支援を表明していた筆者の下にも「早く罪を認めろ」といった抗議の電話やメールが来ることがあった。

警備の範囲が外れた裁判所の外では、出廷する被告人に罵声を浴びせる人々も現れていた。こうした状況下で、加害者側にもせめてひとり、同行者としての傍聴を認めてもらいたいと切に感じた。

裁判員裁判では、法廷の出入りや裁判所内で、加害者側が被害者側と接触しないようにとの配慮から、職員が随時、同行してくれることがある。

しかし、あくまで加害者家族の権利として、被害者同様に、安全に裁判に参加するための支援者の同行の権利を検討してほしいと願う。

阿部恭子

第3部

加害者家族の心理的支援

第1章

加害者家族支援としての心理療法

相澤雅彦（あいざわ・まさひこ　臨床心理士・公認心理師）
駒場優子（こまば・ゆうこ　臨床心理士・公認心理師）

短期・家族療法と加害者家族支援

1　短期・家族療法とは

対人援助場面で用いられる心理療法やアプローチ、心理臨床的理論は、多種多様であり、症状、対象、治療や援助を進めていく環境、援助者の専門などで選定されている。

さまざまな心理療法がある中、短期・家族療法は問題を個人ではなく家族という文脈で見立て、問題解決を試みていくアプローチである。加害者家族の支援場面は、本人が逮捕、受刑などで不在であり面接に同席できない場合が多い。そのような状況においても、家族支援を進めることができる点で、多くの効果があるように感じている。

短期・家族療法の主な特徴として、問題を家族システムの生成した物として見ていくこと、「原因の除去＝解決」と直線的な因果律として捉えないこと、問題とされる本人に直接関わらなくても変化を起こすことができると考える、などの点が挙げられる。

2 加害者家族支援の特徴

加害者家族に対する支援では、何を問題とするかという設定によって、その後の支援目標や対応も変わっていくだろう。たとえば、問題を「家族のメンバーが逮捕されたこと」とした場合、どのようなことが「解決」なのだろうか。逮捕直後、逮捕された本人以外の家族へは、逮捕や身体拘束、警察とのやり取り、弁護に関すること、裁判などの現実的な見通しや情報が示されることが非常に役立ち、この初期のガイダンスが精神的な安定にも大きく影響を与える。「残された家族のやるべきこと」の情報が与えられることが、概ね「家族が逮捕された」問題の解決につながるであろう。逮捕直後の段階では、現実的なガイダンスに加えて家族が合間に漏らす衝撃や不安、心配などの感情面の受容も大切であり、そのような時間も包含されればなお良いと言える。

しかし、「家族が逮捕された」という問題を抱える家族は、裁判を終え判決が出て、本人の処遇が決定した後も、家族関係を続けていくのである。問題を「逮捕された家族と今後も家族関係を続けていく」こととした場合、どのような解決が必要なのだろうか。

加害当事者をめぐる現実的な処遇に関わることが済んだ後にも、家族の体験した精神的な影響は続いており、事件をきっかけにそもそもその家族が抱えていた問題が露呈したり、家族の中に「なぜ事件を起こしたのか」「裏切られた」などの不快感情が表出することも多い。すぐに本人が家族のもとに戻る場合も、一定期間受刑生活がある場合でも、その家族は家族として関係を続けていくことになる。

3　短期・家族療法による加害者家族支援

前述したように、短期・家族療法は、問題を個人に帰着させて考えない点が特徴である。本人の特徴はもちろん重要な要因であるが、それは家族のメンバーがどのような人々であり、どのような関わりを続けている家族なのか、ということとともに大切な情報のひとつなのである。

家族が逮捕されたという出来事についても、問題はその点のみとせずに、「事件、逮捕」はその家族自体が生成したひとつの出来事であると捉え、「逮捕された家族と今後も家族関係を続けていく」ことが問題であり、その中でその家族がどのような状態を目標にするのかということが、短期・家族療法面接のゴールとなるのである。

たとえば、厳しすぎる両親のもとで子どもが非行に走ったり、逆に親が甘やかして子どもが引きこもりになる、などと言われる例があるが、厳しい両親が原因で子どもが非行に走ると捉えるならば、対処として「両親が厳しくしないようにする」という直線的な解決を進めることになりやすいし、もっと言えば「子どもが非行に走ったのは、親のせいだ」と親を責めることにもつながる。つまり、直線的な因果関係で捉えると、問題の原因は家族にあると考えられ、こう考えることで家族はさらに厳しい状況に陥り家族関係が悪化することは想像にやすいだろう。

短期・家族療法を用いた加害者家族支援は、どのような家族のやり取りの歴史の中で事件、逮捕という問題が起ったのか、ということを円環的に捉えようとする。そしてその後も家族関係を続けていくことを前提に、「事件」や「逮捕」を経て、その経験を抱えながらどのように家族を続けていくのかを「解決」として、目指していく。加害者家族支援の心理的支援活動として、「事件」や「逮捕」以降の家族の健康度を標的にするということは、非常に意味のあることだと考えている。

心理的家族支援の実際

ここでは、短期・家族療法のアプローチを中心に加害者家族へ行った心理的支援事例を紹介する。逮捕直後の支援開始時、裁判(公判)まで、裁判(公判)後の時期に分けて、それぞれの時期に行った面接概要を示し、その後に心理的支援について紹介したい。なお、紹介する事例は、個人を特定されないよう実際とは異なる情報を加筆してある。

1 事例「母子家庭に起きた殺人未遂事件」

この事例は、NPO法人World Open Heart（以下、「WOH」）が主催する加害者家族会に参加した母親へ行った心理的支援の事例である。

家族構成：母親（五〇歳代）、長男（三五歳）、次男（二九歳、加害当事者）、長女（三一歳）

両親は二〇歳代で結婚、父親は家業を継いでおり経済的には余裕のある家庭であった。長男は問題を起こしたことはなく、学生時代も成績良好、卒業後に大手企業に就職し、事件当時は海外赴任していた。長女は生得的に身体障害があり、さまざまな治療やケアを受けて成人後は障害者支援施設で就業していた。障害があることもあり、長女は現実生活的にも精神的にも母親に依存しているように感じられた。加害当事者である次男（以下、「IP」〔Identified Patient〕、患者と見なされた人）は、のんびりした性格で、幼少期には手がかからなかったという。思春期以降に非行傾向が現れ、数回の補導歴があった。後も非行仲間と関係を続けていたが、成人前に父親との約束で大学に入学した。しかし、留年を繰り返しその後中退している。第三子でもあり、母親としては甘やかし、特にかわいがってきたという。IPが二五歳時に父親が病死している。父親の死後、IPの人間関係や生活は見えにくくなり、時に帰宅しては母親に金をせびることが多かったという。母親もIPに恫喝され、しかたなく金を渡し続けてきていた。また、反社会的勢力とのつながりも懸念されていた。そのような日々の中で、IPが殺人未遂事件で逮捕される。

2 逮捕直後における心理的支援

(1) 加害者家族会での様子

母親(以下、「クライアント」)が参加した加害者家族会で、同じく会に参加していたセラピストと初めて顔を合わせる。クライアントは家族会の輪に入り、他の参加者や支援者の話を聞いていたが、自分の話す番が来ても言葉にならず泣いていた。時間終了近くになり、クライアントが少し言葉にした内容からは、IPの逮捕後ずっと混乱が続き、生活している中でも、時折逮捕時のことがフラッシュバックされて、家事が手につかないなど情緒的に動揺が激しい状態が続いていることがうかがえた。会に参加している姿は、緊張が高く表情は固まっており、おびえた様子であった。

セラピストは、今日会に参加できたことを賞賛し、動揺は自然であること、食事、睡眠、休息などの基本的な生活を大切にすることが今の段階では重要であるということを強調し、以下のように伝えた。

起こった出来事が衝撃的で大きすぎると、何が起こったのかということを理解したり、それを言葉にしたりすることができないという状態になるものである。予想しない危機にある場合、精神的な動揺が続き、時に特定の場面が自分の意図でなく思い出されたり、それに伴い呼吸が早まったり、発汗したりすることもよく起こる。まずは、日々の「食事、睡眠」を大切にし、三カ月を区切りにして様子を見ていくと良いでしょう。三カ月後には変化がある場合が多く、今は「良くなろう、どうにかしよう」と頑張らないことです。

そう伝えると、クライアントは涙を流して何度もうなずいていた。クライアントの様子から急性ストレス反応が心配されたため、個別面接の提案をして、その後は面接で心理的支援を進めることになった。

(2) 初期における心理的支援

急性ストレス障害とは、生死に関わるようトラウマ(心的外傷)を経験した後、体験をはっきり思い出したり悪夢として現れたり、そのため過覚醒状態となったり、体験に関したことを避ける傾向が続き、数日から四週間以内に自然治癒する一過性の障害を指す。[1]

家族が事件を起こし、突然逮捕されるという出来事は、加害者家族の体験として非常に衝撃的であり、トラウマティックである。一般的に急性期のストレス反応に対するケアとしては、呼吸法などのリラクゼーションやストレスマネジメント、症状についての心理教育、日常生活を取り戻すために適度な睡眠や食事に重きを置くこと、言葉にしたくないことは語らせずに、心理的な安心安全を第一に進めることなどが大切であると言われている。

前述の事例においても、事件や逮捕をめぐり母親の受けた衝撃は非常に大きいと想像され、初見での様子からは、急性ストレス反応と見ても十分な状態であると考えられた。出来事から一カ月以内の反応を急性ストレス反応と呼ぶが、急性期に十分な手当がされることがＰＴＳＤへの移行予防になるため、初期に適切な対応がされることが、加害者家族への心理的支援の要であるとも言えるだろう。逮捕以後、さまざまな場面で家族としてサポートを担うことも想像され、その役割として機能するためにも家族への支援は非常に重要である。著者が加害者家族に出会った経験から、逮捕直後の急性期には、多くの場合、この事例のクライアント同様の様相が見られる。心理的支援のみでは日常生活に支障を来すことが想定される場合、同時に医療機関への受診を勧めることもある。

(3) 公判までの期間

〈拘置所に通う母親との個別面接〉

頻繁に拘置所へ面会に行くも、ＩＰは「自分はやっていない」と話すのみであるという。クライアントの「罪を認めて反省してほしい」思いは届かず、面会後は毎回ひどく落ち込んで帰ってくる。しかし、面会には「私しか行ってあげる人もいないし」と足繁く通っているとのことだった。帰宅すれば「どうして自分のしたことを認められないのか」「反省さえしてくれれば」と考えているという。クライアントは、「反省してほしい」という母としての

1 American Psychiatric Association, Diagnostic and Statistical Manual of Mental Disorders: Dsm-5, 2013.

思いで頭がいっぱいで、面接でも罪を認めて反省することを求める言葉が多かった。

セラピストからは、「今、IPの考えることと母親の考えることは違っていて当たり前かもしれない。本人が本人の立場で考えることがあるように、母として思うこと、願うことがあって良いと思う。今の思いは思いとして大切にしましょう」と伝えた。

その他面接では、今後二カ月以内の拘置所への面会、裁判、気になっている予定を挙げてもらい、その予定ごとにクライアントが「やること、やらないこと」をまとめ、その時の気持ちを予想してもらった。その中で「裁判の傍聴」がクライアントにとって懸念されている予定であることがわかった。母親の責任として「出るべき（傍聴する）」であると考えているようであったが、一方で考えとは裏腹に、裁判でIPが否認するのではないかということや、被害者やその関係者の姿を目にすることを恐れている様子であった。

裁判に出る（傍聴する）／出ない（傍聴しない）ということについて、それぞれのメリット、デメリットをセラピストの考えも並べて二人で出し合い、そしてその際のクライアントの気持ちも予測してもらった。クライアントは出るメリットとして「母親としての努め」を挙げ、デメリットとしては「疲れる」を挙げた。出ないことについては、「メリットは思いつかない。デメリットはIPが母親の不在を不満に思うだろう」ということであった。予測される気持ちとして「出ても、出なくても考えてしまって落ち込む」と語った。
セラピストは、メリットとして「(出ると)IPは母親の願いを今は受け入れられないのだと諦めがつく、(出ないと)気持ち的に安心」、デメリットは「非常に疲弊する。そして出ないと、IPの現状を感じることができず、諦めがつかない」と伝えた。
そして、それをもとに裁判へ出るか否かについて自分で選択することを勧めた。結果、初回には加害者家族支援のスタッフに同行してもらい、裁判に出ることとし、それ以降クライアントは欠席し、スタッフに様子を見てもらうことを依頼した。

〈心理的支援〉

「反省してほしい」「罪を認めてほしい」という言葉は、母親の台詞として常識的であり、拘置所で息子に向き合う場面にも適合的である。しかし、数回の面接時間中、何度もそこに戻ってしまう様子から、このクライアントがそのように述べることに、特別な意味合いがあるように感じられた。それはクライアントが、IPは「反省すべき」「認めるべき」だということにこだわり、こだわることでそれ以外のことを考えないようにしているようにも見えた。また、その心情として「罪を認めて反省さえしてくれれば、私が安心できる。早く終わりにしたい」という思いが含まれているようにも受け取られた。

クライアントが混乱し不安が高い状態において、ひとりで何もできないダメな子を前にしているかのように、母親として「自分の思うようにやってほしい。自分の言うことを聞くべきだ」という思いが強くなっているようであった。このような点から、クライアントはＩＰとの心理的距離がかなり近く、母子が密着している関係性であることがうかがわれた。母子の距離を離し自律を促す目的として、「ひとりずつの考え、気持ちが違っていても良い」ということを繰り返して伝えている。

また、大きな混乱の中に居る場合、混乱の要因として「見通しの立たない不安」が関連することがよくある。そのための区切りとして「ＩＰが罪を認めること」を、クライアントが求めているとも考えられた。面接では、今後実際に起こるであろうことを挙げ、それに関して母親の「やること、やらないこと」の整理とそれに対しての気持ちを予想することを行っている。これは、セラピストとともに予測される出来事を整理し、全体的な見通しを立てること、また母親や親戚の役割として「行くべき」だと考えている予定を精査して精神的疲労を回避し、「私」が「行きたい、元気になれそうだ」という予定を選び出す目的があった。その結果、裁判以外の予定では法事なども参加しないことを決めている。

裁判へ出るか、出ないかの長短について出し合い、気持ちを予測させる介入には、クライアント自身の気持ちを大切にし、自分自身で選択することをサポートする意味があった。クライアントは「母親として」の考えで選択する傾向が強く、役割としての行動が多いために、不快感を含めた「私」としての感情も感じられにくくなっていたと考えられる。これも母子密着を表すひとつの現象とも言え、自律的であることを目指す介入をしている。

セラピストの意見として出したメリットとデメリットは、なるべく「母として」の文脈から外れるよう意図したものであった。クライアントの「私」としての補助自我的役割を引き受けたとも言える。また、今後も家族としてＩＰを支えていくことが想定され、クライアントを守るため、また長期的にサポートする体力を保つためにも、「母親」役割から距離をとることが適当であると考えられた。

3 裁判傍聴後

(1) 裁判傍聴後の面接

裁判については、初公判のみ出向き、それ以外はスタッフから裁判の様子を電話で聞いたという。判決が出てもクライアントは落ち着いて聞くことができたという報告があった。

以前の面接でその際の気持ちも予測していたが、予測よりも実際は落ち込まなかったという。理由として「事件を認めてほしいと期待が強かったが、それも本人の問題だと少し思えて、裁判に行くかどうかはどちらでも良いのだと思えた」ということであった。

また、この回ではクライアントが大学の聴講を開始したということが新たな話題であった。「自分のことを知った方が良いのではないか」という気持ちがあるのだという。

セラピストは、事件後から今まで母親としてやってきたこと、ひとりの人として感じてきたことを労い、自己理解したい思いに至ったことは、IPについての理解につながることであり、IPとの今後の関係のためにも良いだろうと賞賛した。

IPから手紙が来て、その中には「控訴したいのでお金を送ってほしい」ということが書かれていたという。また「母親なら無罪を信じるべきだ。こんなことになったのは、兄弟に差をつけたお母さんのせいだ」とも書かれ、そのことについてクライアントは大きく反応し、以前連呼していた「罪を認めて反省してほしい」考えに、また逆戻りしていた。クライアントの気持ちとしては、「罪を認めてほしいので、お金は送りたくない」ということであった。さらに、事件前も「母親なのに、息子がどうなっても良いのか」と金を要求することが数回あったこと、その度に渡してしまっていたことを語った。

セラピストは、IPとクライアントが「綱引き」しているように見えると伝え、「私の子どもなら〇〇すべき」、「母親なら〇〇すべき」という両者のやり取りを挙げて説明した。また、この綱引きのようなやり取りをする限り、同じように「母親ならば……」とIPが母を自分の思う通りにしたいという要求が続くだろうと伝えた。またIPの状態は、自立できていないように見え、母親として自立させることは、クライアントの「IPが自分の責任を負うこと」につながることでもあると伝えた。また、クライアントには「私」として考えたこと、感じたことを、メモに取ることを宿題としてお願いした。

その後も数回に渡りIPから金銭を求める手紙が届いたという。クライアントは再び動揺して、控訴したいということは、罪を認められないことと「まったく変わらない。反省していない」と口にしていた。面接内で、本人名義の口座があるということがわかったが、クライアントとしては「正しいことに使ってほしい」という思いでそこから本人へ送金することも制限していたという。

そこで、セラピストは、自立をさせたいという目標について再度確認し「IPのお金はIPの物であり、たとえ気に入らない使い道であっても本人にまかせるべきではないか。母親の介入があればあるほど、本人も甘えが出るだろう」と伝えた。そして、今まではクライアントの代理人弁護士に本人に対しての案件も頼んでいたが、本人には本人の代理人を立てて、金銭的なことを含め依頼していくように提案した。また、クライアントから「帰国した長男の子どもの世話を引き受けようかと思っている。会いに行く機会が増えそうだ」との報告があった。セラピストは新しいことをしようと動き出していることを賞賛し、「子どもからエネルギーをもらい、さらに元気になれそうですね。ご長男も喜ばれるでしょう」と伝えた。

(2) 心理的支援

家族療法では、コミュニケーションを通じてやり取りする両者は、ぞれぞれに拘束し合うと考える。その観点では、一方の母親が「(子どもなのだから)言うことを聞きなさい」と言えば、子どもは子どもの文脈で「母親なのになぜ○○しない」と応えるだろうと見ることができる。クライアントとＩＰの関係性を見ると、まさにこのようなやり取りを繰り返し、母子密着の状況を続けていると見立てられた。面接ではクライアントとＩＰのやり取りを「綱引き」に例え、クライアントにも説明をしている。

このコミュニケーションスタイルに介入することで、母と子の距離をとることを目指している。具体的には、クライアントに「私」としてどう考えるか、感じているかということを問うこと、「自立させる」目標を共有すること、金銭に関する判断をＩＰに委ねることなどがあった。また、クライアントの考え、気持ちが「母親として」であることが多く、また、それによりさまざまな不快感情が抑えられていることがわかった。「私」として考えたこと、感じたことをメモする宿題には「私として」考え、感じていることを意識し、本来感じている不快感情を意識化していくことが目的であった。

クライアントが「長男の子どもの世話」を引き受けたことについて、セラピストはその行動について賞賛している。それは、長男との関わりを強化するとともに「新しいこと」に気持ちが向くようになった現在のクライアントの回復を、確認することが目的であった。長男との関わりが増加すれば、長男と母親の距離が近づき、母親との距離の近かったそれ以外の子ども達との距離は、相対的に離れると考えることができる。

4 ケースの今後について

本事例は現在進行中のケースである。現在までに語られたこの家族の情報をもとに、この家族を次のように見立てている。

本家族は、母親が大部分の子育てを引き受けてきた歴史があり、特に母親と長男以外の子ども達の心理的距離は近く、母子密着している様相が見受けられる。その関係性は現在にも及んでおり「私の子どもなら○○であってほしい」、「母親なら○○すべき」というクライアントとＩＰのやり取りに象徴されている。そのやり取りを続けている両者は、母は母の役割から逃れられず、同時に子は子として母親に多くのことを求め、なかなか親離れ子離れできないでいるように見られた。その様な関係の中で、クライアント家族の抱える問題について見ていくならば、事件前に母親をゆすり金銭を求めるような行動が続いていたこと、本件において「このような状況になったのは、兄弟に差をつけたお母さんのせいだ」と伝えてきていること、それらに対して、クライアントは「これでは解決にならない。こんなことをしては良くない」と感じながらも、結果的にＩＰの求めに応じてしまう、という現実を作り出している。

今後ＩＰが事件についても、また、どのように生きていくかについても、大人として責任を引き受けていくことが望まれ、自立することが大きな目標となると考えられる。ＩＰの自立のためには、家族の一人ひとりが個々のメンバーとほど良い距離を保ち、それぞれ自律的に生きていくことが必要となるだろう。家族支援としての心理面接では、引き続き家族の自律性が高まることを目指して、クライアントを支援していく。

現在までの面接で、クライアントが自分自身のためにと開始した大学の聴講を継続し、「私の気持ち」に注目して日々の体験を語ること、長男との関わりを意識的に増やすことなどを介入として提案していることも、クライアントの自律性の向上、家族間の距離の調整としてのねらいがある。そして、ＩＰと同じく母親と密着している長女に対しても、家族の自律性という点では今後何らかの介入があることが望ましいと考えられる。

私的情状鑑定の取組み

1　加害者更生支援としての私的情状鑑定

逮捕・勾留から裁判に向けた時期の加害者への心理的支援として、私的な情状鑑定の依頼が増えている。私的とは、裁判所等の司法機関からの指示ではなく、主に加害者家族や加害当事者から依頼される鑑定である。司法領域における心理学的な鑑定と聞くと犯行時の責任能力を査定して量刑の判断に用いられる精神鑑定が想起されよう。一方で私的な情状鑑定では加害当事者は犯行を認めており、責任能力を問うことは目的とならない。しかし本人や家族、弁護人のように加害当事者を支援しようとする周囲を持ってして犯行の動機の説明が表面的であったり了解不能であり、それらを特定することで加害という行動の後押しとなった要因を理解したいとの目的で依頼される。もちろん減刑への期待も少なからずあろうが、私的な情状鑑定が臨床心理士のような心理の専門家に依頼される背景には犯罪という行動の原因を探索することにとどまらず、心からの謝罪や具体的な再犯防止策を見出していくための糸口を幅広く見出すことが、事件発覚後の早い段階から必要とされるケースが少なくないと感じられる。

鑑定のプロセスでは情状酌量の判断や提言のためにも犯行時の状況や心情や生活歴等を聴取する。その主たる目的は原因と結果を直線的に断定することではない。どのような要因が加害者の行動選択の後押しとなったのかを幅広い視点を持って特定し、同じような行動が選択されないような対策を検討することにある。聴取した情報は、後日筆者から加害当事者に伝えるが、本人との対話を繰り返しながら、加害当事者の客観的な事件理解が進み、再犯防止への主体的な心情や行動変容への取組みにつなげていくことが重要となる。

そのためにできる限り正確で、虚偽のない情報収集が欠かせないので、時に厳しい質問を繰り返すことも生じる。加害当事者は、卑劣な犯行の結果とはいえ逮捕勾留という状況に置かれ、その心情は非常に不安定であることが多い。そのため、加害当事者のその人らしさが感じられるような関係を構築し、本来有しているであろう責任を引き受ける力を引き出すためにも、鑑定者という立場を踏まえつつ加害当事者の心情の安定を促すような支持的な関わりが求められる。一方で行動選択を言いわけするような言動や隠蔽に対しては暗黙の否認を見逃さずに粘り強く斬りこんで行ったり、加害者がとるべき社会的責任を明確にし、引き受けるよう励ますような関わりもしていく。

加害当事者が意図的に隠そうとしていたり、本人も自覚に及んでいないであろう犯行状況の理解や、本人に固有の物事の認識の仕方を明確にしていくことで、加害の実行の後押しとなった中核的な要因が見出される。加害の後押しとなるリスクに注目しながらやり取りを重ねることで、言いわけめいた発言の影に隠れていた加害当事者特有の加害に及んだ理由に本人が気づいていくことを促す。自身の行動選択の過ちを理解し、被害者への深刻な影響にも目を向けることができるようになっていく。極めて単純な例であるが、窃盗を繰り返していた加害者が、「職場でむしゃくしゃすることが多かったからだ」と加害の理由を説明していたとする。それは確かに一つの影響要因ではあるかもしれない。では仕事でむしゃくしゃしていたら、毎回必ず窃盗していたのかと質問を繰り返すと、そうではないことが徐々にわかる。窃盗することでスリルを得ることが目的であったとか、大変な状況であることを言葉で他者に説明することができず、誰かに気づいてほしいと思って繰り返していた等の本人なりの理由が見出されるのである。そうすれば、「反省しています。もう加害はしません」と繰り返すだけではなく、スリルを得るための合法的な活動に従事したり、他者にSOSを出すためのコミュニケーションスキルを身につけるといった具体的な再犯防止策を特定することにつながる。

私的な鑑定を通して、多くの加害当事者があたかも原因として挙げるような環境や他者から受けた影響の要因と、実際には自分自身の責任で選択した加害の中核的な要因とをより分けて理解できるようになっていくように鑑定を進めていきたい。このような過程の結果として、加害行動に応じた量刑が加害当事者の引き受けるべき責任として課せられその刑を引き受けていくことは、加害者の更生の後押しとなるのではないかと考え鑑定に取り組んでいる。

2 私的情状鑑定が加害者家族支援にもたらす役割

加害行動を後押しする要因は多岐にわたっていると想定されるが、大きな影響を及ぼす要因として加害者家族が取り上げられることは多い。しかし、加害者の多くは加害の実行を家族には巧みに隠していたり、家族関係とはまったく関係のない状況で加害に及んでいる。たとえば、電車内で痴漢を繰り返した加害者がいたとして、その行動を家族は知るよしがあるだろうか。加害者が家族に加害の事実を隠す理由もさまざまである。加害者といえどもその行動のすべてが悪いわけではなく、犯罪という凶悪な行動と家族にとって良き存在であるということは同時に生じうるのである。これまで関わってきた多くの加害者家族は、身内が犯罪の加害者であること突然知ることとなったと答えている。その上、よく知っていると思っていたはずの親しい存在であるはずの身内の、思いもよらない犯罪という行動に対して、加害当事者さながらに非難を受けたり謝罪をしたり、また、情状証人として裁判で証言を求められたり出所後の更生の責任を背負う必要さえ生じるのである。

このような状況に置かれた加害者家族は加害当事者への怒りや心配、家族成員の日常生活の安定を維持することの困難さ、加害当事者の犯行に気づけず食い止めることのできなかった自責といった激しい混乱や葛藤状態に陥ることがしばしばある。加害当事者に面会しても、加害を起こした納得のいく説明を聞くことができず、また再犯するかもしれないといった不安や不信感に苛まれたり、どのように関わればよいのかわからないと混乱が深まるケースも少なくない。

加害者家族が情状鑑定を通して得られた加害当事者の犯行の動機、犯行当時の生活や心情を知ることは、加害者家族の混乱を収束させたり、心身の傷つきを回復させる一定の影響を及ぼすような支えとなる。法律家のように裁判の進捗に直接的な利害関係は持たないが、加害当事者と直接対話を試みようとする鑑定人の支援者としての存在は、社会の中で孤立したと感じる加害者家族にとって心強く感じられることも多いようである。

加害当事者の支援は身柄の拘束された本人ではなく加害者家族が主導となり、私的鑑定についても加害者家族から依頼されることが多い。そのため加害当事者と加害者家族の関係性は、鑑定のプロセスにも影響を及ぼす。加害当事者本人の同意のない支援は、良かれと思って行われたとしても、主体的に再犯防止の責任を引き受ける可能性を減じることにもつながる場合がある。たとえば、加害当事者の生活に親が干渉しすぎのような家族関係の悪循環が加害行動に影響していることもある。鑑定のプロセスを通してその悪循環が顕在化しているのであれば、再犯を防止する介入可能な要因として、鑑定者から家族に働きかけて、これまで繰り返されてきたであろうパターンに変化をもたらすように支援のあり方を検討する機会ともなる。具体的には心配のあまりに頻回に行っていた面会の回数を減らして、社会で生活する家族成員の日常生活の安定に力点を置くようにしたり、当事者は多くを語らずとも家族の気持ちは伝わっているので詰問するような関わり方を減らすように提案したりすることなどが挙げられる。

情状鑑定の機会は対外的には閉ざされている家族関係という家族構造に鑑定者が直接関わることで両者の関係性に直接的に介入し、見逃されていた悪循環に変化を生じさせることで、結果として加害当事者の肯定的な変化を生じさせる可能性がある。このような関係性に介入することも情状鑑定のもたらす支援の効果と考えられる。

第2章

加害者の更生と加害者家族への心理的支援

相澤雅彦（あいざわ・まさひこ　臨床心理士・公認心理師）
駒場優子（こまば・ゆうこ　臨床心理士・公認心理師）

はじめに

加害者家族支援に携わるようになった当初、支援の直接的な対象として加害当事者との関わりを要請される事例は稀であった。その理由として、家族によって相談が持ち込まれるタイミングで、加害当事者は逮捕・勾留される等、物理的に身体を拘束されており、直接の面接が困難な状況にあることが基本的な背景としてあろう。また、加害当事者が犯意を否認していたり、加害の責任を矮小化している場合等では、加害当事者に問題解決のための来談動機は低く、困難な生活の矢面に立って困っている加害者家族との関わりが窓口となることが多いことも理由のひとつと考えられる。また、加害者への心理的な支援が、加害者の心理的苦痛を緩和すること、つまり加害の責任をうやむやにするような関わりと誤解される可能性を案じて、必要な援助がなされにくくなる、という背景もあろう。

しかし近年、加害者家族への支援に携わる中、加害者家族に携わる専門家から加害当事者への心理的支援を求められる機会が増えてきている。加害当事者への心理的支援に何が求められているのか。目的や関わりの中で求められる態度、家族支援との連携等について示していきたい。

加害者支援の目的

犯罪加害者支援の最大にして唯一の目的は、加害当事者が二度と再犯に至らないことに尽きると言えよう。それはどうしてかと言えば、次の点を実現させることにある。①新たな被害を生じさせないため、②加害者がより良い人生を送るための二点である。
①について違和感を抱くことは少なかろう。先にも述べたが加害者への心理的支援は癒しや共感のみでは成立せず、新たな被害を防ぐための実際的で具体的な支援が求められる。本件被害者を含め、加害者支援に携わる支援者は被害者の存在を視野から外してはならず、被害者支援の一環として加害者支援は位置づけられるとも言える。

一方で、②について違和感を覚えることは想像にかたくないが、あえて本稿ではこの点について強調したいと考える。従来、加害者更生への取組みは処罰や拘束や自罰的内省に主眼が置かれ、加害当事者が今後の自身の人生を選択することなど許されない、との論調が優勢なのではないかと思われる。犯罪行為に対して定められた罰を受けること、自身の行動について過不足なく説明できるようになり、被害者への謝意を忘れずに生活すること等は加害者の更生にとって重要な要素である。しかし、そのような態度が周囲から強制的な圧力によってのみなされたとすると、表面的には社会の要請に適応的に振る舞われることはあったとしても一時的であることも多く、長期的な再犯防止の目的に沿うとは限らない。加害の責任を負うことも含めて、加害者自身がより良い人生を送ることを自身が選ぶことができるように関わること。加害者が主体的に自身の人生を引き受けていく道筋を探索していくことも、再犯防止の重要な視点となるのである。

加害者更生支援の実際

1 社会の中で加害者更生に関わる必要性

社会の中で犯罪加害者の臨床心理学的支援が必要とされる要因について、認知行動療法の立場から以下のような意見が挙げられている。刑務所に代表される施設内での処遇と比して、社会内かつ民間の支援機関が加害者更生に携わるメリットとして自発的、もしくは周囲の勧めで来談すること、加害当事者本人の治療動機が継続性を決定すること、社会生活に応じた対応が可能であること等である。[1] 上記のメリットの一方、再犯リスクに近い場面で更生に携わることを常に念頭に置きながら支援する必要があるのは言うまでもない。

1 野村和孝＝松本拡＝生川良＝嶋田洋徳「性犯罪再犯防止を目的とした認知行動療法の実施における施設内処遇と社会内処遇の際の検討」早稲田大学臨床心理学研究一二巻一号（二〇一三年）一五三〜一六〇頁。

具体的に加害者の再犯防止に携わる際に留意する点について示そう。たとえば、性犯罪加害者の加害要因として性的な欲求の強さや性的な空想の逸脱のように、加害内容と加害に至るリスクを因果論的に想定されるかもしれないが、その発想は安易であり再犯防止には役立ちにくい。もちろん加害を想起させるようなポルノ動画の耽溺や衣服の露出の多い女性は性的に誘っている、といった性に関するリスクが影響しているケースは少なくない。しかし、実際には結果としての加害行動とその行動を引き起こすリスクとを直線的な一対一の因果として捉える限り、加害行動につながるリスクを見いだすことは困難である場合が多い。

性犯罪で言えば、相手を支配したい欲求、暴力行為の延長としての性加害行動の選択、他者とコミュニケーションをとるスキル不足としての性加害、感情統制の困難さ、といった幅広い視点から性加害行動のリスクを同定することが求められる。犯罪を犯した加害当事者も更生したいと強く願う一方、また犯罪を犯してしまう不安を感じているものである。そのような加害者を目前にしたとき、支援者には否定的な感情が生じるかもしれない。支援者に求められる態度は、加害行為は断じて許されるものではないが加害当事者である「あなた」という人格は尊重する、というものである。二度と再犯に及ぶことなく、ほど良い人生を送るための協力関係を結ぶような感覚で接することができると良い。

2 加害行動の維持要因としての家族への介入

第3部第1章**「加害者家族支援としての心理療法」**では、困難を抱える当事者として加害者家族を話題としたが〔↓二八四頁〕、加害当事者の再犯を抑止する加害者家族との関わりについて留意するべき点は、加害当事者を支えすぎないように調整することが挙げられる。多くの場合、加害当事者を心配するあまりに加害者家族が先回りして示談金を支払ったり、過度な差入れをしたり、更生を願うあまりに説教じみた面会を繰り返した結果、加害当事者が自身の責任を引き受ける機会を奪うこととなる事例が多い。加害当事者の加害の責任や出所後の生活設計は本人に任せ、助けの求めがあれば可能な範囲で対応を検討すれば良いことを伝えることが多い。家族成員が成人として適切な距離を保つことを援助することが、加害者の主体的な更生を後押しするのである。

まとめ

犯罪加害者が犯した罪の責任を引き受け続けること、再犯せずに社会生活を送ることは新たな被害者を生まないために必要である。しかし、加害当事者ひとりでそれをなすことは非常に困難であり、支えとなる他者の存在が必要となろう。これまではその多くを家族が期待されてきたと思われるが、近親者であるからこそできることがある一方、関係が近すぎてできないこともあろう。また、再犯防止の取組みは闇雲に反省を促せば達成されうるものではなく、具体的かつ現実的なリスクの同定と対処方法の精査が求められるのである。

加害当事者の更生と加害者家族への心理的なサポート、それぞれを介入の対象とし、相互の影響を把握しながら、特定されたリスクの低減や家族関係の悪循環の解消につなげていくために、家族構造や心理的機能といった心理学的な知見に基づいた支援が活用されればと考えている。

第3章

加害者家族へのグループアプローチ

相澤雅彦（あいざわ・まさひこ　臨床心理士・公認心理師）
駒場優子（こまば・ゆうこ　臨床心理士・公認心理師）

はじめに

NPO法人World Open Heart（以下、「WOH」）では、加害者家族支援の一環として「オープンハートタイム」という犯罪加害者家族の集い（以下、「家族会」）を定期的に実施している。現在仙台、東京、名古屋、熊本、鹿児島の各所で開催されており、筆者は東京グループのファシリテーターを担当している。各会場はスタッフの専門性や参加者のニーズに応じてグループ運営がなされているが、東京グループのスタッフ構成の特徴として臨床心理士が運営や進行に携わっている点が挙げられる（現在、ファシリテーターは社会福祉士と臨床心理士の二名体制が基本形である）。グループワークがもたらす心理的影響については、グループサポート、グループで学ぶこと、グループの楽観主義、他者を援助する機会、グループ・エンパワメントが挙げられる。[1] 本稿では加害者家族へのグループセラピーを軸とした臨床心理学援助の実際と可能性について示したい。

被害者としての加害者家族への支援

家族の中の誰かが突然、「加害者」であることが明るみとなると、残された家族までもが加害者かのように非常に苦しい状況に追い込まれることは、すでに前章までに論じられた通りである。事件発生直後に必要とされるサポートはきわめて現実的で具体的な支援となろう。降って湧いたような事態への対応に追われている最中には認識しにくいが、加害者家族への心理的な影響はすでに生じているものと思われる。多くの場合、現実対応に何らかの区切りの機会が訪れたタイミングと前後して、生じ続けていた心理的影響が自覚されるようになる。この時、加害者家族の多くが感じるのは「このように苦しんでいるのは私（達）だけだ」という孤立無援の感覚や、「私（達）は責められて当然だ」といった罪責感等であろう。事件によって社会から孤立しやすい加害者家族にとって、そのような感覚に苦しめられていたとしても脱する糸口を見いだすことは難しい。支援に携わる専門家が同じように苦しむ家族が他にもいることや、自分を責め続ける必要性はないことを伝えても、加害者家族にとって実感を伴った理解につなげることに困難を感じることも多い。その時、当事者同士が出会い、お互いの存在を確認する機会となる家族会への参加は、加害者家族の心理的回復の足がかりとなりうる。自分達しか存在しないと思い込んできた加害者家族の存在を確認することは孤立感を減じ、途方に暮れたような無力感から自分達にできることを見つけて進んでいく一歩を踏み出す勇気をわかちあうことができる。

また、それぞれの置かれた状況や心情、これまで乗り越えてきた苦労やこれからの生活への希望や不安、加害当事者との関わり方等を語り、他の参加者の話を聞くことで、はじ

1　ジョン・シャリー（袴田 俊一＝三田英二訳）『解決志向グループワーク――臨床心理学の応用とその展開』（晃洋書房、二〇〇九年）。

めて客観的に自身の立ち位置を確認し、いたずらに自分を責めるだけではなく、日々の生活を支える活動を見いだしたり、笑ってもいいのだと思うことができるようになる。加害当事者の援助者としての加害者家族ではなく、加害者家族として置かれた状況を生きる主体性を回復することが、家族会の第一義的な目的と考えている。その上で、加害当事者とのこれまでの関係を再考し、同じような悪循環を繰り返さないための工夫を自ら見出していくプロセスへと展開していくのである。

グループの構造

東京の家族会では参加状況に応じて複数のグループを設定している。①親の会、②配偶者の会、③それ以外の家族(兄弟姉妹等)の会である。加害者の家族とはいえ、関係性によって家族の抱える困難は異なる。以前は親と配偶者を同じグループで実施していたこともあったが、参加者の増加に伴い要望があったために可能な限りグループを分けてきめ細かく対応するようにしてきている。グループの開催頻度は月一回が基本である。原則として参加希望があればいつでも参加できるオープングループの形態で実施している。そのためグループの開始と終了は固定しておらず、参加回数の異なる参加者が混在する構成となる。進行方法は各グループとも共通している。ファシリテーターの自己紹介とルール説明の後、トーキングスティック（話し手を明示するためのもの。ぬいぐるみなどを用いている）を持った参加者が自由に話し、話し終われば隣の参加者にトーキングスティックを渡して次の参加者が話す順番となる。途中でスタッフも適宜コメントを加えながら一時間半の時間の中で可能な限り二周、三周と話す機会がめぐり、最後に感想の周を回して終了としている。

参加者の等質性と異質性——参加者の相互作用

グループをデザインするに際して参加者の等質性と異質性のバランスをどのようにとるかという点は、慎重に検討が求められる要因のひとつである。前述の通り、加害者家族と加害当事者との関係性については世代間境界を基準に等質性を重視している。これにより、参加者同士が親として、もしくは配偶者としてといった苦労や困難を共有しやすくなるメリットを保障することができている。

一方、参加回数については特に統制をとらず異質性を活かしたグループ運営をとっている。初回の参加者にとって繰り返し参加している加害者家族の落ち着いた表情や困難を乗り越えてきた晴れやかさも感じさせるエピソードは、先々への希望やモデルとなりうる。また、長年参加している加害者家族にとっては、初回の参加者の緊張や不安は決して他人事ではなく、日々の生活の中で必要以上におびやかされなくなってはいるものの、まったくなくなったわけではなく、細かく対処していることに気づく機会となる。

ファシリテーターは日々の生活を支えている資源について質問したり、日常生活では意識されにくい不安を言語化するよう促すことで、日常の中に埋もれがちな努力や感情を明確化するよう励ます。悲嘆や自責から徐々に自身の言葉で現状を語り直し自らの力を再確認することにつながる。当事者同士の生み出す相互作用は非常に力強く、安全に存在できる場所を得た加害者家族がリラックスしている様子に接して、初回の参加者の多くが、後に違和感を覚えたと訴えることも多いほどである。

ファシリテーターの役割、機能

加害者家族として困難に直面しているという点で、参加者は共通点を持つ。しかし、詳しく話をうかがっていけばそれぞれの参加者は異なる状況、課題をもっている。罪状や加害者の現在の状況（逮捕された直後か時間が経っているのか、刑は確定しているのか、初犯か累犯か、周囲の理解者の有無）等多岐にわたる。参加者の多くは事件への対応によって傷ついており、家族会に参加することで他者の目に曝され、否定的な評価を受けるのではないかとの不安が強い。ファシリテーターは加害者家族が自由で安全な雰囲気のもと、自身の選択で参加できるように配慮することが何より求められる。我々は家族会をスタートさせる際、毎回次のルールを確認している。

・トーキングスティックを持っている間だけ話して良い。
・話す内容は自由であり、罪名を含め話したくないことは話さないで良い。
・家族会で見聞きした内容を他の場所で口外しない。

・意図的に他の参加者を批判したり非難したりしない。

ルールは参加者を縛ったり制限するためにあるのではなく、治療的な枠組みとして参加者が安全を保障し、心が自然と動くことを助けるためにある。ファシリテーターもルールと同様の機能を担うこととなる。参加者の言葉がしみ出るように、語り方はつたなくとも、まとまらなくとも自分自身の言葉で紡がれていくことをサポートするような気持ちで見届ける。また、さまざまな思いを溜め込んできた参加者が気持ちを語ろうとすると、あたかもいっぱいに膨らんだ風船が割れたかのように堰を切ったように話し出す参加者もいる。そのような際にもファシリテーターは臆せずしっかりと参加者の語りを受け止めるような態度が求められる。すると、クライアントの感情の振れ幅は徐々に収まり、感情の波に飲まれることなく本来のペースを取り戻して内省に取り組んだり、他の参加者の話に耳を傾けて自身の置かれた状況を客観的に捉え直す作業に取り組むことが可能となる。しかし、没頭するような様子で話す時間が長くなったり、他の受講者の様子をよく観察して、否定的な影響が認められれば一旦発言を止めることも必要となろう。発言を止めた後の対応であるが、独り語りが長く他者の存在が希薄になり、グループで話していることを忘れてしまっているようであれば、ファシリテーターがこれまでの話で理解できた出来事や感情を要約して伝え返すことが有用であろう。また、逮捕時の様子や事件によって傷ついた体験が再体験されているようであれば、現時点で必要な語りは十分なされていることを伝えて、それ以上の想起を止めることが重要であろう。また、一度にすべてを語り尽くす必要はなく、次に話す順番が回ってきたときに話せば良いこと等を確認することも、落ち着きを取り戻す間を生むことに役立つように思われる。

グループの安全を保つために

できるだけ自由で安全な雰囲気の中で思い浮かんだこと、普段は言葉にできないことを言葉にできることが家族会の果たす大きな役割のひとつである。しかし、上記のような場合と異なり、グループ運営の安全が脅かされる場合等、ファシリテーターの責任で明確な介入の必要が生じるのは、ルールに抵触すると判断されたときである。

1 他の参加者への否定や攻撃が生じたとき

あからさまな攻撃が生じることは稀であるが、加害者家族間のアドバイスにも注意が必要である。「それくらいのことは気にしないほうが良い」とか「我が家と比べれば落ち込むような状況ではない」等、フォローのように聞こえる言葉かけが、困難な状況に必死の思いで対処している加害者家族にとっては否定されたように捉えられることがあるので、慎重な対応が要求される。

2 グループの参加者ではない他者への攻撃が生じたとき

対象として想定されるのは、(a)加害当事者、(b)参加者以外の家族、(c)弁護士や医療機関等の専門家、そして(d)被害者である。具体的な例を以下に示す。

(a) 親である参加者が、加害当事者である子どもに対して腹をたてたり、配偶者である参加者がパートナーである加害当事者に対して怒りや失望を過度に表現する

(b) グループに参加していない、面会や裁判の傍聴に行かないパートナーや、否定的に関わってくる実両親、親戚等への攻撃

(c) これまで、もしくは現在の弁護士の対応への著しい不満や攻撃、WOHスタッフへの不満

(d) 「被害者にも非があった」等被害者への攻撃

グループ参加への動機づけは多様である。参加者がグループに参加し、自身の気持ちを表現する際に、ある程度感情がほとばしるような表現になることは少なくない。そのすべてを制していては、グループ運営は立ち行かないし、参加者の気持ちの整理も進まない。加害者家族の多くは事件によって傷ついたり落ち込んだり不安や心配の感情を抱えて参加する。一方で、突然加害者家族という役割に押し込められ、これまで営んできた日常生活が剥奪されたことに対する強い怒りを抑制している。そのため家族会に参加することで日々抑制している強い怒りが表出されることは珍しいことではなく、その怒りが他者への攻撃として表現されることに常に留意しておく必要があろう。そして、明らかに攻撃的な色彩が強いと感じたときには躊躇せずに発言を止めるよう求めなければならない。

グループの目的は、加害者家族が必要以上の自責や不安や孤立感と距離をとり、本来はたすべき自身の責任と他者との責任とを選り分け、自分自身を中心にして現状を捉えなおしていくことにある。加害者家族は非常に苦しい立場にあり、ある観点から見れば被害者ともとれる存在である。しかし、だからといって他者を傷つけて良い理由にはならないのであり、加害者家族が他者を傷つける状況を見過ごしたり後押しするとしたら、それこそがひとつの事件による加害の拡大につながりかねない点を留意しておかなければならない。

また、援助者への不満は、適切な情報提供や具体的な工夫の不足によることが多い。求められれば、必要に応じた情報提供を行うが、単なる情報提供に関心が向くことは、他の参加者の率直な自己開示を抑制する可能性が考慮される。情報提供には時間を変えて対応することを明示し、現在の感情に焦点づけるような介入が効果的である。家族会に参加する心の準備が整っておらず、話をすることに抵抗がある可能性も懸念される。無理に話すことを促さず、個別面接を進めることも検討すると良い。

より良い家族会運営のために――家族会終了後の振返り

以上に家族会の構造やファシリテーターに求められる役割を述べてきた。しかし、家族会に参加する家族がどのような状態で参加するのか、どのようなことが語られるのか、すべてを事前に予測することは不可能であり、臨機応変な対応が求められる。より良い家族会を運営する工夫のひとつとして、終了後のスタッフの振り返りの時間を非常に重視している。参加している加害者家族について感じたこと、ファシリテーターが困難を感じた場面の介入の工夫、ファシリテーター間のコンビネーション、今後の展望等についてファシリテーター同士、もしくは個人情報に配慮しながら信頼できる専門家を交えて多角的に検討する時間を設けている。これにより偏った関わりになることを避け、ファシリテーション技術の向上につなげ、加害者家族が主体的に自身の課題を探索し、取り組んでいくグループとなることに寄与する実感を得ている。

加害者家族への心理的支援がもたらす影響

最後に家族会への参加によって臨床心理学的援助がもたらす影響についてまとめたい。共通の困難を抱える家族が集まり、お互いの立場を尊重しつつ、これまで抑制していた考えや感情をわかちあうことで、安心を得て気持ちが軽くなったと感想を残す参加者は多い。これは日常生活を送るための力を取り戻す場所として家族会がもたらす臨床心理的援助の影響の一側面であろう。

しかし、家族会に関わり続ける中で、家族会への参加が加害者家族にもたらす変化は短期的な感情の解放にとどまらないように思われる。家族会参加者の多くは、加害当事者である夫や子どもをこれまでの生活の中で妻として親として支えるという、いわば脇役もしくは準主役の役割を担ってきたように語られる。そして事件発生後も引き続き同じような立場から支え続けようとするのである。その姿はあたかも加害当事者の犯罪行為の責任を代わりに引き受けようとさえするようにも感じられる。

家族という関係性は社会から閉ざされており柔軟性に欠くことから、加害者家族は犯罪という大きな出来事に巻き込まれようとも、これまでの関わり方を変えていくという選択がそもそも存在しないかのようなたたずまいで援助の場に表れる。しかし、ひとたび家族会に参加するという選択したことは、これまで閉ざされてきた家族の仕組みの中から外の世界に一歩を踏み出す行動となる。どんなことがあっても家族を支えることが当たり前という考え方に一旦くさびを打ち、他の加害者家族との関わりを通してこれまでの家族の関わり方を振り返る機会を持つこととなる。

家族会は参加者である加害者家族が、加害当事者の支援者としてではなく、いまここで感じていることを語る主役として存在することを目的としている。思ったことを話して良いこと、話したくないことは話さなくて良いこと等、意思決定は原則として参加者に委ねられる。このことは、ほんのわずかなことのように見える。

しかし、他者を支えることを優先してきた参加者にとって「私」を中心に置いて自分自身の意思や気持ちを言葉にすることのもたらす変化は小さいながらも深いものである。自分自身の気持ちや価値観を伝えることにためらい、他者を支える役割にのみ存在する理由を見いだそうとしてきた参加者の傾向は、家族のひとりが犯罪者になったという出来事によってはじめてもたらされたのではなく、これまでの家族関係が引き続き再現されていることとが多いとわかる。

「私」を主役としてこれまでの自分自身の生き方を振り返り、現在の自分自身のあり方や家族との関わり方のパターンを整理し、これからの「私」の人生として家族との関係性をみなおしていく。家族会に参加するという行動が、家族とは助け合うべし、一点の曇りもない最良の家族でなければならないといった家族神話の鎖から解放され、加害者家族から生きていく主体としての「私」を回復するというプロセスに寄与するという効果を生じさせる点からも、臨床心理的な意図をもったグループ運営が加害者家族の回復の場として多岐にわたって機能しているのである。

COLUMN

世間から無罪を勝ち取れるか

「そんなことしたら世間体が悪い」
「せめて、世間並じゃないと……」

日本に暮らす私たちは、無意識に世間の基準から外れない行動を強いられ生活している。逸脱者を排除する相互監視によって、犯罪や暴動は抑え込まれ、日本中どこを歩いても生命が脅かされる危険を感じることはない。

海外に比べ治安が保たれている一方、人々は常に排除や攻撃の対象になることに怯え、〝世間疲れ〟を起こしている人々は少なくないであろう。それは、二万人を超える自殺者の数字にも表れている。世間を敵に回すということは、生きる権利を失うことに等しい。世間が何を許し、何を迫害するかはその時の〝空気〟で決まる。

罪を裁くのも〝世間〟であり、裁判所の判決が下される前に、すでに〝真の判決〟は下りている。世代間を超え、将来を拘束する裁きとは逮捕報道である。報道が過熱する時期に流れた情報によって事件像が作られ、時を経て辿り着いた真実がそれを崩すことは難しい。「加害者は謝罪の言葉以外口にするな」という空気が強い社会で、加害者側として情報発信することは勇気のいることである。筆者は、一方的に報道される事実とは異なる加害者家族側からの情報発信を続けているが、否定的な意見で埋め尽くされるヤフーのコメント欄を見ては嫌な気持ちになったことは一度や二度ではない。それでも、加害者家族の名誉のため、加害者家族の真実を伝え続けることを止めるつもりはない。

　これまで数々の重大事件に関わってきたが、弁護人が報道対応を行うケースは非常に少なかった。光市母子殺害事件の弁護団のように、市民の怒りを買い懲戒請求されるようなケースもあり、SNSの発達した現代ではなおさら、公に発言するにはさらなるリスクを要する時代になっている。タイミングやコメントの方法を間違えば、事態を悪化させる可能性も否定できない。それでも、沈黙を続ける限り、社会が変わることはない。こうしたバーの外での活動は、弁護団だけで進めるより市民団体と連携することを勧めたい[1]。

被害者に同情し支援や応援が集まるのに対し、加害者側への情は動かず、イデオロギーがベースの支援が目立つ。事件の背景を丁寧に見ていけば、加害者やその家族に共感しうる部分も多々あるはずだが、残念ながら社会にそうした情報は浸透していかない。この悪循環が差別と排除の構造を固定化してしまっている。それでも繰り返し問題提起を続けることで、関心を向けてくれる人々が増えてきたことは十年の活動で実感している。そうした人々の協力がなければ、そもそも活動自体、発展することはなかったはずである。

「誰にもすべて起りうること」という加害者家族の真実こそ共感を得、社会を変えていく力になる。

阿部恭子

1　二〇一〇年に宮崎県で起きた義母と母子三人殺害事件では、裁判員裁判で死刑判決が言い渡された当時二二歳の奥本章寛氏を支える会が発足している。地元の支援者が繰り返し集会を開くなどして地域の理解を得、家族の居場所を守っている。詳細は阿部恭子『家族間殺人』（幻冬舎、二〇二一年）一一一～一二八頁。

第4部

加害者家族の社会的支援

第1章

加害者家族の生活保障

関孝ヱ（せき・たかえ　NPO法人WOH副理事長）
菊地登康（きくち・のりやす　NPO法人WOH副理事長）

転居に関する支援

1　転居のニーズ

WOHの相談データによれば、転居に関する相談は多く、実際に加害者家族が転居を余儀なくされたケースも多い。ニーズは高まるばかりである。

「転居を余儀なくされた」と訴える、重大事件の加害者家族の多くは、転居を何度か繰り返している。報道陣が押し寄せる逮捕前後は、ホテルや友人宅などに一時的に避難をし、状況が落ち着いた頃にとりあえず転居、その後、よりよい環境を求めて転居するといったケースが多い。

転居を「余儀なくされる」理由は、第一に報道の影響である。報道によって、事件が近所に知れ渡り、住所が不特定多数の人々に知られているかもしれないと思うと落ち着いて生活することができなくなってしまうのがこれまで普通に生活をしてきた人々の感覚である。電話やチャイムの音に怯え、近所の目が怖くてゴミを出すことさえできない生活から、転居をすることで抜け出すことができるのである。

また、性犯罪事件では、被害者と加害者の居住地が近いことから、被害者側から転居を求められるケースも少なくない。さらに、加害者本人が出所した後、悪友や事件のことを知る人がいない新しい環境での再出発のために転居を望む家族もいる。

2 転居へのハードル

経済的にゆとりのある加害者家族は、私選弁護人を複数選任するなどして、事件後の処理を進めている一方、WOHに支援を求めてくる家族の多くは、事件によって困窮し、協力者も存在しないケースである。

(1) 土地・建物の処分

事件後、自宅を売りたいという家族は多い。殺人事件の場合、犯行があった場所に住み続けたくないということも大きな理由ではあるが、示談金や損害賠償のための資金を作りたいと考える家族が多い。しかし、素人である家族が考えるほどの利益は見込めないケースがほとんどである。

・法規制上（接道義務など）そもそも売却が困難である。
・ローンの残債がまだ多額で、売却価格が残債を下回ってしまう。
・終の住処として格安で購入したが、市場価値はほとんどない。

など、専門業者からみれば容易に答えを出せるようなケースであっても、不動産という〝財産〟に過剰な期待をかけてしまいがちである。

また、実際に処分できるケースでも、不動産の処分には専門知識が必要で、市井の業者に相談しようにも、自分たちの置かれた立場を考えると躊躇してしまうことも多い。

実際のケースとして、共有名義の土地の売却を行った案件では、共有者が勾留されていることから手続がスムーズに進まないこともあった。不動産の場合、本人名義の不動産を本人同意の元で家族が処分しようと考えても、本人確認など避けて通れない手続があり、一旦受刑者などになってしまうと、外部交通がかなり制限されてしまうことから、できるだけ早い段階から話を進めておく必要がある。

(2) 貸借契約において

一見何の問題もないと思われる賃貸借契約だが、宅建業者へは本人確認義務など法規的な側面と、保証人も含めた家賃支払能力の確認など大家側からの圧力もあり、むしろ賃貸借のほうが賃借人の与信(素性)調査圧力は高い。一般に、飛込みでお店に入り賃貸借契約を望めば、本人確認はもちろん、引越しの理由、家族構成や収入などについて根掘り葉掘り聞かれることになり、加害者家族からすれば、これら最も聞かれたくないことをオープンにする必要があり、よりハードルが高いといえる。

ＷＯＨとして不動産の処分や転居などの相談があった場合は、物件の査定から実際の処分、賃貸借契約時に必要な個人情報などに関し、より早い段階で介入し、専門知識に基づいた適切なアドバイスを与えることが重要な支援と考える。

事件の仕事への影響

ＷＯＨの相談データによれば、学校や職場への対応について、多くの相談が寄せられている。職場への対応について、加害者家族は具体的にどのような問題に直面しているのか検討する。

1　事件後、仕事を続けていくかどうか

職場との関係において最も多い相談は、「加害者家族としてこのまま働き続けてよいの

かどうか」という相談である。身内が事件を起こして大変な状況にあるにもかかわらず、自分はのうのうと仕事をしていてよいのか、という自責の念からくる発想である。

現実として、加害者家族への経済的保証は一切ない。相談者の年齢や職歴から判断して、仕事を辞めたからといって新しい職に就けるのは簡単ではないと思われる。何より、失職して経済的に困窮すると被害弁償もできなくなってしまう。WOHは、仕事を辞めるべきかという相談に対して、できる限り現在の仕事を続けていけるような助言を行っている。仕事は社会との接点であり、加害者家族の社会的孤立を防ぐためにも、経済的基盤を維持することは非常に重要である。事件直後は、気まずい思いをし、周囲の反応に過敏になってしまう傾向があるが、多くのケースにおいては、時間とともに周囲の関心も薄れ、相談者自身も周囲を意識することなく仕事ができる環境に戻っている。

2 職場でのカミングアウト

事件後、事件の事実を上司や同僚に自ら伝えるべきか、悩む家族も多い。こうした相談も、加害者家族の自責の念からくるもので、非常事態に素知らぬ顔をして仕事をしているわけにはいかないという考えからである。

この点、WOHでは、仕事を休まなければならないような事態が考えられる場合は、あらかじめ上司と相談しておく必要があるかもしれないが、そのような事態が考えられない場合は、あえて告知する必要はないと助言している。

一度、告知してしまった情報は撤回することはできないことから、告知には慎重であるべきである。職務をきちんと遂行していることが最も重要であり、家族に関する事柄はプライバシーの問題であり、職場で共有する必要はない。

しかし、職場の規模や人間関係はさまざまである。特に、雇われている身分であり、生活のために仕事を続けなければならない状況の加害者家族は、職場において排除されないように些細なことでも右往左往している。相談者の多くは、加害者家族になってしまったことで、とにかく肩身の狭い思いをしていることから、相談者の気持ちに寄り添い、状況に応じた助言が必要である。

3 昇進や昇給への影響

事件が、家族の職場での昇進や昇給に不利に働かないかどうかという点も、家族が心配するところである。事実上、会社の決定について、事件の影響があったか否かを証明することは困難である。事件後、事件の処理によって欠勤などが続けば、それを理由として、昇進や昇給に影響が出たといわれてしまうこともあるだろう。

事件後、できる限り、仕事に穴をあけないようにすることがまず重要である。刑事施設の面会時間や裁判が平日の昼間に限られていることから、被疑者・被告人への差入れや傍聴・情状証人としての出廷などと仕事を休まなくてはならない場合も出てくる。

示談金や被害弁償、弁護士費用など、加害者家族は事件後、まとまった金額を出費しなければならない場合が多く、経済的に逼迫した状況に追いつめられる。家族から逮捕者が出たことで働き手を失い、なんとか生活をしていかなければならない状況で、職場でも肩身が狭く、できる限り迷惑をかけないように仕事を続けている。決して、家族を放置して仕事に専念しているというわけではない。

弁護人には、生活困窮に陥りやすい加害者家族の現状を理解したうえで、家族とコミュニケーションを取り、家族が仕事に穴をあけずに済むように、差入れや伝言など被疑者・被告人との橋渡しをできるだけ引き受けてほしい。

WOHでも、可能な範囲で差入れの代理や傍聴の代理といった支援を行い、家族の負担を軽減することに努めている。

経営者に向けた啓発

事件後、インターネット上で加害者家族の個人情報が暴露され、家族が働く職場にまで報道陣や抗議電話が来てしまう場合がある。加害者家族とは、生まれながらに決まっているわけではなく、家族が存在する限り、誰しもそのような状況に置かれうるリスクを有している。

加害者家族という状況に置かれた人々を排除することなく、職場で能力を発揮してもらうためにも、こうした事態を想定した対策を考えておくことが必要である。

報道対策としては、あらかじめ、窓口となる担当者を決めておき、さまざまな職員が報道陣のインタビューに答えて情報が漏えいしたり、職場が騒然となり仕事に集中できない環境になってしまうことを防ぐことである。

職場への嫌がらせは、ＤＶ事件やストーカー事件でも発生しており、もはや加害者家族問題に限られることではない。従業員と職場環境を守るためにも、対策を講じておく必要がある。

第2章

加害者家族の子どもたちの支援

阿部恭子（あべ・きょうこ　NPO法人WOH理事長）

はじめに

加害者家族は、英語で"hidden victim"（隠れた被害者）と表現されることがある。加害者家族のなかでも、事件当時幼かった子どもたちは、第二の被害者と言っても過言ではない。アメリカ、イギリス、オーストラリアなどの欧米諸国では、心理学や社会福祉学などにおいて親が受刑中の子どもに関する研究も進められており、加害者家族支援のなかでも子どもを中心とした支援が数多く存在するが、[1]日本においては、研究・実務の双方において、ようやく関心が向けられてきたばかりの分野である。[2]

本章では、加害者家族の子どもたちが抱える困難と社会の課題について概説したい。[3]

1　オーストラリアのChildren of Prisoner's Support group "SHINE for kids" 〈http://www.shineforkids.org.au/〉、イギリスのPartners of prisoners and Families Support Group 〈http://www.partnersofprisoners.co.uk/〉などの刑務所と連携した親子の面会支援などを行う団体が代表的である。アメリカでも子どもを対象とした加害者家族支援団体は全米に数多く存在している。社会的に、子どもの支援を全面に打ち出したほうが寄付や助成が得られやすい事情もあるという。また、北茉莉「アメリカと諸外国における被収容者を親にもつ子どもの支援」阿部恭子編著『加害者家族の子どもたちの現状と支援――犯罪に巻き込まれた子どもたちへのアプローチ』四一～四九頁を参照されたい。

2　日本における先行研究として、深谷裕「触法者を親族にもつ子どもに関する研究――児童相談所アンケート調査から見えてくるもの」北九州市立大学基盤教育センター紀要一八号（二〇一四年）一二一～一二八頁、深谷裕「日本における犯罪加害者家族支援の必要性と可能性――オーストラリアにおける加害者家族支援を手掛かりに」北九州市立大学基盤教育センター紀要第一五号（二〇一三年）一四一～一六七頁を参照されたい。

3　加害者家族の子供たちへの支援の詳細については、阿部恭子編著『加害者家族の子どもたちの現状と支援――犯罪に巻き込まれた子どもたちへのアプローチ』（現代人文社、二〇一九年）を参照されたい。

加害者家族の子どもたちが抱える困難

表1は、事件の影響が、子どもたちにどのような影響を与えているのか、WOHのホットラインに寄せられた相談と、家族と一緒に相談に訪れた際に、八～一二歳までの小学生一二人の子どもたちによる訴えをまとめたものである。

社会と家庭の中で体験する具体的な困難について、事例を検討したい。

1 事例①「子どもへの取材」

金銭トラブルによる殺人事件を起こしたAには、妻と小学生の息子がいた。妻にとっては信じがたい、突然の出来事だった。逮捕と同時に自宅付近には報道陣が押し寄せ、事件は連日テレビでも全国的に報道された。

報道陣は、Aの息子が通う学校の通学路にまで現れ、Aの息子と同じくらいと思われる小学生を捕まえてインタビューしており、突然、見知らぬ人々に囲まれ、怖くて泣き出す

表1　子どもたちの訴え

身体症状	・夜尿（10歳・男） ・不眠（11歳・男） ・過呼吸（11歳・女） ・片頭痛（10歳・女） ・動悸（9歳・女）
事件を思い出させる場所や話題による精神的苦痛	・警察や裁判所などの話を学校で聞くことが辛い ・話題になっている犯罪報道を聞くことが辛い ・写真撮影やカメラなどに映りたくない ・人前で、名前を呼ばれたくない ・満員電車など人が集まっている場所が怖い
自責の念	・自分が言いつけを守らなかったせいで事件が起きたと思う ・自分が生まれてこなければ事件は起きなかったと思う
自尊心の喪失	・これまでできていたことが、できなくなったように感じる ・何をやっても、うまくいかないように感じる ・体に流れている血が汚いと感じる
家庭の中での不安	・罪を犯した家族の悪口を他の家族から聞くことが辛い ・親戚に事件の詳細を聞かれることが嫌だ ・家にお金がなくなることが心配 ・祖父母と親の喧嘩が増えた ・親が約束を守らなくても叱らなくなったことが怖い ・兄弟とずっと一緒に暮らせるか不安
生活への影響	・笑うことができない ・引きこもり、不登校 ・部活や習い事を辞める ・学級委員や生徒会役員を辞める ・事件のことでクラスメートからからかわれたり、無視をされたりする ・近所のおばさんが挨拶をしてくれなくなった ・友達が離れていった

子どももいた。この状況に、近隣住民から非難の声が上がり、非難の矛先は、報道陣ではなくAの家族に向かったのである。

Aの息子は事件後、学校を休むようになって一週間を過ぎたところ、Aの自宅に小学校の教頭から電話がかかってきた。Aの妻は、息子だけは学校が守ってくれると微かな期待を抱いて電話を取ったが、その期待は「転校してほしい」という教頭の一言によって見事に打ち砕かれた。息子はまだ事件について理解できる年齢ではない。事件後、何か良くないことが起きている様子に気づき、おとなしくしていたが、転校しなければならないということを告げた途端、友達と別れる寂しさから泣き出してしまった。Aの妻は、学校側に、息子にクラスメートにさよならだけでも言わせてほしいと頼み込んだが、その願いさえ聞き入れてはもらえなかった。

Aの妻は、息子を真夜中の誰もいない校庭に連れて行くほかなかった。息子は校庭を駆け回り、クラスメートにお別れをしたのだ。これほど子どもに可哀想な思いをさせなければならないかと思うと涙が込み上げてきた。

Aの家族は、事件後、数回転居をしている。息子の学校を優先に、まず受け入れてくれそうな地域にとりあえず転居しながら安住の場所を探した。

Aに小学生の息子がいる事実も報道され、インターネット上ではAの個人情報やAの家族に対する批判的な書き込みも掲載されていた。警察から、子どもに関する情報が書き込まれていないか、時々掲示板を確認しておいた方がよいと言われていた。妻は、「殺人者の子どもは将来殺人者になる。いまのうちに抹消すべき」という書込みを見つけた。Aは、それ以来、息子が小学校で賞をもらったり、周囲の注目が集まることに素直に喜べなくなっていた。いつか誰かが父親の存在を探し当て、殺人者の子どもである息子に危害が加えられる恐怖が絶えず頭から離れなくなった。

2 事例②「家族内での母子の対立」

Bの夫は、会社務めをしている傍ら、子どもに楽器を教える講師をしていた。その未成年の教え子に性的な行為をしたことにより強制わいせつ罪で逮捕された。Bには、被害者と近い年齢の娘がおり、Bは非常にショックを受けた。被害者の保護者が、Bに被害事実を伝えに来てから、刑事事件に発展するまでに数カ月を要した。夫は、最初被疑事実を否認していたが、逮捕後、犯行を認めるに至った。夫の逮捕は、一部のメディアで報道され、夫は会社を辞めざるをえなくなった。その後、被害者側と示談が成立し、不起訴処分となったが、精神を病み、しばらく実家で通院しながら静養することとなった。Bは、娘が中学校に上がるタイミングで転居をし、離婚をして子どもたちはBの姓に改めることとなった。

Bは、これまで比較的ゆとりのある暮らしをしてきたが、事件によって生活が一変した。これまで仕事をした経験もなかったことから、アルバイトをいくつか掛け持ちする生活に慣れるまで肉体的負担も大きかった。Bの夫は、逮捕前後から精神的にかなり不安定となっており、私選弁護人の手配や示談金の用意など事件の処理をすべてBが担ってきた。妻としての至らなさを長時間説教されることもあり、被害者の少女の両親から、ぶつけられた言葉がいつまでも頭の片隅から離れず、心の傷になっていた。

夫の教え子だった女子生徒は、自宅にレッスンに来ていたためBも知っていたが、帰り際に夫の腕にしがみつくなど、スキンシップが多いことが気になっていたが、夫とは意気投合した様子で、まさか、被害者と加害者の関係になるなど夢にも思わなかった。事件発覚後、被害者には本当に申しわけないことをしたと思ってきたが、被害者の保護者と会うたびに浴びせられる否定的な言葉に傷つき、仕事や家や友人、そして夫と、ひとつひとつ大切だったものを失っていくにつれて、申しわけないという感情より、不条理だという感情が強くなっていた。通勤時、電車で被害者と同じ年齢の女の子がはしゃぐ姿を見るたびに、被害者の姿と重なり怖くなった。

Ｂの娘も、事件については知っていたが、逮捕される日まで父親の側を離れず、父親は無実であると信じていた。Ｂは、父親が大好きな娘を思うと可哀想で、逮捕後発覚した父親にとって不利な情報については娘に伝えていなかった。

日に日に生活は困窮し、精神的なゆとりもなくなり、子どもにきつくあたることも多くなった。事件について、父親からの都合のいい説明しか聞いていない娘は、父親を被害者のように思っているようなところがあった。「パパ、元気かな？　大丈夫かな？」と心配する言葉が、だんだんＢにとって苦痛になっていた。ある日、夕食時に、Ｂは娘と進路について意見が合わず、険悪な雰囲気になっていた。娘は「パパなら応援してくれる」と父親の話を持ち出したことがＢにとって気にさわった。そして、偶然ニュースでわいせつ事件が報道された直後、Ｂは思わず、「こういうことする人ってまともだと思う？」「パパもこういうことしたんだからね」と絶対口にしてはいけないと思っていた言葉をぶつけてしまった。Ｂの娘は数日間部屋に引きこもり、母親のいない間、自宅のパソコンで父親の事件を検索していた。

Bの娘は、クラスメートが心配して自宅を訪問してくれるなど、学校生活が順調だったことからすぐに復学できた。

Bはその後、WOHに繋がり、電話によるカウンセリングなどのケアを受けた。Bは、以前の生活を維持しようと、アルバイトを増やし過ぎていたこともあり、健康や精神的負担を考えると、生活のスタイルを考え直す必要があった。娘との喧嘩はたいてい夕食時であり、どうしても夫がいた食卓を思い出し、子どもに愚痴を言いたくなるのだ。しばらくは子どもと時間をずらして夕食を取るように勧めた。

また、「加害者家族の集い」への参加を勧め、同じ体験をし、困難を乗り越えている家族に出会うことによって、孤立感から解放され、少しずつ事件前の自分を取り戻してきた。その後、子どもたちも思春期の真っただ中で、衝突することもあったが、冷静に対応できるようになり、良好な家族関係を取り戻している。

3　検討「教育を受ける権利の保障」

事例①のように、義務教育課程において、児童が事実上、公立学校から追い出されるようなことは、憲法二六条が保障している「教育を受ける権利」の侵害にあたる。しかし、加害者家族は自責の念から、人権侵害を受けても沈黙するほかなく、転居や転校を余儀なくされてきた。

重大事件の影響は、学校にまで及ぶことがある。二〇〇三年に起きた長崎男児誘拐殺人事件においては、インターネット上で加害生徒の通う学校名が暴露され、学校に嫌がらせの電話が殺到したという。加害生徒と同じ制服を着た生徒たちが通学路で襲われるといった事件まで起き、学校ではマスコミから撮影されることを避けるために窓やカーテンを閉め切って授業が行われていた。体育ではプールの授業も中止になったという。

このような事態に対して、子どもの学習環境を守るために、一定の報道規制や野次馬対策が学校と地域において検討されなければならない。[4]

4　二〇〇一年一二月六日、新聞協会は、「集団的過熱取材に関する日本新聞協会編集委員会の見解」として、①嫌がる当事者を集団で強引に包囲した取材はしない、相手が小学生や幼児の場合は、取材方法に配慮する、②通夜や葬儀

4 検討「事件についての子どもへの告知」

周りで何が起きているのかについて知らされないことは、子どもにとってさらなる不安に繋がる。子どもを取り巻く環境が変化している以上、家族の誰かが事件を起こしてしまった事実や、しばらく自宅には戻って来ないという事実は、伝えておかなければならない。

告知の時期は、家族として生活をしていくうえで、情報の共有が必要となるときである。つまり、転居や転校を決断したとき、離婚を決断したときなど、明らかに子どもを巻き込む状況となることから、決断に至った理由について一定の説明が必要となるであろう。何をどこまで話すかは、子どもの発達段階にもよるが、子どもが知りたがっている事柄については、知りうる範囲で事実を伝え嘘を吐いてはならない。子どもが説明を求めていることに対して、事実と異なることを伝えてしまうと、後に、嘘であるとわかった場合、家族への信頼を失う可能性があるからである。

また、家族として伏せていた事実を、子どもが気づき家族に説明を求められた場合は、事件について知りうることをすべて説明すべきである。

告知を受けたことで、安心に繋がる場合もあれば、受け入れがたい事実に衝撃を受ける場合もあるはずである。事実を受け入れ、自分のなかで折合いをつけていけるようになるには、時間を要する。一時的に家族関係が悪くなったり、感情のコントロールが利かなくなることもあることから、家族だけではなく、専門家や学校などが協力して支援していく体制が求められる。[5]

5　検討「養育者への支援の必要性」

子どもの支援においては、子どもへの直接的支援だけではなく、子どもが日常的に関わり最も大きな影響を受ける養育者への支援が不可欠である。

などの取材では遺族の心情に配慮する、③住宅街や学校、病院など、静穏が求められる場所では交通や静穏を阻害しないようにする、といった見解を示し〈https://www.pressnet.or.jp/statement/report/011206_66.html〉、日本民間放送連盟も同様の指針である「(報道発表) 集団的過熱取材 (メディア・スクラム) 問題に関する民放連の対応について」を加盟各社に示している〈https://j-ba.or.jp/category/topics/jba100553〉。この点、本書第2部第1章［↓一七二頁］も参照していただきたい。

5　阿部・前掲註3書九八～一〇六頁参照。

事例②のように、同じ家族であっても、加害者との関係性や情報の差によって、加害者への感情は異なる。こうした家族間の感情の差が、家族関係の悪化をもたらさないように、家族全体へのケアが必要である。加害者の配偶者や両親は、事件による直接的被害を受けていることから、逮捕された家族への憎しみや怒りが収まらず、子どもの感情を無視して加害者を否定してしまうこともある。子どもにとっては大好きな存在である家族のイメージを、他の家族が否定してしまうこともしばしばある。こうした他の家族による、加害者の否定に、子どもたちは傷ついている。また、残された親として、子どもが加害者である親のように育ってほしくないという感情から、子どもが何か悪いことをするたびに、「お父さんみたいにならないでね」などと、加害者を否定する発言を繰り返すことによって、子どもの気持ちを深く傷つけている場合がある。こうした問題は、加害者家族の屈辱感や経済的負担を背負わされた不条理な思いを十分に受け止めることで解決に向かうケースもある。自らの環境を選択できない子どもは第二の被害者であり、子どもたちが健やかに育つ環境を守るために、養育者への長期的ケアが不可欠である。

また、親として子どものためと考えた決断が、子どもにとって良くない結果を招いてしまうこともある。たとえば、事件で収入が減ったことからこれまでの生活を維持しようと母親は時給の高い夜間のアルバイトを始めたが、子どもにとっては、これまでのように習い事ができなくなっても、母親と一緒に過ごす生活を望んでいるような場合である。

ＷＯＨでは、加害者家族の親子と定期的に面談し、親子それぞれの思いをスタッフが聞き、直接伝えられない思いをスタッフが双方に伝えることによって、家族の問題解決への援助を行っている。

子どもを事件に巻き込まないための環境整備

1　捜査機関において求められる配慮

家族が事情聴取を受けるにあたり、子どもを預けることができない場合、子どもも一緒に事情聴取を受けている。話の内容までは理解できなくとも、親が責められる姿や泣いている姿を子どもは覚えている。被疑者や参考人が事情聴取に集中でき、事件に子どもを巻き込まない環境を作るためにも、警察署内で託児ルームを設置するなどの配慮が必要だと考える。

また、逮捕の瞬間や、家宅捜索などにあたって、捜査の現場から子どもを遠ざけるといった配慮も求められる。

2 公判において求められる配慮

(1) 証人の子どもの居場所

託児ルームなど、子どもを預けられる場所がないのは裁判所も同様である。情状証人として幼い子どもを持つ家族に協力を求めるのであれば、弁護人には、公判において適切な環境に子どもを預けられるように、十分に家族の事情に配慮してもらいたい。裁判所内も、報道関係者や被害者側などさまざまな人がいることから、加害者家族にとって緊張する空間であり、子どもに適した環境とはいえず、裁判所にも託児ルームの設置が検討されるべきだと考える。

(2) 子どものプライバシーへの配慮

公判において、被告人の家庭環境が明らかにされることもあるが、子どもの年齢や性別などについては、公表する必要性を十分検討したうえで使用してもらいたい。子どもの年齢と被告人の住所から、通っている学校などが特定される危険性があるからである。

事件が起きると、加害者側の児童が通う学校にＰＴＡから不安や苦情を訴える連絡がくることがしばしばある。就学時の子どもを持つ保護者のなかには、犯罪者の子どもと自分の子どもを一緒の学校に通わせたくないと学校に苦情を申し出る親もおり、学校側も対応に苦労している現実がある。

ナチスの子どもたちからの示唆

ドイツでは、ナチ犯罪者の子孫による自叙伝が多数出版されており、これらの一部は、加害者家族の子どもたちの支援にも重要な示唆を与えてくれる。子孫たちの家族史との向き合い方は実にさまざまであり[6]、犯罪者の子孫を増やさないために不妊手術を受けたと

6　マティアス・ケスラー（伊藤富雄訳）『それでも私は父を愛さざるをえないのです――「シンドラーのリスト」に出てくる強制収容所司令官の娘、モニカ・ゲートの人生』（同学社、二〇〇八年）。

いう者や、ナチ犯罪者である父を批判し、同じ犯罪が繰り返されることがないようにと学校などで講演活動を行う者もいる。[8] 一家族のなかでも、大量虐殺を行った家族を同情的に見ている家族もいれば、受け入れがたい事実と家族としての愛情の間で苦しんでいる家族もいる。

ユダヤ人の大量殺人の罪で死刑となったプアショフ強制収容所所長アーモン・ゲートの孫、ジェニファー・ゲーテの著書において、セラピストのペーター・ブリュンデルは、「暴力と粗暴は、後の世代に奥深い溝を残していく。病気の原因となるのは、加害者の人間性ではなく、それらについて沈黙してしまうこと」。そして、「罪が継承されることはないものの、罪悪感は継承される可能性が大いにある」と述べている。[9]

おわりに

欧米諸国の加害者家族支援においても、親を犯罪者に持つ家族が、自らの体験を役立てようと運営に中心的に関わっているケースは少なくない。加害者家族という属性または体験を社会的活動に役立てるかどうかは別として、一定の範囲で公にし、他者の視点を交えて、その存在を捉え直し、一定の承認が得られるという解放の場が、社会のどこかに必要である。日本においては、家族の犯罪歴といった恥を表に出すことを極端に避ける傾向があり、家族だけの問題として、沈黙を余儀なくされてきた。秘密を抱えて生きていくことは大きなストレスであり、自己否定にも繋がる。文学、芸術、市民運動などさまざまな分野で、加害者家族が解放できる受け皿が増え、その存在が社会に浸透していくことを願う。

7 アドルフ・ヒトラーの側近である空軍司令官ヘルマン・ゲーリングの大姪ベッティーナ・ゲーリングがそのひとりである。

8 ナチス占領下のポーランド総督であったハンス・フランクの息子ニクラス・フランクが、学校で講演している様子はBS世界のドキュメンタリー「ヒトラー・チルドレン〜ナチスの罪を背負って〜」（イスラエル・ドイツ制作、二〇一一年）のなかでも紹介された〈http://www6.nhk.or.jp/wdoc/backnumber/detail/?pid=130815〉。

9 ジェニファー・テーゲ、ニコラ・ゼルマイヤー（笠井宣明訳）『祖父はアーモン・ゲート――ナチ強制収容所の孫』（原書房、二〇一四年）二二頁。

第3章

関係修復に向けた支援

阿部恭子（あべ・きょうこ　ＮＰＯ法人ＷＯＨ理事長）

はじめに――修復的司法の実践

加害者家族が抱える最大の問題は、社会的孤立である。事件によって、転居や転職を余儀なくされた家族は、同時に、これまでの社会との繋がりが断たれることになる。事件から時間が経過し、混乱が解消した後、加害者家族が再び仕事や、安心して生活できる居場所を見つけ、社会との繋がりを取り戻すことが加害者家族支援のゴールである。

本章では、判決確定後も続いている被害者との問題と、家族が生活する地域における問題を解決するにあたり、関係修復に向けた支援について検討する。

加害者家族と被害者

1 事例①「被害者からのハラスメント」

Aは退職後、元同僚だったBに、商売を始めると話を持ちかけ多額の現金を騙し取り、詐欺罪で実刑判決を受け服役中である。Aの犯行動機は借金返済であり、犯行当時すでに生活に困窮していたことから、Bへの被害弁償はされていない。事件以来、Aの妻や子どものCは、騙し取った金銭で贅沢な暮らしをしてきたと批判され、警察署や裁判においても、犯罪者同様に扱われ屈辱的な思いをして過ごしてきた。A家族が暮らす家は田舎の一軒家であり、敷地は広かったが、売却してもほとんど利益は出なかった。女性は家事と子育てに専念すべきと言われて育てられたAの妻は、Aの浪費で苦労しながらも働くことが許されず、生活に困窮していた。判決確定後、妻は離婚をした。

Aの子どもCはすでに結婚し、息子二人がいた。長男Eは事件後、国立大学の医学部に進学していた。医大合格者としてEの写真が掲載されていた進学塾の広告を見つけた被害者Bは、Cに電話をし、医学部の学費や、入学するまでの塾の費用に騙し取った金が使われていたはずだと抗議をした。そして、「犯罪者の家族であるEが医者になるなど許さない」といった内容の手紙が届くようになった。

しばらくして、Eは大学で、教授のひとりから呼び出しを受けた。そして、指導教官宛に届いた手紙を見せてもらうと、Eの祖父であるAが起こした事件について詳細に書かれており、Eが医学部で就学できる背景には、Bの犠牲があること理解してほしいと書かれていた。この出来事に、CもEも大変傷つき、これ以上Bが行為をエスカレートしないよう法的手段が取れないか、Aの弁護人らに相談をしていたが現時点では手立てはないとの判断だった。

WOHでは、家族から詳しく事情を聞き、弁護士とも協議した。Bによる電話や関係者への手紙といった抗議行動は、加害者家族にとっては生活を脅かされるほどの恐怖を感じたが、Bが高齢であることからも、弁護士の介入を含めた対抗手段に出ることは、もう少し様子を見てからという判断となった。Cの家族は、子どもたちの人生すべて駄目にされてしまうのではないかと怯えていたが、そこまでの危険性や影響力はBにはないのではないかとの判断に納得し、精神的な落ち着きを取り戻した。

2 事例②「償いの限界」

少年Kは高校の同級生と喧嘩をした際に、誤って同級生を殺してしまい少年院送致となった。母親Jは、事件を聞いてすぐに遺族に謝罪の申入れをし、毎日のように被害者宅に謝罪に行っていた。本件の遺族は、Jの遠い親戚にあたる。当然のことながら、遺族からぶつけられる言葉は厳しく、罵詈雑言を浴びせられる日々だった。それでも、わが子が大切な子どもの命を奪ってしまったという自責の念から、どれほど苦しくても通い続けていた。遺族側としても、Jが謝罪に来ることを望んでおり、数日でも行かない日があれば、「なぜ来ないいんだ！」という電話が来ていた。

Jは、事件が起きる数年前に離婚をしていた。離婚後、恋人ができ、Kが独立してから正式に結婚を考えていたという。遺族は、離婚や現在の恋人との交際がKに悪影響を与え、家庭内のストレスが暴力に繋がっているとJの交際や子育てについて厳しく非難した。恋人もいずれKの父親となるのであれば、ここに連れて来て一緒に謝罪をするようにと言わたが、Jは、恋人を事件に巻き込みたくはなかった。

このときJは、恋人の子どもを妊娠していた。しかし、事件後のストレスにより流産してしまった。流産した直後、体調不良のため被害者宅を訪問することができなかった。回復後、被害者宅を訪れ事情を説明しお詫びをしたところ、被害者の母親から「ほら、罰が当たった。そんな汚い血の流れた子どもは死んで当然」と罵られたという。その言葉が胸に突き刺さり、Jは自宅に戻るや否や包丁で自分の手首を傷つけた。それでも、Kの顔が浮かび、命を絶つことはできなかった。この日から、Jは被害者宅に行くことを止め、自宅を引っ越すことにした。

数週間、事件を知る人もいない土地で安心した生活ができていた。しかし、生活や精神状態が落ち着いてきた頃、被害者に何の連絡もしていないということが気になりだした。いつか遺族が自分の居場所を探し、怒鳴り込んでくるのではという恐怖を感じるようになり、電話やチャイムの音に怯えるようにもなった。そして、事件直後に遺族に対し、必ず月命日には手を合わせにうかがう約束を破っている罪悪感に苛まれるようになった。このまま逃げてしまうことは、息子にとってもよくないと悩んでいた。地元に住む両親の下には、遺族から「連絡がほしい」という電話が一度入っていたという。

Jは、「逃げることは無責任だと思うが、これ以上向き合える勇気がない」という。Jに被害者遺族に手紙を書くように勧めた。筆者は、被害者遺族もJが突然来なくなったことを心配しているのではないかとも思い、流産した子どものことを言われて心から傷つき、精神的にこれ以上耐えられる自信がなくなったと事実を正直に伝え、これまでと同じようにうかがうことはできないが、Kの出院後には必ず二人でうかがうという手紙を送った。連絡先を知られるのが怖いというので、差出人の住所をWOHの住所とし、当団体で支援を受けている旨も手紙に書いておいた。その後、被害者遺族から返信があり、「厳しいことを言い過ぎたので自殺したのではないかと心配していた」「無理に自宅に来る必要はないが、きちんと息子を監督し、出院後は必ず一緒に謝罪に来てほしい」と書かれていた。

3 検討

(1) 加害者家族の償い

被告人の家族の多くは、判決確定までに何らかの形で謝罪を行ってはいるものの、被害者側にとっては、こうした謝罪は裁判対策であり、真の謝罪ではないと受け取られることもある。被告人や家族にとっても、刑が確定しない段階で、真に被害者側の状況や心の痛みと向き合うことは難しいのが現実である。償いはむしろ、判決確定後から始まると言っても過言ではない。

被害者側から「裁判前は、たびたびお線香を上げに自宅に来ていたのに、裁判が終わったら来なくなった」「裁判では償いをすると証言したにもかかわらず、何の連絡もない」という怒りの声はよく耳にする。これまで弁護人を介して行われていた被害者側への謝罪が、被害者との間を仲介できる第三者が不在となったことにより、被害者側と直接連絡を取ることが難しくなることから、ＷＯＨには、判決確定後の償いをどのように続けていけばよいかという相談が多く寄せられている。加害者家族としては、自分たちが考えている謝罪の方法が、被害者側に許容されうることなのか自ら判断することが難しい。償いの方法や時期について、これまでは弁護人にその判断を任せていたが、相談者がいなくなったことによって、行動を躊躇していることもある。

また、**事例②**のように、できる限り被害者側の要求に応えようと、事件発生直後に無理をし過ぎて精神的な限界を迎え、償いが続かなくなってしまったケースもある。事件発生直後は、加害者家族もまた、メディアスクラム（集団的過熱取材）に晒され転居を余儀なくされるといった社会的制裁を受ける。加害者が若年である場合、親は、子どもの将来への責任と被害者側への自責の念で板挟みとなってしまう。被害弁償や損害賠償といった経済的負担も大きく、仕事を増やさなければならない忙しさから、ゆとりは日々奪われていく。責任の重さからリストカットやオーバードーズをしているケースもあり、被害者への対応と、加害者本人の更生の両方を家族だけで担うことには限界がある。弁護人をはじめ、適切な第三者が継続的・長期的に支えていく必要がある。

(2) 判決確定後の被害者対応

被害者側からのハラスメントへの弁護士による介入は、人権侵害が甚だしい場合は加害行為がエスカレートすることの抑止にはなるが、相手を刺激してしまうリスクもあることから慎重に検討する必要がある。被害者との接触においては、相手が大切な命や財産を奪われ傷ついているということを考え、対話の姿勢で臨むことが求められる。

代理人を立てることが望ましいか、加害者家族や出所後の加害者本人に助言をすることによって直接対応するほうがよいか、原因となっている事件そのものをよく分析したうえで、介入の方法やタイミングを検討する必要がある。

加害者家族と地域

1 事例③「地域住民からの転居要求」

Lは、詐欺・脅迫罪で逮捕起訴された。Lには妻と息子がおり、近隣住民からは贅沢な生活をしていると思われていた。

Lの妻は、Lからたびたび暴力を受け、交友関係も厳しく制限されていた。Lが選んだ服装しか許されず、男性に笑顔を見せるようであれば殴られるという日々だった。それゆえ、近所の人々にも挨拶もせず、感じの悪い女性と映っていたようである。Lも近所のペットがうるさいとか、子どもがうるさいなどとよく苦情を言っては近隣住民とトラブルになっており、事件以前から地域との関係はよくなかった。

事件は、地元のメディアで報道された。その後、Lの自宅にはさまざまな人が訪れ「金返せ！」などという大声が響き渡り、近隣住民は恐怖に怯えた瞬間もあった。Lの家は、一軒家が並ぶ住宅街にあり、隣の家と大きさや造りがよく似ていた。インターネット上では、Lの自宅付近の写真が掲載され、どこがLの家であるかわからず、L宅と間違えて、隣の家に苦情や取立てが来ることもあった。

Lの息子が通う小学校までは影響がなく、息子は問題なく学校に通っていた。ところが、Lが起こした事件によって近隣住民は迷惑しているにもかかわらず、謝罪の一言もなく日常を送るLの家族に対し近隣住民は怒りを爆発させた。彼らは、Lの妻に転居をするように求めた。Lの妻は、経済的に困窮しており、土地・建物を売却するにも時間を要することと、息子が小学校を卒業するまで転居を待ってはもらえないかと頼んだ。しかし、これまでLの一家について嫌悪感を抱いていた住民は、一刻も早く地元を離れてほしいと毎日のようにLの家に電話をかけていた。苦情は、Lの息子が通う小学校にも寄せられ、Lの妻は精神的に追いつめられていた。

筆者は、Lの妻から相談を受け、転居を訴えている住民と話をする機会を設けた。住民の被害の深刻さを受け止めたうえで、彼らが最も不安に感じていることを尋ねるとLがすぐに釈放されて戻ってくることだということがわかった。Lは、近隣住民とトラブルになった際、しきりに顧問弁護士の存在をアピールしており、今回も弁護士に頼み、すぐに釈放されてしまうのではないかと心配していた。しかし、弁護人の説明によれば、実刑の可能性がかなり高いと判断されていることや、妻もＤＶ被害者である事情を伝えると少しずつ理解を示してくれた。

Ｌの妻と住民は、近い距離で生活しながらこれまでほとんど会話したこともなく、お互いの状況が把握できていなかった。今回、対話の機会を設けることで、不透明だった事実が明らかとなり、住民の不安もだいぶ収まり、息子が小学校を卒業するまで、無事に地域で生活することができた。

2 検討——地域へのアプローチ

(1) 事件に巻き込まれる近隣住民

報道が過熱した事件では、被害者と加害者双方の親族にとどまらず、近隣住民にまで何らかの被害が及んでいることが明らかとなっている。テレビ局や雑誌社など加害行為が誰によるものか特定できればよいが、ＷＯＨに相談が寄せられた被害の多くは、責任追及もできなければ対策を講じることも難しいのが現状である。

ある重大事件の犯人宅の近隣住民は、事件後、報道陣や見知らぬ人々が自宅付近をうろつくようになり、しばらくの間、飼い犬が不審者の影に反応してよく吠えるようになった。犬を飼って以来、このようなことは一度もなかったが、近所から「犬がうるさい」という苦情がくるようになり、これまで庭先で飼っていた犬を室内で飼うことになった。犬を飼った経験のある人であれば、どれほど大変なことかわかっていただけるだろう。近所で犬を散歩させるときも、気まずい思いをしなければならなくなってしまった。その他、事件後、犯人宅付近のゴミ置き場が荒らされていたり、煙草の吸い殻や空き缶などが放置されたり、地域住民がわざわざ掃除をしなければならなかったといった地域の人々の話もよく耳にする。

近隣住民もこうした直接的な被害にあっているにも関わらず、相談できるところも何らかの支援をしてもらえるところもないのである。こうした行き場のない怒りの矛先は、特定できない加害行為者でもなく、刑務所にいる受刑者でもなく、その地域で生活を続ける加害者家族に向いてしまうのである。

(2) 地域住民との対話

経済的な事情から転居が難しく、嫌がらせを受けながらも事件が起きた地域に住み続けるほか選択肢がない家族も少なくはない。多くの加害者家族は、夜間に買い物をしたり、行動範囲を移すことによって、地域で孤立したまま生活を続けてきた。しかし、本事例のように、近隣住民が集団で抗議の意思を示すような場合、対話の機会を設ける取組みも検討されるべきである。

本事例において、筆者は加害者宅の隣に住む住人宅にて、加害者家族を交えて数人の近隣住民と話し合う機会を得た。筆者は、加害者の妻から約一カ月間に渡って電話相談を受けていたが、状況がよくならずに、日々精神的に追いつめられている様子だった。当団体事務所宛てに郵送されてきた手紙の内容は、遺書とも取れる内容であったことから、危機介入の必要性を感じ、相談者宅を訪問することになったのである。筆者が訪問中、近隣住民からの電話があり、筆者が電話を代わり、筆者も交えて話し合う時間をいただけないかと懇願した。

筆者はまず、近隣住民の加害者家族に対する怒りの理由を聞くことから対話を始めた。自ら罪を犯したわけでもなく、たまたま加害者宅の近所に住んでいたという理由で事件に巻き込まれ、直接的な被害にあっているにもかかわらず、苦情さえ受けつけてもらえるところがないという行き場のない怒りが語られた。周囲に多大な迷惑をかけているにもかかわらず、加害者家族は謝罪に来ることもなく、のうのうと生活しているように映り、憤りを感じたという。Ｌの妻は、逮捕後の夫の状況が把握できていなかったことから、住民から質問されたことにも一切答えることができず、住民としてはあまりに誠意のない対応だと感じていた。

事件前、加害者Ｌは、自分の思い通りにいかないことがあると、「裏社会の人間」という存在をほのめかしていたが、それはただの脅しであることがわかった。家族が状況を説明することで、これまで住民が抱いていた恐怖は取り払われたことから、抗議電話は止んだ。住民のなかには、対話によって、Ｌの家族に同情を示す者も出てきた。

Ｌの妻や子どもが罪を犯したわけではないことは、住民も理解していた。しかし、これまでＬの家族に対して抱いていた不信感や、近所が騒然となったにもかかわらず、謝罪の一言もなかったという対応から、これまで蓄積されていた怒りが爆発した結果となったのである。

こうした住民側の心情を丁寧に聞き取ることがまず重要であり、「家族に罪はない」という主張を繰り返しても反発を招くだけである。住民のなかには、やはり納得がいかないという人も最後までいたが、説得することはせず、家族が地域で生活を続けることができる余地を作ることを目標に対話を進めた。

おわりに——犯罪に巻き込まれた人々の支援へ

WOHでは、これまで重大事件を多く扱ってきた経験から、報道被害が及んだ地域や会社、学校への対応にも力を注いできた。社会的差別や排除に晒されやすい加害者家族を保護し、直面する困難をひとつひとつ解決していく支援と同時に、加害者家族が自立して社会生活を再び送れるように、社会への働きかけも不可欠である。対応に困っている弁護人や保護司、民生委員、学校教員などからの相談も年々増えつつあり、地域から加害者家族を排除しないためのネットワーク構築にも取り組み始めたところである。

事件の余波は、思わぬところにも及んでおり、被害者と加害者双方のみならず、「犯罪に巻き込まれた人々の支援」を意識し当事者を取り巻く周囲の人々も含めたケアが求められる。

第4章

加害者家族支援に法律家として関わることの意義

遠藤涼一（えんどう・りょういち　山形県弁護士会）
原田いづみ（はらだ・いづみ　鹿児島大学教授・鹿児島県弁護士会）

はじめに

あるとき家族が加害者になるとどうなるか。

たとえば、マスコミが押しかけてきて、職場や学校で居づらくなり、警察の事情聴取にも応じることになる。そして裁判所に行って公判に出廷することとなり、衆目の前で尋問を受けることとなる。場合によっては地域を離れなければならない。ネットでプライバシーが暴かれれば、その情報はいつまでも残ってしまう。誰に相談すれば良いのか、親類も近寄ってこなくなることもあり、途方にくれるであろう。金銭的な不安、将来の不安。

このような状況は、加害者家族当事者だけで対処するのは難しい。問題があまりに多方面にわたり、専門的、複雑であるからである。よって支援をする組織や制度が必要であることは容易に想定しうるはずだ。にもかかわらず、現段階で、加害者家族支援のための総合的な法制度はなく、ＮＰＯ法人World Open Heart（以下、「ＷＯＨ」）などの民間団体が支援の担い手となっているのが現実である。

このような難しい現状に対しては、法律の専門家として市民からの相談を受け、刑事弁護人としても活動する弁護士が役立つ面が大きいであろう。そして、加害者家族支援という新しい問題領域に対処するために社会がどうあるべきかといったことについては、研究と実務が交差する大学が果たすべき役割が大きい。そこで、以下、弁護士、大学が加害者家族支援に関わることの意義について述べたい。

山形県「犯罪加害者家族支援センター」の設立とその後の活動

1 なぜ、「犯罪加害者家族への支援」なのか？

二〇一〇（平成二二）年一月頃に、裁判所の弁護士控室で、たまたま読売新聞を読んでいたところ、「顔」欄に興味深い記事を見つけた。これが加害者家族の記事を目にした最初だった。この記事によると、二〇〇八（平成二〇）年に仙台市で加害者家族の民間支援組織であるＷＯＨが設立されて、阿部恭子氏という人が中心になって加害者家族の支援をしているという内容であった。また、同年四月六日の同新聞の記事に、ＷＯＨの加害者家族を対象にしたアンケートの調査結果が載っており、長く犯罪被害者支援をやってきた者として、加害者家族の中にも犯罪被害者と同じような境遇になる人もおり、相談者の約九割の人が自殺を考えたという結果に強い衝撃をうけた。その後、二〇一四（平成二六）年一二月の山形新聞の記事にもＷＯＨの紹介があり、ある女子学生殺害事件の容疑者女子の父親が自殺したケースについての阿部氏のコメントや、「加害者側の家族は置き去りの状態だ」というショッキングな現状が紹介されていた。

これらの記事を読んで以降、これまで弁護士として被疑者・被告人の弁護を担当してきたが、その家族がどのような境遇に陥っているのかについてはほとんど関心を払って来なかったことにハッとさせられ、弁護士として、いつか加害者家族の支援の必要性について発信しなければならないと考えていた。

2 二〇一六(平成二八)年七月一日開催のシンポジウムに向けて

二〇一六年に、山形県弁護士会(以下、「当会」)の担当で、東北弁護士会連合会定期弁護士大会(以下、「東北弁連大会」)を開催することが既定の事実だった二〇一五(平成二七)年春頃に、当時の当会会長から、すでに組織されていた当会の東北弁連実行委員会企画シンポ部会の部会長に対し、「大会当日に、シンポジウムをやるかどうか」についての打診があったので、「やる」旨を回答した。その後、シンポ部会を、同年七月二日から翌二〇一六年六月二八日までの間、都合二三回開催し、特に第二回部会では、シンポジウムのテーマを「犯罪加害者家族の法的支援を求める」に決定した。

このように、テーマを一応決めたものの、何を、どうやればいいのかがまったくわからなかった。そこで、実際に支援をしている人にその実態を聞くための勉強会を開くこととなった。当時、入手できた資料としては、阿部恭子著・草場裕之監修『加害者家族支援の理論と実践』（現代人文社、二〇一五年）と、阿部氏たちが「季刊刑事弁護」に連載していた論文[1]しか知らなかったので、まずはこれらを読み込むこととした。これと併行して、勉強会の前に、WOHから聞取りを行うことを決めて、東北弁連主催の仙台での夏期研修二日目の終了後の午後五時から、WOHを、部会員の五人で訪問して、阿部氏から支援について話をうかがった。また、WOHでは、「加害者家族の集い」を二カ月に一回実施しているが、これにも、部会員数名が、同年一〇月二五日から翌二〇一六年二月二八日までに四回参加し、加害者家族の生の声を聞くことができた。加害者家族は、我々が想像する以上に苦しんでいる実態がわかり、家族会に参加するたびに胸を痛めることとなった。

そして、二〇一五年一〇月一〇日の午後四時から約二時間、当会会館でWOHの阿部氏と仙台弁護士会の草場裕之弁護士をお迎えして、「加害者家族の抱える問題点とその支援」

1　阿部恭子他「犯罪加害者家族支援の現場から」季刊刑事弁護七三～七七号。

という内容で勉強会を開催した。この勉強会では、WOH作成の資料に基づいて阿部氏から、加害者家族が被るメディアスクラムの被害や事件の見通しが立たない不安感を持っていること等、加害者家族が事件に巻き込まれている状況にあり、特に、捜査段階の支援のニーズが高いこと、家族のうち、母、妻などの女性が事件の処理を担う傾向にあること、また、相談の主訴としては、事件の推移や家族の関わり方についての不安が約八割を占め、加害者家族が直面する心理的、社会的、経済的危機に対応する支援が必要であることを外国の例も引いて説明がなされた。

このように、勉強会や、加害者家族の集いなどに参加して、ボンヤリではあるものの、問題の輪郭が見えてきた。そこで、部会では、シンポジウムの組み方の議論を行い、シンポジウムでは、犯罪を犯した人（被疑者・被告人）の家族（犯罪加害者家族）に対象を絞ることとした。さらに、シンポジウムの内容として、①テーマを「犯罪加害者家族への支援を考える」とすること、②阿部氏の基調講演、③犯罪加害者家族の実態の報告、④パネルディスカッションのパネラーとして阿部氏と草場弁護士、また、議論が一方的に偏らないようにするために日弁連犯罪被害者支援委員会副委員長の武内大徳弁護士、それに、刑事法専攻の九州工業大学佐藤直樹教授をお招きすること、最後に⑤総括をすることを決めた。さらに、資料として使うために、刑事事件の弁護に関わっている東北六会の弁護士と、阿部氏に手伝っていただき犯罪加害者家族を対象としたアンケートを実施した。その後、犯罪加害者家族用と弁護士用の各アンケートを集計・分析し、これらの結果は、シンポジウムの当日に配布した。犯罪加害者家族の回答中には、特に国選弁護人への不満が多く見られ、たとえば、「国選弁護人はやる気がない」「連絡が取れない」「ほとんど接見に来ない」「家族を人ではないように扱う」「『苦情を言うなら私選弁護人に変えろ』と言われた」「弁護人から二時間説明されたがパワハラに感じた」「女性弁護士だから女性(妻)の気持ちがわかると思ったら逆に『妻のせいで夫が罪を犯した』と責められ傷ついた」等の事例があり、親族の犯罪によって傷ついた家族に寄り添うべき弁護人(国選・私選を問わない)が、逆に二次被害を与えるような対応を取っていた事例があるという意外な結果に驚いた。また、弁護士の回答の中で「犯罪加害者家族支援の経験がない」という回答がほとんどだったので、今後、我々弁護士が研鑽を積んで取り組んでいかなければならない犯罪加害者家族支援の分野に、このシンポジウムが一石を投じることができるのではないかと思った。

さらに、当日のパネルディスカッションの論点を、❶犯罪加害者家族を支援する意味、❷ネットとマスメディアにより犯罪加害者家族の被る被害、❸犯罪加害者家族に属する子どもをどう保護すべきか、❹犯罪加害者家族の支援において弁護士・弁護士会の果たすべき役割、という大項目についてパネラーの方々に議論をしていただいた。この中で「なぜ、犯罪加害者家族に対する差別・偏見があるのか」という問題について、いわゆる「世間」にはびこる「穢れを忌み嫌う」という風潮と、家制度による「縁座・連座」の観念に原因があるという佐藤教授のお話に説得力があり強く心に残った。

そして、大会当日に上程する決議案を「犯罪加害者家族に対する支援を求める決議」として、犯罪加害者家族の人権保障・プライバシー保護のための立法措置、犯罪加害者家族に対する経済的支援、民間支援団体への財政的支出等の活動支援、国費による弁護士支援等を求める内容とした。大会では一人の反対者もなく決議案が可決され、その後、このシンポジウムの内容をまとめて冊子を作成して、日弁連や全国の弁護士会に配布した。

3 犯罪加害者家族支援委員会・犯罪加害者家族支援センターの設立

このシンポジウムの後、その成果を今後発展させて弁護士の新しい業務とするために、何らかの行動を起こさなければならないと考え、二〇一六年八月二五日、「当会に会長直属の犯罪加害者家族支援プロジェクトチーム（ＰＴ）」を作って、組織的にさまざまな問題を検討することになった。その主旨は、ＷＯＨ主催の家族の集いに参加し、犯罪加害者家族の生の声を聞いて、マイノリティに属する犯罪加害者家族の悲惨な状況に接したことで、これらの家族の人権擁護（弁護士法一条）は我々弁護士の責務であると確信したことにあった。ただ、それまで、各地の弁護士会が犯罪被害者支援の活動をしてきた現実があるため、「犯罪被害者支援」と「犯罪加害者家族支援」という表面的には相容れない活動を同時並行的に実行できるのかという悩みがあり、当会の動きも暫く停滞することになってしまった。

その後、二〇一八年四月二日の当会合同委員会で、「仮称『犯罪加害者家族支援委員会』の立ち上げについて」と題する文書を出席会員に配布して、当会に同委員会を立ち上げる必要性について説明し、何とか同年度中に委員会等を立ち上げて、犯罪加害者家族の支援を具体化しようと考え、同年四月二七日、当時の会長名で全会員に対し、「仮称『犯罪加害者家族支援委員会』プロジェクトチームへの登録のお願い」と題する文書を発出した結果、二二名という多くの会員に登録していただいた。

そして、同年五月二二日に第一回ＰＴ会議を開催し、次の各点について議決した。

① 規則を制定して、二〇一八年九月一日をもって「犯罪加害者家族支援委員会」を立ち上げること

② 実務対応機関として、同日に、委員会とは別個に、研修を受けたメンバーからなる「犯罪加害者家族支援センター」を創設し、その活動の根拠となる運営規程や、法律相談実施規則を制定すること

③ 今後の活動のタイムスケジュールを決めること

④ 犯罪加害者の刑事事件についての弁護人になった人が、その家族の支援の相談を受けた場合に生じる利益相反等についての指針の検討

この間、この活動に世間のバッシングが予想されることを覚悟して、手続を前に進めることをPT全員で確認した。

同年七月二七日、当会の臨時総会が開催され、「犯罪加害者家族支援委員会」設置に関する提案理由書に基づき、その必要性を説明するとともに、「犯罪加害者家族支援委員会」と「犯罪加害者家族支援センター」設立に関わる規定等を提案したところ、一部消極的意見もあったが、すべて可決・承認された。

このようにして、二〇一八年九月一日付で、当会に「犯罪加害者家族支援委員会」と「犯罪加害者家族支援センター」が設立され、同年九月三日、第一回の委員会を開催した。

その後、全会員に対し、「犯罪加害者家族支援委員会研修等への参加のお願い」を配布して、犯罪加害者家族支援センターへの登録依頼をした。さらに、同年一〇月一五日に、マスコミに対し、「犯罪加害者家族支援センターの業務を、同年一一月一日から開始する」旨をプレスリリースし、一〇月一七日午前一一時から記者会見を行った（この記者会見を契機に、数々のマスコミからの取材をうけることとなる）。その他、滋賀県の高校生から卒論作成のための資料提供の要請があり、その後、その卒論が優秀賞を受賞した旨の連絡があったり、また、数県の若手弁護士や地方の大学生からも問合せがあり資料を送付した。

このようにして、同年一一月一日に、登録者数二一名で「犯罪加害者家族支援センター」の業務を開始し、同年一一月一九日に一件目の相談が寄せられた。そして、二〇一九年三月七日の委員会においては、次年度の活動方針を、❶広報と研修を継続すること、❷他団体との連携を本格的に検討し、実施すること、❸犯罪加害者家族支援センター開設一周年記念シンポジウムを開催すること、を決定した。

4 犯罪加害者家族支援センター設立一周年記念シンポジウムの開催

犯罪加害者家族支援センターは、二〇一八年一一月一日から支援活動を開始し、全国的に報道されたこともあり、活動開始後一年間に県内外から一二件の相談が寄せられた。このように全国的に需要はあるものの、全国の弁護士会や民間における犯罪加害者家族支援の動きが盛り上がらない状況にあったため、立上げから一周年を迎えるにあたり、改めて犯罪加害者家族支援について考える契機とし、犯罪加害者家族支援の必要性を全国に向けて再び発信することとした。

そして、二〇一九年一一月一日に、「広げよう全国に！　犯罪加害者家族支援の輪を」というテーマで、シンポジウムを開催した。このシンポジウムを企画するにあたり、二〇一六年七月に犯罪加害者家族支援に関するシンポジウムを開催してから三年しか経っていなかったため、どういう切り口で再度シンポジウムを開催するかということに悩んだ。その結果、大きな柱として「なぜ、犯罪加害者家族支援が広がらないのか」という視点と、二〇一六年のシンポジウムで十分には議論できなかった「犯罪加害者家族に属する子ども」

に焦点を当てることとした。

このシンポジウムでは、まず、ＷＯＨの阿部氏から、「犯罪加害者家族支援の必要性」と題した基調講演をいただき、この中で、阿部氏は、加害者家族の苦しみや孤独は必ずしも事件の大きさに比例するものではなく、加害者と家族の関係性や罪質によってもさまざまで、加害者家族は皆ショックを受け傷ついていること、それぞれのニーズに合った支援の拡充が望まれることを述べられた。

続いて、当会会員から、「山形県弁護士会犯罪加害者家族支援センターの実情と課題」と題して、これまでに寄せられた相談実績（相談数、相談者属性、相談概要等）とその分析についての報告がなされ、その中で、それまでの相談はすべて電話によるものだったが、今後面談相談や受任して対応する必要のある県外の事案が出てきた場合には、山形との往復や費用の面で限界があるとの懸念が示され、さらには、支援についての周知方法やワンストップ対応を可能とするための他の専門機関（社会福祉士会等）との連携体制の構築が必要であること等を提示した。

次いで、第一部では当会会員が、「犯罪加害者家族に属する子どもへの影響とその防止策」というテーマのもと、ＷＯＨから提供いただいた八つの相談事例を分析し、犯罪加害者家族に対する差別や偏見により、たとえば、子ども自身が「殺人者の子」というレッテルを自らに貼ることによって、子どもの成長発達権や学習権に重大な影響を与えること、その場合、誰が、誰に対して、いかなる支援をすべきか、さらに、子どもへの影響を防ぐには、法律、福祉、心理等の各専門分野が連携・情報共有をして、子どものみならず犯罪加害者家族に属する一人ひとりのニーズに応じた支援をすることが重要であるという指摘を行った。

さらに、第二部の「なぜ、犯罪加害者家族に対する支援が広がらないのか」というテーマの中で、その前半では、犯罪被害者支援センターえひめ所属の犯罪被害者遺族の方から、犯罪加害者家族から直接謝罪を受けた際のエピソードの紹介があり、その中で「加害者家族もまた心を痛め苦しんでいる」と感じ、犯罪加害者家族に対する被害者遺族としての心境に変化が生じた、と述べられた。

また、第二部後半では、全国の弁護士会に対して行った、犯罪加害者家族の支援体制の有無や体制構築の検討状況等を尋ねるアンケートの結果が報告され、他会においては、人的限界や弁護士の関心が低い等の理由で、犯罪加害者家族支援の体制構築が進んでいない実態が明らかになった。

その後、シンポジウム後半ではパネルディスカッションを行ない、パネリストとして、阿部氏および犯罪被害者遺族の方、草場弁護士にご参加いただき、犯罪加害者家族に属する子どもが受ける悪影響と支援策、さらに、犯罪加害者家族支援をさらに広げてゆくための方策等について議論がなされた。

二〇一六年のシンポジウムで明らかになったように、犯罪加害者家族に対する差別・偏見をなくすには、「世間は穢れを忌み嫌う」という風潮を少しでも変えなければならず、そのためには、しつこいようではあるが、今後何度でも社会に対する働き掛けを行う必要があると思っている。

5 犯罪加害者家族支援センターに寄せられた相談について

犯罪加害者家族支援センターの活動を開始した二〇一九年一一月一日から現在までに全国から一七件の電話相談が寄せられ、相談者の住まいは、山形県内七件、北海道一件、関東地方六件、中部地方一件、近畿地方一件、中国地方一件であった。また、主な相談内容は、実名報道による被害、犯罪加害者の兄弟への影響、被害者への謝罪、被害者からの損害賠償請求、犯罪加害者との離婚、服役中の家族の生活費、犯罪加害者が出所してきた後の家族の扶養など多岐にわたっていた。このように、犯罪加害者家族の負う精神的・経済的・社会的な苦悩はさまざまであるが、早期の支援を必要としていることがわかった。

今後、山形県弁護士会犯罪加害者家族支援センターは、関係者と連携しながら支援活動を力強く進めていくつもりであるが、少なくとも各県に一カ所の犯罪加害者家族支援の活動拠点が設けられ、犯罪加害者家族支援の輪が全国に広がることを切に願っている。

そして、弁護士として犯罪加害者家族の支援を行うにあたっては、弁護士が頭だけで考えた支援ではなく、犯罪加害者家族から各ニーズを具体的かつ詳細に聞き取って、犯罪加害者家族が犯罪前の平穏な生活を取り戻すまで、これらの家族に寄り添って継続的に支援を行っていかなければならないと思っている。これが弁護士および弁護士会に課された課題である。

鹿児島大学司法政策教育研究センターの加害者家族支援研究会

1 設立の経緯

鹿児島大学司法政策教育研究センター（センター長・米田憲市教授）での加害者家族支援研究会は、私、原田いづみがプロジェクトリーダーとなり、WOH代表の阿部恭子氏を顧問に、二〇一九年一一月に開始した。[2]

原田は、一九九九年に栃木県の宇都宮市で弁護士となったあと、二〇一二年から国税審判官などの任期付公務員となり、[3] 二〇一九年四月に鹿児島大学法文学部の教員として生まれて初めて鹿児島に赴任した。

加害者家族支援活動を全国で初めて開始し、精力的に活動されている第一人者の阿部氏とは、古い知り合いである（東北大学の大学院時代、二〇〇四年かそのあたりに知り合った）。しか

2 なお、鹿児島大学司法政策研究センターの研究会としての活動は、二〇二一年三月に終了した。
3 弁護士資格を保有しながら期限付きで公務員となるもの。弁護士の知識、経験を活かした職務遂行が望まれる。

し、加害者家族支援の活動をしていたわけではない。もともと、東北大学の院生であった阿部氏が活動を始めたということは耳にして、「ずいぶん大変な道を選んだなあ」と思っていたくらいだ。だが、宇都宮市で弁護士をしているときに、弁護活動を忙しくやっている中で、被告人の家族に関してはもっぱら情状証人でお願いするだけで、その家族の方々への配慮が足りなかったのではないか、ということは常に心にひっかかっていた。

鹿児島大学に来てから阿部氏と偶然コンタクトを取るようになり、加害者家族支援の活動について話が出たときに、阿部氏の九州の足がかりのひとつにもなるであろうということ、また、加害者家族の窮状は認識しつつも、法律家としてこれに対して何もしてこなかったという反省の気持ちから、加害者家族支援研究会を立ち上げることとした。

2 研究会の活動実績

研究会での活動実績は、本章末「【資料】鹿児島大学司法政策教育研究センターの加害者家族支援研究会の取組み」に記したとおりである[↓四〇八頁]。

新型コロナ感染症の広がりから感染防止のために何度か研究会や家族会を断念したが、

ズームを利用して、なんとかやってきた。もっとも、ズームゆえに、県外からの参加が可能となり、後述する全国加害者家族支援ネットワーク会議も実施できた。ネットワーク会議では、ズーム参加による多数の参加者に恵まれ、新しい手法の恩恵による活動の広がりの可能性を感じることができたのは収穫であった。

弁護士としては、具体的な活動内容や、活動に伴う障害などの実務上の具体的な事例を聞いてみたいという気持ちが強く臨んだのであるが、むしろ、活動をしている方々がどうして活動に携わるようになったのか、どういった気持ちで携わっているのか、という感情的なお話が心に染み入った。そのパッションが日本の加害者家族支援を支えているのだと改めて思った次第である。そして、各地で行われている点と点をつなげて、全国的な加害者家族支援をできるだけ早く実現することが必要であると改めて痛感した。

ところで、内容が第一なのであるが、運営側としては、事前の申込み受付から、当日の運営、報道対応などにもかなり気を使った。鹿児島県弁護士会のK弁護士、鹿児島大学刑事訴訟法専攻の院生(当時)のN氏には当日の運営を手伝ってもらい、司法政策教育センターのスタッフにもさまざまな準備や事務作業をしていただいた。裏方で手伝ってくれた方々に改めて御礼を申し上げたい。

3 活動の振返り

新型コロナ感染症対策のために中止となった研究会や家族会がかなりあったという印象であるが、結果を並べてみると、それなりに活動できたのではないかと、今は思える。これも、阿部氏が疲れを見せずに何度も南九州の鹿児島に足を運んでくれたり、忙しい中ズームでの講演を熱心にしてくれたりしたからだと改めて感謝したい。そして、これらの活動の中でも、改めて振り返りたいのは、家族会、情状鑑定勉強会、全国加害者家族支援ネットワーク会議である。

まず、家族会は、本章末【資料】②のとおりの参加人数であり密度の濃い会となった〔↓四〇九頁〕。阿部氏の経験に基づくアドバイスが参加者の心を打ち、安心感をもらったことが見て取れた。それに加えて、弁護士はもっと大きな役割を果たすことができるのではないかということを感じた。以前に東京での家族会に一度参加させていただいたことがあり、そのときも感じたことではあるが、加害者家族の方々が直面する刑事手続や示談についての説明や離婚などの家事手続についてのアドバイスはまさに弁護士の領域である。場合によっては債務問題を抱える家族がいるであろうが、債務整理についてのアドバイスもすることができる。

次に、情状鑑定勉強会については、「家族は加害者がなぜこのような犯罪をしたのかを知りたいという気持ちがあり、情状鑑定はそれを解明できる有効な手段のひとつだ」と阿部氏から聞いたことが実施の発端である。このことは家族会でも実際に聞かれたことだ。そして、情状鑑定は比較的新しい手法であり、原田は経験がないが、刑事弁護を経験してきた弁護士としても興味を持ち、ぜひとも鹿児島で勉強会をしたいと思っていたものだ。

個人的には、刑事裁判は被告人のためのものであることから、〝家族のため〟という動機付けには躊躇もある。また、原因がわかった結果、被告人から離れていく家族もいる可能性があることを想定するとなおさらである。しかし、一方で、どうして本人がこのような犯罪を行ったのかまったくわからない、という苦しい疑問を考えると、その苦しみが少しでも解消できる可能性があるのであれば、その可能性と課題を探っていくべき、と今は考えるに至っている。

最後に、全国加害者家族支援ネットワーク会議についてはすでに記載のとおり、加害者家族支援にたずさわる団体、個人が一堂に会し、全国の一〇〇人近い人が参加してくれた。この事実は、日本の加害者家族支援にとって間違いなく大きな意義があった。今後の実施についても取り組むべき課題だ。

加害者家族支援における弁護士の役割

1 加害者家族支援における弁護士の関わり

弁護士は、刑事事件を受任する過程で加害者家族と接触を持つ機会があり、加害者家族の抱える悩みに近い位置にいると言える。また、進行中の刑事事件でなくとも、刑事事件の経験から、加害者家族の抱える悩みについては十分想定しうるのであるから、相談、問題に対しては弁護士であれば対処できることは多い。「弁護士は、基本的人権を擁護し、社会正義を実現することをその使命とする」(弁護士法一条一項)のであって、弁護士の有するスキルや社会的立場を考えればそのように期待されているはずである(と信じたい)。

しかし、現実には、加害者家族支援への弁護士の関わりはそれほど広まっているとは言えない。それはどうしてだろうか。

理由として思いつくのは、

① 進行中の刑事事件において、刑事弁護人が、家族への支援も視野に入れるとなると仕事が加重になってしまうこと

② 進行中の刑事事件において、守秘義務の問題や、加害者本人と家族で利益が相反する、そこまでいかないにしても考えや意見が違い、双方のために行動することは法律上、事実上なれない場合があること

③ そもそも加害者家族の支援が法律問題でないことも多く、弁護人の仕事の領域ではないと考えられていること

④ 加害者家族支援のスキルがないこと

などである。

2 弁護士の役割

弁護士としてはどのような役割が期待されるであろうか。

たしかに、理由①や、理由②の問題から、進行中の刑事事件の弁護人が加害者家族支援まで担うのは難しい場合もあろう。

そのような場合は、刑事弁護に携わる弁護士の方々には、加害者家族に近い位置にいるということを改めて意識してもらい、家族に何らかの助力の必要性を察知したならば、自らは何かをできないとしてもWOHなどの支援団体につなげてもらいたいのである。法的問題が生じている場合は、支援団体で別の弁護士を紹介することは十分可能なのである。支援団体を紹介するだけでも、家族にとっては十分に救いとなるのである。

理由③については、意識改革が重要となる。しかし、私が家族会に参加して感じたことでもあるが、加害者家族が抱える問題は、民事、家事、破産事件など、まさに法的な解決を必要とするものであり、弁護士の役割は大きい。具体的な必要とされる仕事の内容と留意点は、本書などに詳しく説明されている。これらの書籍をテキストに業務改革の一環として弁護士の職域として捉え直すことで、もっと携わる弁護士が増えるのではないかと考える。各弁護士会でこれらの本などをテキストに積極的に勉強会を実施していただければ、ハードルが下げるのではないだろうか。また、たとえば法テラスの扶助の項目として加害者家族支援というものができれば大きく違うのかもしれないとも思われる。

そして、現在認識しうる限り、残念ながら、弁護士会として取り組んでいるのは山形県弁護士会のみである。しかし、加害者家族支援について弁護士も取り組んでいるのだ、というイメージが社会や加害者家族に熟成されなければ、なかなか相談や依頼も出てきにくい。そして、加害者家族の中には、地元ではなく他県での相談を希望される方もいるであろう。そういった意味で全国的な弁護士会での取組みの広がりが必要だ。山形県弁護士会「犯罪加害者家族支援センター」の遠藤弁護士も全国への広まりの必要性を語っていた。

そういった意味で、全国加害者家族支援ネットワーク会議には、鹿児島県弁護士会の弁護士を含む、山形県以外の弁護士が複数参加していた。このネットワーク会議をきっかけに、弁護士の取組みが全国に広がる可能性に期待したい。

大学をコアとした加害者家族支援の意義

1 さまざまなバックグラウンドの人が集いやすい

大学は、研究者、実務家、学生、市民、そして、加害者、被害者、その家族、あるいは弁護士、検察官、心理関係者、報道関係者など、プライバシー保護などのルールを守れば、立場を超えて人が集まり、一緒に問題を考えることができる場である。そういった意味で、加害者家族支援というセンシティブ、かつ、ときには意見が対立しやすい領域の問題への検討を深め、その対処法を生み出すのにふさわしい場であると言える。

2 実務家と研究者との協働

弁護士が加害者家族支援に関わる必要性、意義は高いのであるが、まだ多くの弁護士がスキル不足、経験不足であることは否めない。また、複雑な問題に対応するためには、その領域の専門家たる研究者との協働が有効である。

また深刻な社会問題の一つでもある加害者家族の問題をアカデミズムとして研究領域とすることは大学としても社会から望まれることであろう。研究者が存在する場所でもある大学で、実務家と研究者とが協働し、加害者家族支援についての理解を深めることは意義のあることである。そういった意味で、大学は加害者家族支援活動を支える拠点ともなりうるのである。

3 人材の育成

また、学生への教育の一環として加害者家族の現状や支援の必要性を伝え、一緒に考えてもらうことは、学生自身にとっても実りある学びとなるとともに、問題意識がある人材を育成し、社会に送り出すことができる。このことは、地道ではあるが社会の変革につながることでもある。

おわりに

以上、山形県「犯罪加害者家族支援センター」および、鹿児島大学司法政策教育研究センター「加害者家族支援研究会」の活動を報告し、加害者家族支援における弁護士、大学の役割について述べた。

山形、鹿児島の地で始まった弁護士、大学による加害者家族支援活動の点が今後も増加し、これが線となり、そして日本中を覆いつくす面となっていくため、自分たちでできることを模索しつつ、今後もこの活動を続けていきたいと考えている。

【資料】鹿児島大学司法政策教育研究センターの加害者家族支援研究会の取組み

① 二〇一九年二月二日　第一回加害者家族支援研究会「加害者家族支援の現状と支援」講師阿部恭子

加害者家族が置かれた状況や、これに対する支援制度の不十分さ、民間の活動に頼っていることの現状、具体的な支援の内容についての話があった。弁護士、研究者、社会人が参加し、鹿児島で初めての研究会とあり、また加害者家族支援というテーマのもの珍しさもあり、多数の報道陣が詰めかけた。また、昼の部として、法文学部法経社会学科法学コースの「司法政策論」の講義の一環として、阿部氏にゲストスピーカーとなってもらい、学生に加害者家族支援の活動の実際を伝えてもらった。一〇人前後の学生が参加し、今まで聞くことはなかったであろう深い問題について考えさせられ、非常に良い経験となったであろう。なお、二〇二〇年度の司法制度論でも阿部氏による加害者家族支援についての講義をズームにて実施した。

② 二〇二〇年一月一三日　第一回家族会（鹿児島市内）

阿部氏がコーディネイト、原田が陪席し、それぞれの事情を抱える三家族五人が参加した（＊その後コロナ感染症対策のため家族会は中止が続き実施は途絶えている）。

③ 二〇二〇年二月一五日　WOH主催で熊本市で開催された交流会に原田参加。

④ 二〇二〇年三月一六日の研究会および家族会はコロナ感染症防止対策のための中止。

⑤ 二〇二〇年四月二五日、二六日　加害者家族からの相談ホットライン設置。

家族会が実施できないことから、ホットラインを設置した。周知はしたが、相談者はいなかった。

⑥ 二〇二〇年七月一一日　第二回研究会「加害者家族を支援する 支援の網の目からこぼれる人々」（ズームによる遠隔実施）。

阿部恭子『加害者家族を支援する――支援の網の目からこぼれる人々』（岩波書店、二〇二〇年）をテキストに、阿部氏講師で研究会を実施。加害者家族支援についての国際比較、具体的な事案への対応の実例、これまでの活動で蓄積した論点の整理についての報告と質疑応答がなされた。参加者は、鹿児島県の弁護士三人、司法書士一人、心理関係（大学教員含む）三人、大学研究者（私を含む三人）、山形県の弁護士二人、報道関係者計一三人の参加があった。

⑦ 二〇二〇年一二月五日　第三回研究会「情状鑑定」（鹿児島大学司法政策教育研究センター「法と心理研究会」と共催）（ズームによる遠隔実施）。

刑事裁判における情状鑑定に関する勉強会が弁護士、研究者、心理関係者に限ったクローズドの研究会を実施した（なぜ加害者家族支援と情状鑑定、ということについては「活動の振り返り」で記載［↓四〇〇頁］）。

講師は、情状鑑定経験が豊富な相澤雅彦氏（公認心理師、臨床心理士）で、情状鑑定を実施の際の具体的な手順についてのお話をいただいた。弁護士の参加も多く、刑事裁判の際に実務上問題となりそうな質問も多数だされ、鹿児島ではあまり焦点が当てられなかった情状鑑定の認知度をまずは上げることができたのではないかと思われる。参加者は弁護士八人、研究者五人、ほか心理関係者などで、計一六人の参加があった。

⑧　二〇二一年三月二七日　「全国加害者支援ネットワーク会議」（ズームによる遠隔実施）。

加害者家族支援に携わる団体、個人が一堂に会してその経験や活動における難しさを共有し、加害者家族支援活動を全国的に広げるきっかけとするために実施した。主催はＷＯＨ、鹿児島大学司法政策教育センター共催。総合司会は、鹿児島大学司法政策教育研究センター長の米田憲市教授で、報告団体・個人は以下のとおりである。

・ＷＯＨ（副理事長・関孝江氏）
・ＷＯＨと同様に、加害者家族支援の相談、家族会の実施その他支援活動をしているＮＰＯ法人スキマサポートセンター（代表・佐藤仁孝氏）
・弁護士会として日本で初めて加害者家族支援活動を開始した山形県弁護士会「犯罪加害者家族支援センター」遠藤凉一弁護士
・元受刑者の社会復帰支援などを行うＮＰＯ法人マザーハウス（代表・五十嵐弘志氏）
・元受刑者の就労支援のための求人雑誌「社会復帰応援求人誌ネクスト」を発行する株式会社豊生（社長・山本晃二氏）
・名古屋地方で家族会を支援するなど、加害者家族支援活動を行っている原武之弁護士

また、後半では、二〇一〇年に宮崎県で家族三人を殺害した死刑囚の支援を続ける「オークス　奥本章寛さんと共に生きる会」事務局荒牧浩二氏と阿部氏が対談した。その死刑囚への支援が地域の理解も得られながら続けられているという珍しい（と思われる）事例で、荒牧氏による地道な活動の実際や支援の意義、複雑な事件における裁判制度や死刑制度などについてお話があり、さらには熊本大学大学院人文社会科学研究部教授の岡田行雄先生（刑事政策、少年法）からもコメントをいただいた。ネットワーク会議は、全国から一〇〇名近い方々に参加していただき、盛大なものとなった。

第5章

「加害者家族の集い」のひとつのあり方

遠藤真之介（えんどう・しんのすけ　NPO法人WOH副代表）

家族会の開催

私たちNPO法人World Open Heart（以下、「WOH」）では加害者家族支援団体として、個別相談・支援以外に加害者家族の集い（以下、「家族会」）を定期的に開催している。これは団体設立当初から行っており、私たちの支援活動の大きな柱となっている。

家族会は自助グループのような、ピアカウンセリングの形を取る。加害者家族たちはここで苦悩、不安、不満、怒り、悲嘆を言語化してゆく。家族が逮捕されて以来、塩漬けにしてきた感情を言語化してゆく中で、参加者たちは気持ちに整理をつけ、自分自身を取り戻し、時に安心を得て帰途につく。特に「ほかの参加者の話を聞くこと」は、感情を言語化して語る以上の効果があると筆者は考えている。

二〇二一年七月現在、新型コロナウイルス感染症のパンデミックにより何度も中断を強いられている（日本国政府により緊急事態が宣言されたとき、またそれに準ずる事態になったとき）ため、いわゆる「コロナ禍」以前より開催回数は減ってしまっている。しかし私たちはこの会を、ZOOMなどのオンラインツールを用いて開催することはなかった。一つの場所に対面で集まり、場を共有しての家族会を重視し開催している。それは家族会の開催に、①参加者の心理的安全の確保、②場の共有、③スタッフによるファシリテーションを必要としているからである。

仮に家族会をオンラインツールで開催したとする。もしも参加者から見えない位置に、家族会を視聴できる人がいたら秘密は守られないし、参加者の心理的安全は確保できない。またオンラインツールに対して絶対的な信頼を寄せることは不可能で、安心して参加してもらえることが大前提となる。[1]

仕切られたコミュニティ

家族会で最も大切にしていることは、それが常に「仕切られたコミュニティ」であることだ。それはスタッフによるファシリテーションが存在し、発言権が順番に回り、参加者同士のコミュニケーションは家族会の間でだけ存在する、という意味である。

家族会では「世間」と違って「犯罪加害者家族」である参加者を非難したり攻撃する人がいない。「意図的に他の参加者を批判したり非難したりしない」というルールを設定しているからだ[↓三二四頁]。仮にこういう発言がなされそうになったとき、ファシリテーターはそれを止める権限を持つ。またこれと同様に「被害者にも非があった」という旨の話も、ファシリテーターはストップをかける。被害者に加害の責任転嫁をすることはあらゆる意味で問題の解決にならず、ただ話者がカタルシスを得るだけの行為になりかねない。また「被害者に非があったから加害を正当化する」という言説はモラルハザードにつながりかねず、

1　WOHの家族会運営については、本書第3部第3章参照[↓三二七頁]。

これも「不規則発言」として禁じている［↓三二七頁］。

このように家族会にはルールがいくつか存在する。まずは「言いっぱなし・聴きっぱなし」であること。これにより上述のように非難・攻撃する言説を禁止するとともに、他の参加者の発言に意見をすることも禁止している。これは参加者同士での「不必要かつ無責任な介入を防ぐ」効果もあり、不要なトラブルの防止にもつながっている。

ついで「秘密の保護」である。会場で耳にしたことは他言無用で、誰が参加しているのかも含めて「会場の外」で話題にしてはならない。耳にしたことは「会場に置いていく」ことを参加者に求めている。

ゆえにメモを取ることも禁止である。初めて参加する当事者は「（警察や弁護士との関係、公判のゆくえなど）これからどうして行けばいいのか」がわからず、不安ゆえにメモを取ろうとすることが多い。「何かを得て帰りたい」気持ちは理解するのだが、他の参加者の安心のためにも「ペンと紙は鞄にしまってください」とファシリテーターは呼びかけるのである。もちろん私たちファシリテーターもメモを取ることはない。

また参加者もスタッフも、街のどこかで偶然会ったとしても声をかけないようにしている。声をかけて会話が始まり秘密が漏れることを防ぐためである。会場の近くで参加者とすれ違ったとしても、私たちスタッフは挨拶さえしない。当初はこれが不興を買ったが、なぜこうした態度を取るのかをちゃんと説明するようにしており、参加者からは理解をいただいている。

こうしてスタッフが運営し、ファシリテーターが会を仕切り、ルールが設定され、限られた時間だけの人間関係を設定するという、〝仕切られたコミュニティ〟で家族会は運営される。それは参加者の安全を確保するためである。その上で参加者は、加害者家族としての苦悩、不安、不満、悲嘆をできうる限り言語化してゆく。

この場において言葉にできたことの多くは、「これまで言語化してこなかったこと」であり、それは「これまで認めて来なかった現実を認める」ことでもある。こうしたプロセスを通じて参加者たちは、次第に気持ちの安定を得てゆく。

「役割」から「関係」としての家族へ

家族会の参加者はみな良識的な人たちばかりである。話を聞く限り最低限の道徳を備え持った一市民、という印象である。もちろん「家族が逮捕され」ても彼らの世話を放棄しない、「家族の義務」を手放さない人たちであるので、当然ではある。

そして参加者の多くは女性である。母として、妻として、娘として逮捕された当事者の世話を続け、被害者に謝罪をし、裁判に備え、また刑務所に通って面会をし、当事者に代わって賠償をし続ける。

セッションの間、ファシリテーター以外に男性がいない光景にはすっかり慣れてしまった。しかしやはり、この光景はおかしい。なぜ男性がいないのだろう?

東京の家族会を担当して以来八年、親のセッションで男性(つまり父親)に出会ったのは一名だけである。個別相談としては数名に出会ったが、父親の参加は相当珍しい。また「きょうだいの会」で男性を見かけることは、数回あった。それも「きょうだいを支える妻を支える夫」(つまり当事者の義理のきょうだい)としての参加が主で、自身のきょうだいの相談に来る男性は非常に少ない。

ここから垣間見えるのは、日本の家族に通底する「役割」分業である。つまりジェンダーによって家族の中で役割が固定され、人々はジェンダーによって割り振られた「役割」を生きている。つまり、こうした家族の中で人々が生きているのは「人生」ではなく「役割」なのではないだろうか。

母として、妻として、娘として家族の「ケア」をしていても、加害・犯罪による逮捕はあまりにも荷が重い。風邪をひき寝込んだ人間を相手にしているのではなく、ケアの相手は目の前から消え、被害者とマスコミが目の前に現れる。野次馬さえ現れ、心ない言動により生活は荒らされてゆく。それでもなお、彼女たちは「ケア」を続ける。

憔悴したまま参加した家族会に出席したばかりのころ、多くの人たちは言葉が少なげである。そしてこうした「加害者家族」が自分一人だけではないことを知り、他の経験者の話を聞いて嗚咽を漏らす。それは孤独から解放された安堵ゆえの嗚咽である。

その後、参加者たちは家族会のセッションを通して、家族の中での自分の役割と立ち位置を修正していく。一度だけではなく、発話のたびに認識と修正を繰り返していく。その中で「家族の中での自分の役割」を再定義していく。これまで母として、妻として、娘として家族の中で生きてきた。そんな日々に突然入ったくびきが、家族の逮捕だったのである。

父親が加害当事者である若い女性は、彼女が物心ついた頃からの、父親の度重なる犯罪行為に耐えて生きてきた。母親が若くして亡くなったため、中学の頃から父親のケアを行っている。家族会に参加し始めた頃は心身ともに疲労が大きく、会場に足を運ぶだけでもやっとの状態であった。その彼女が出した結論は、「父が出所しても面倒を見ない。自分の人生を取り戻したい」というものであった。ある意味で「ヤングケアラー」だった彼女は、ようやく自分の人生を取り戻そうとしている。

また男性も父として、兄として（筆者はまだ「夫として」参加した参加者に出会っていない）の役割を携えて家族会に参加する。加害当事者に対する家族としての心情よりも、役割を軸に接している。ある父親は「これまでどこに出しても恥ずかしくないように厳しく育ててきた。それなのに、なぜ息子があああいう犯罪に走ったのかが納得できなかった。けれどもう少し、彼に向き合って話をすべきだったのではないか」と言ったことがあった。

それは道徳の中での父親としての「役割」を超えて、「息子」と向き合う一歩を得た瞬間だったのだと捉えている。

このように参加者はこれまで営んできた家族の中での役割を相対化し、加害当事者とどのように向き合うのかを再定義してゆく。それは「家族の中のわたし」を新たに掴んでゆくことになる。役割に振り回されず、自分の人生を生きることによって、当事者との関係を新たにするのではないだろうか。

私たちは、どこまで寄り添えるのか？

私たちスタッフは家族会のファシリテーターとして、加害者家族に寄り添っている。少なくともその意識で上記のような家族会を一〇年以上運営してきた。それでもなお自問自答するのは、「果たしてどこまで寄り添えているのか？」ということである。

家族たちの話を聞いていて、納得できることも共感して涙することもある。しかし現実はそれだけではない。納得も承服もできない話題もある。しかし、それでも家族たちの苦悩と悲嘆に耳を貸さなければならないし、場合によってはスタッフとして意見する必要も出てくる。家族会の運営はこうしたジレンマの歴史でもあった。

本稿の執筆は、ちょうど新型コロナウイルスのパンデミックと重なった。家族会が開催できない、私たちスタッフにとってとても辛い時期であった。ここで出した答えは、「家族会においては、それを開催するだけでも当事者たちに寄り添っている」ということであった。

このパンデミックの中で幾度も中止され、その合間に安全を配慮した上で開催した際、多くの当事者たちからその再開が喜ばれた。それまでは「毎月、私たちは決まった日にここで開催しています。なので遠慮せずに来てください」と参加者に呼びかけていたのだ。それができなくなってしまったことが悔やまれるが、「家族会を開催することが寄り添うこと」の第一歩であったことを思い知らされた。それはまた、「スタッフだけが寄り添っているのではない」という現実をも思い知らされる。

私たちスタッフはファシリテーターとして家族会を運営し、その中でセッションの方向性を調整している。だが、それはファシリテーターが参加者に影響を与えているのではない。参加者に影響を与えているのは、その他の参加者なのである。

特に事件が発生し家族の逮捕から間もない参加者にとって、他の参加者の経験談はかなり心強いものであるようだ。また逆に長年参加してきた人にとって、事件発生から間もない人の話は自分が経験してきたことの気持ちの整理につながることがあるようだ。自分が経験してきたことと同じような話を聞き、「自分の経験がちゃんと過去になる」という心理的経験をする。

こうして新しい参加者と以前からの参加者の間で相互作用が生じてゆく。それはまぎれもなく「寄り添い」である。スタッフがセッションを調整して会がうまく運営できるというのは思い上がりでしかなく、実際に寄り添っていたのは「参加者同士」であった。前述した

「仕切られたコミュニティ」がコミュニティとして十分機能しているのは、参加者同士の相互作用によるものである。ファシリテーターの「仕切り」は裏方作業でしかない。

ある日のセッションでは新規の参加者が数名おり、「子どもの懲役が始まるが、面会にどうやって行っていいのかわからない」という発言が相次いだ。そのためスタッフの発案により、「他の参加者に質問してもいい時間」を例外的に設けた。すると長く参加している人から刑務所へ面会に行くときのアドバイスを聞くことができ、新しい参加者たちの不安そうな顔つきが大きく変わったといったことがあった。こうしたことも参加者同士の「寄り添い」と言っていいだろう。

「家族じゃないからできる」こと

ある事件が発生して犯罪報道がなされると、多くの場合家族へのバッシングが起こる。SNSで拡散される場合もあれば、実際に嫌がらせが起きることも多い。家族がまるごとこのようなことのターゲットにされてしまった場合、家族だけではその問題を解決できないことが多いようだ。どんなに地位と財力を持っていても、バッシングや嫌がらせを止めることは難しい。そして本来寄り添って助け合って生きて行く存在である家族が、その機能を果たせなくなってしまう。

家族会にやってくる多くの人たちがこのような悲嘆と苦悩を漏らしている。だが、それに耳を傾けている私たちスタッフも他の参加者も、参加者から見ればその「家族」ではない。こうした場合「家族じゃないから寄り添える」ことが見えてくる。

月にたった数十分間の限られた時間で、互いに介入しないという距離を設定され、話題に意見をしないという制限の中で、参加者たちは相互に寄り添っている。

あなたが子どもの頃を思い出してほしい。転んですりむいたときに、親や家族になんと言ってほしかっただろう？「痛かったね」という一言ではないだろうか。経験や考え方にたとえ共感できなくても、その人が味わった痛みくらいは想像できる。少なくとも私たちスタッフにできることは、参加者が経験した痛みに寄り添うことである。その経験がいいとか悪いとか、倫理的な判断をする場ではない。もちろんファシリテーターとして聞いていて、納得も承服もできない話題が出てくることもある。ただ私たちはそれを裁く立場にはない。つまりファシリテーターにできることは、ごく限られているのである。

そうなると話や痛みに寄り添っているのは、家族会の場にいる全員なのである。私がこれまで「仕切られたコミュニティ」と表現してきたのはあくまでも「ファシリテーターの目線」から見たものであり、家族会を俯瞰して見ればそれは「互いに寄り添うコミュニティ」であった。家族ではない他人が、傷ついた家族に寄り添って支えている。また事件によって分断されてしまった個人の悲嘆にさえも寄り添っている。現代の社会の中で、私たちスタッフはこうした家族会を絶やさずに続けて行く責務があるのであろう。

第6章

家族支援と本人の再犯防止——スキマサポートセンターの取組みから

佐藤仁孝（さとう・じんご　NPO法人スキマサポートセンター理事長）

はじめに

二〇一五年一月、NPO法人スキマサポートセンター（以下、SSC）を設立した。臨床心理士・公認心理師を中心に、弁護士、社会福祉士、その他、実務者で構成されており、加害者家族の抱える多様な問題に対応できるように専門家が集まっている。支援内容は、電話相談、ピアカウンセリング、個別面談などが主である。必要であれば、転居に関することや、福祉的支援なども行っている。また、当法人の特色として、司法・矯正・保護の分野で勤務経験がある臨床心理士・公認心理師が多く在籍している。家族からの依頼を受けて、加害者本人のカウンセリングや就労支援等も行っている。近年では精神科クリニックと提携し、速やかに医療へとつなぐことができるようになった。

SSCによる加害者家族支援——相談内容の概要

加害者家族から、よく受ける相談は、「これからどうしたらよいのかわからない」「本人の再犯防止をどうしたらよいのか」という内容である。家族構成、経済状況、住環境などによって考慮すべき内容は異なる。

「これからどうしたらよいのかわからない」という相談の多くは、加害者本人が逮捕されて間もない時期である。相談者自身、何を聞いてよいかわからないことも多い。初犯のケースでは、裁判や弁護士と今まで無縁であり、その知識がないことがひとつ考えられる。

事件の状況を最も把握しているのは、担当の弁護士であろうから、弁護士への質問を一緒に考えたりする。量刑の見込みや、裁判の期日などを知ることで、家族は身の振り方を考えられるようになり、その後、具体的な生活再建に向けて行動できるようになる。

加害者家族にとって「どうしたらよいかわからない」ことは、刑事事件手続に関する内容だけではない。事件がメディアに取り上げられることの影響に関してすることや本人や家族の職場への対応、子どもへの影響、転居・転校など、それぞれの課題が労力を要するものばかりである。

加害者の家族や親戚、友人が、生活再建のために住居を提供してくれたり、子どもの世話を頼めるなど協力的であると、問題は悪化しにくい。生活が崩れ、危機介入が必要になるケースは孤立しているケースである。

生活面では、引越しをした方がよいのか、という質問が多い。一概には言えず、事件の内容や生活環境による。家族がその場で住み続けるのに「周囲の目が気になる」かどうか、が判断の一要因になるように思う。

加害者本人の事柄も家族が変わって行うことがある。たとえば、債務整理、退職に係る手続など加害者本人の事柄も家族が代わりに担っており、多くの家族が困惑している様子である。

精神面では、「他の家族はどうやって乗り越えてきたのか」を当事者の体験を知りたいというニーズから家族会に参加することがある。

加害者家族の中には、本人の犯罪収益で生活するなど、本人の犯罪を助長しているような家族も現実にはいるが、当方に相談をしてくる家族は、すべてと言ってよいほど良識のある家族であるように見受けられる。

加害者本人の支援

1 本人の再犯防止と自立に関する家族の悩み

「本人の再犯防止をどうしたら良いのか」という相談が多いことは冒頭に述べたが、保釈、執行猶予判決、矯正施設の退所というステージごとに、加害者本人の再犯防止と自立が課題として上がる。家族は本人の逮捕時から、なぜ本人は犯罪行為をするに至ったのか、自身の子育てや、本人の幼少期のエピソードなどを携えて、相談の電話をしてくることがある。本人に関する悩みとしては、本人の精神疾患に関すること、本人の就職と自立、家族と本人の関係性などが多い。

近年、そのニーズに対応するため、加害者本人の再犯防止と自立の支援にも力を入れている。本人の安定は家族の安心へとつながるため、その意味では家族支援の一部ととらえることもできるが、何より、さらなる被害者を生まないための取組みでもある。

2 加害者本人の見立てと支援

加害者本人が、なぜ犯行に至ったのかを理解し、どうすれば再犯を防止できるのかを考察し、具体的な支援を施す。家族の述べる断片的な情報で理解できるものでもなく、本人と面談することが最低限必要である。犯罪の種類や本人のパーソナリティによって関わり方が大きく変わり、特に性犯罪、薬物事犯など依存症を背景とした犯罪では専門性が求められる。面談者として適しているのは臨床心理士だろう。もっとも、司法・矯正の分野で経験を積んでいると、本人とのやり取りや弁護人とのやり取りがスムーズであることもあり、基本的に刑務所などで多くの加害者と相対した経験のある臨床心理士が担当している。本人と臨床心理士が面談を重ね、裁判資料として意見書を提出し、実際に医療機関や支援機関など受入れの段取りをするなど、いわゆる入口支援を行っている。社会内で本人へのカウンセリング、就労支援、住居探しなどの自立支援といった出口支援も行っている。できるだけ、たらい回しのような状態になるのを避けるため、カウンセリングルームを設立し、提携先の精神科クリニックですぐに受診できるように整備した。

薬物、性犯罪のケースでは、家族が治療的支援を求めているにもかかわらず、本人は望んでいないことが多く、本人自身が治療を必要と認識するに至っている者は少ない。

家族が本人を説得すれば、逮捕されている立場から本人は治療を受け入れることはあるが、治療や施設という響きの悪さからか、不安と抵抗がない者はいないであろう。そのため、家族から、本人と面会し、治療が必要かどうか見定め、本人を説得してほしいと依頼されることがある。そこに本人の意思もあり、家族の意思と差異が生じていることも多々ある。それらをクリアしてから、適した支援機関に連絡をとり、面会の段取りなどをする。

3　事例「逮捕から判決確定までの支援の流れ」

青年期における犯罪の事例では、学生であれば退学処分となることは珍しくなく、就労・自立が課題となることが多い。また、性犯罪の場合、認知の歪みと呼ばれる心性、独特なコミュニケーション、孤立、心理・物理的空虚感なども多く見られる。それらに留意しながら支援した事例である。なお、本件事例は、本人が特定されないように、複数事例を合わせ、加筆修正したフィクションである。

(1) 加害者本人と家族の支援――逮捕後の支援

息子が強制わいせつで逮捕されたと父親から電話で連絡を受けた。父親は落ち着きを保ち状況を話そうとしていたが、何をすべきか想像がつかないため考えがまとまらない様子であった。また、今やるべきことと、今考えなくてもよいことを、話を聞きながら整理していった。

加害者本人の裁判に関することと、被害者への対応に関しては弁護士へとつなげた。更生に関すること、通っている専門学校への連絡、将来についてなども父親は考えをめぐらせていたが、急を要さないことを確認した。

母親と娘に関しても父親は懸念していた。母親は、逮捕を知り、泣き崩れ、不安定な状態が続いているとのことであった。娘は気丈にふるまっているが、何かしらの不安は抱えているのではないかと父親は話していた。臨床心理士と面談する機会を設けることができ、必要であればその足で提携の精神科の受診が可能であることを伝えたところ、母親はすぐにでも面談したいとのことであった。

加害者本人に対して、弁護人と連携し、面会を行った。警察署での面会時間は短時間であるため、信頼関係を築くことを主な目的とした。

(2) 加害者本人と家族の支援——保釈中の支援

その後しばらくして本人は保釈されたため、弊所カウンセリングルームで本人のアセスメントを続けていった。どういった心境と状況のときに加害行為に至ったのかが明らかになってきたが、高校生の頃に塾帰りに、自宅に帰るのが嫌で独りで徘徊しているときに、女性の後をつける行為が始まり、徐々に接触するようになるなどエスカレートしていった。その行動が専門学校生になってからも維持され、本件逮捕に至った。

成育歴を聞いていく中で本人のパーソナリティに目を向けていると、真面目ぶっているような発言が多く見られた。たとえば、勉強は将来のために必要であり、職業の選択肢を増やすためなどと述べていた。しかし、実際は勉強にはまったく身が入らず、授業はほとんど欠席していた。こういった本人に不都合な事柄に触れると明らかに不機嫌な態度を取るなど攻撃性が感じられた。本人は、親の庇護のもと、指示されるがまま生活してきた。怒られるからと、本人が望んでいない勉強を幼少期からさせられ、やっているふりや嘘でしのいできており、それが常態化していた。交友関係に関しては希薄で孤立していた。

大学受験に失敗し親に言われるがまま専門学校へと進学したが、何の目標もなく、いわゆるモラトリアムの状況であった。学校での交友関係は皆無に近く、学校に行っているように両親の目を欺いて昼夜徘徊を繰り返す日々であった。何事も指示されてきたためか、本人に自主性は育っておらず、一つ自発的に希望を述べたのは、学校を辞めず今のままの生活を続けたいということだけであった。

一方で両親と会話を重ねていくと、両親は非常に養育的であったが、教育に関し過剰な期待を寄せ、母親は過干渉である印象を強く受けた。本人の将来を懸念し、せめて専門学校は卒業してほしいという希望を強く持っていた。そのための経済的支援はいとわない覚悟も話していた。本人は、両親のその考えを知っており、そこに甘えというよりも、弱みを握っているような感覚で、専門学校を退学することはなかった。本人は自立する自信がなく、親にしがみつこうとする様子が見受けられた。極端な表現をすれば、子離れできない親と、親の庇護のもと無目的に暮らそうとする本人という家族関係が見られた。

保釈中、両親は疲弊しているが、本人の再犯に目を光らせ、ますます過干渉になっていった。父親は、本人が学校を卒業することは不可能であろうという考えに行きついており、本人に自主退学を勧めたところ、本人は激怒し物を壊すなどの暴力的な態度をとった。母親の意思決定までに時間を要したが、両親の要望は、本人に退学をさせ、実家を離れて一人暮らしをさせ、仕事に就かせたいということに変化した。再犯すると娘の将来にも影響するという考えも含まれていた。

(3) 加害者本人と家族の支援——執行猶予判決後の支援

本人は執行猶予判決を受けた。相変わらず本人は、何が何でも学生の身分のまま実家で暮らすことにしがみつこうとしていており、転居費用を貯めるまで実家暮らしでアルバイトをすると述べるなど、駆け引きは続いていた。本人との二者面談、本人および両親との四者面談を重ねるごとに、諦めに近いが納得していった様子であった。父親が、転居費用と、二カ月分の生活費を渡すということで、しぶしぶ了承するに至った。

しかし、本人は両親の対応に不満を持ち、言葉ではなく不満や攻撃的な態度で示すコミュニケーションパターンは見られた。それは支援者に対してもしばしば見られたが、交友関係が続かない要因とも思えた。

一緒に賃貸物件を探しながら、就労支援として、書類作成やハローワークの活用、面接練習、服装や髪型のセットの仕方まで、身に付けさせた。いわゆるアルバイトではあるが、採用されるに至った。本人は独り暮らしを始め、家財道具を集めることも手伝ったが、金銭管理の甘さが顕著であった。仕事は、表面的には従順な態度を示すため順調であったが、生活に余裕はなかった。家賃の滞納などもあったが、支援者が寄り添いながら何とか乗り越えるなど、徐々に自ら考え行動するようになる様子がうかがえた。「もっとお金を稼ぐにはどうしたらよいでしょうか」という質問が出たときには、自ら考え始め、自発性が芽生えたように感じた。

その後、再犯は見られず、両親はいまだに心配しているものの、本人は職場での交友関係に満足しており、両親への連絡頻度は減っていった。母親は自分の時間を自分のために使えるようになったと話していた。

(4) 検討

本件事例では、通院や施設入所の必要性がなかったが、退院、退所の段階でも同様の支援をすることはある。家族から経済的援助があったのも、本人の自立の大きな一助になった。加害者家族と協働して、本人を支援するというのがＳＳＣの支援方法であるが、家族が抱える問題を認識してもらうことにより家族にも考えや加害者との関わり方を変えてもらう必要がある場合が多い。また本人の支援のきっかけになるのは家族であり、帰住先で本人を観護するのは家族であるため、双方への支援を心がけている。

おわりに

ＳＳＣの活動の目的は「行政・団体等が行う支援の隙間を埋め、さらに充実させるため、心理・法・福祉の専門性を活用し、実践的活動や研究、研修を行い、必要とされている支援を行き届かせることで社会秩序の維持向上を図ること」であり、支援のスキマにある加害者家族の存在に注目し団体を立ち上げた。心理士のスキルを最大限に活かし、再犯防止につながる支援を目指している。

COLUMN

共に生きるということ ——偏見と分断を超えて

加害者家族はもはや〝脇役〟ではない。事件の関係者ではなく、「加害者家族」を主役とした作品を作る人々が増えてきたことは、たしかな時代の変化である。

RISU PRODUCE[1]の朝枝知紘氏脚本・演出による『片隅に灯す』は、弟が起こした事件によって加害者家族という十字架を背負わされることになった兄妹と彼らを取り巻く人々の物語である。

血のつながりを断つことはできないのか……。家族が罪を犯した瞬間、血のつながりは鎖になる。生きたいように生きられずにもがく家族。精神のバランスを失ってしまう家族。鎖によって雁字搦めにされた家族は自分を見失い、傷つけあうしかない。この鎖を解き放つことができるのが〝仲間〟の存在である。

加害者家族に居場所はあるのか……。社会に居場所ができたとき、もう一度、家族を見つめ直し、愛情によって再び結ばれることができるようになる。それでも、加害者家族にとっての居場所探しは容易ではない。「加害者家族」の存在によって、過去の傷が蘇ってしまう人々も少なからず存在する。人にはどうしても受け入れがたいものが存在することも現実なのだ。そこに対立ではなく、共に生きる道を拓くことができるのか……。言葉にすることはなくとも、人は何かを背負って生きている。登場人物の心の変化に、共に生きていく道を諦めてはならないと気づかされる。

朝枝氏によれば、『片隅に灯す』という演題には、「それぞれに生きづらさを抱えながらも、今日誰かの悲しみに寄り添える勇気や、明日笑い合えたらいいなという願いが、いつか片隅を照らす大きな光となること信じて……」という思いが込められているという。

二〇〇八年、活動を始めたばかりの頃、何ができるかさえわからなかった私たちを、加

1　RISU PRODUCEは、一九九九年演劇ユニットとして活動を開始。東京拘置所内の死刑囚と刑務官を描いた『ゼロ番区』、警察署の取調室の被疑者と刑事を描いた『くはだれ』、裁判員裁判をテーマとした『シロとクロの境界線』など、社会派作品を生み出してきた。

害者家族たちは〝一筋の光〟と言って期待を寄せてくれていた。あの頃、一筋だった淡い光は、二〇二一年、多くの人の支えによって今、鮮やかな虹になり輝いている。

阿部恭子

編著者略歴

阿部恭子（あべ・きょうこ／第1部第1章・第7章、第2部、第4部第2章・第3章、コラム）

NPO法人World Open Heart理事長。東北大学大学院法学研究科博士課程前期修了（法学修士）。二〇〇八年大学院在学中、日本で初めて犯罪加害者家族を対象とした支援組織を設立。全国の加害者家族からの相談に対応しながら講演や執筆活動を展開。著書『家族間殺人』（幻冬舎、二〇二一年）、『加害者家族を支援する』（岩波書店、二〇二〇年）、『家族という呪い』（幻冬舎、二〇一九年）、『息子が人を殺しました』（幻冬舎、二〇一七年）、『少年事件加害者家族支援の理論と実践』（編著、現代人文社、二〇二〇年）、『加害者家族の子どもたちの現状と支援』（編著、現代人文社、二〇一九年）、『性犯罪加害者家族のケアと人権』（編著、現代人文社、二〇一七年）、『交通事故加害者家族の現状と支援』（編著、現代人文社、二〇一六）。

執筆者・監修者略歴（五〇音順）

相澤雅彦（あいざわ・まさひこ／第3部）

臨床心理士、公認臨床心理師。ソリューションフォーカスト・アプローチを中心に個別および集団心理療法や不適応行動の改善プログラムに取り組んでいる。刑事施設内処遇カウンセラー、公立学校スクールカウンセラー、大学学生相談カウンセラーとして活動している。著作『加害者家族支援の理論と実践』（分担執筆、現代人文社、二〇一五年）、『性犯罪加害者家族のケアと人権』（分担執筆、現代人文社、二〇一七年）等。

遠藤真之介（えんどう・しんのすけ／第4部第5章）

ＮＰＯ法人World Open Heart副代表。文教大学国際学部卒業。団体設立時より加害者家族会のファシリテーターを担当。仙台および東京の加害者家族の会の運営を担う。著作に「支援の中心としての『共依存』概念」阿部恭子（編著）『性犯罪加害者家族のケアと人権』（現代人文社、二〇一七年）、「ピア・カウンセリングの実践――親としての罪責感に寄り添う」（共同執筆）阿部恭子（編著）『少年事件加害者家族支援の理論と実践』（現代人文社、二〇二〇年）。

遠藤涼一（えんどう・りょういち／第4部第4章）

弁護士、山形県弁護士会所属。中央大学法学部法律学科卒。主として民事介入暴力対策と犯罪被害者支援に携わり、日弁連民事介入暴力対策委員会副委員長、同犯罪被害者支援委員会委員長、山形県弁護士会会長、日弁連理事を歴任。現在は、（公財）山形県暴力追放運動推進センター理事長、（公社）やまがた被害者支援センター理事、山形県被害者支援連絡協議会会長、日弁連犯罪被害者支援委員会副委員長、山形県弁護士会民事介入暴力・犯罪被害者対策委員会委員長、同犯罪加害者家族支援委員会委員長などを務める。

岡田行雄（おかだ・ゆきお／第1部4章）

熊本大学大学院人文社会科学研究部教授。一九六九年長崎市生まれ。一九九一年九州大学法学部卒。一九九六年九州大学大学院法学研究科博士課程単位取得退学。一九九六年九州大学法学部助手を皮切りに、聖カタリナ女子大学、九州国際大学を経て、二〇〇八年熊本大学法学部准教授。二〇一〇年同教授。二〇一七年四月から現職。主要業績、『少年司法における科学主義』（日本評論社、二〇一二年）、編著『非行少年のためにつながろう！』（現代人文社、二〇一七年）、『患者と医療従事者の権利保障に基づく医療制度』（現代人文社、二〇二一年）等。

勝田 亮（かつた・まこと／第4部第6章）

弁護士、仙台弁護士会所属。弁護士業の傍らＮＰＯ法人ロージーベルを立ち上げるなど、非行少年の更生支援活動を行っている。

菊地登康（きくち・のりやす／第4部第1章）

ＷＡＫ社会保険労務士事務所代表。ＮＰＯ法人World Open Heart副理事長として加害者家族の労働問題に取り組んでいる。社会保険労務士。

木下大生（きのした・だいせい／第1部第5章）

武蔵野大学人間科学部教授。博士（リハビリテーション科学）、社会福祉士。専門は、知的障害がある人へのソーシャルワーク支援。認知症と知的障害がある人、罪を犯した知的障害がある人への支援のあり方をテーマとして調査・研究を行っている。著書に『認知症の知的障害者の支援――「獲得」から「生活の質の維持・向上」の支援へ』（ミネルヴァ書房、二〇二〇年）、『ソーシャルワーカーのジリツ』（共著：生活書院、二〇一五年）など。訳書にカレン・ウォッチマン『知的障害と認知症――家族のためのガイド』（現代人文社、二〇二一年）等。

草場裕之（くさば・ひろゆき／第2部第2〜7章監修）

弁護士、仙台弁護士会所属。東北大学法学部卒業。日弁連子どもの権利委員会副委員長、仙台弁護士会刑事弁護委員会委員長などを務める。その他、ＮＰＯ法人仙台ダルクグループ理事、東北・ＨＩＶ訴訟を支援する会事務局長、東北薬害肝炎訴訟を支援する会事務局長。監修『加害者家族支援の理論と実践』（現代人文社、二〇一五年）、『交通事故加害者家族の現状と支援』（現代人文社、二〇一六年）、『性犯罪加害者家族のケアと人権』（現代人文社、二〇一七年）、『加害者家族の子どもたちの現状と支援』（現代人文社、二〇一九年）、『少年事件の加害者家族支援の理論と実践』（現代人文社、二〇二〇年）。

駒場優子（こまば・ゆうこ／第3部）

臨床心理士、公認臨床心理師、保育士。専門は、発達心理学、短期・家族療法、グループ療法。公立小中学校スクールカウンセラー、保育園発達相談員、刑事施設内処遇カウンセラーとして勤務。『脱学習のブリーフセラピー』（金子書房、二〇〇四年）、『ブリーフセラピーの登竜門』（アルテ、二〇〇五年）、『小学校スクールカウンセリング入門』（金子書房、二〇〇八年）、『加害者家族支援の理論と実践』（現代人文社、二〇一五年）、『性犯罪加害者家族のケアと人権』（現代人文社、二〇一七年）等、いずれも分担執筆。

佐藤仁孝（さとう・じんご／第4部第6章）

臨床心理士、NPO法人スキマサポートセンター理事長。起業や民間企業の役員を務めるなど多職種の経験を積み、その後臨床心理士に転身。矯正・教育・労働の領域で臨床経験を積む。行政や民間団体等の行う支援の「隙間」を埋めるために、NPO法人スキマサポートセンターを立ち上げた。著作に「加害者家族である親子の支援」阿部恭子（編著）『加害者家族の子どもたちの現状と支援』（現代人文社、二〇一九年）、「非行少年と保護者の支援――本人の就労支援を中心に」『少年事件加害者族支援の理論と実践』（現代人文社、二〇二〇年）。

佐分利応貴（さぶり・まさたか／第1部第2章）

経済産業省大臣官房参事 兼（独）経済産業研究所国際・広報ディレクター。専門は社会医学・イノベーション論。京都大学経済学部卒業後、一九九一年に通商産業省（現経済産業省）に採用され、在エジプト日本国大使館一等書記官、東北大学公共政策大学院准教授、経済産業省通商政策局企画調査室長、京都大学経済研究所先端政策分析研究センター准教授、総務省行政評価局評価監視官等を歴任、二〇二一年から現職。共著に『ハイテク産業を創る地域エコシステム』（有斐閣、二〇二一年）、編著に『通商白書２００９』（日経印刷、二〇〇九年）等がある。評価士。

宿谷晃弘（しゅくや・あきひろ／第1部第3章）

東京学芸大学人文社会科学系法学政治学分野准教授。専門は修復的正義・修復的司法、刑罰思想史。著書に、『修復的正義序論』（共著、成文堂、二〇一〇年）、『人権序論』（成文堂、二〇一一年）、『加害者家族支援の理論と実践』（分担執筆、現代人文社、二〇一五年）、『性犯罪加害者家族のケアと人権』（分担執筆、現代人文社、二〇一七年）、『加害者家族の子どもたちの現状と支援』（分担執筆、現代人文社、二〇一九年）、『少年事件の加害者家族支援の理論と実践』（分担執筆、現代人文社、二〇二〇年）等がある。

関　孝エ（せき・たかえ／第4部第1章）

株式会社t&em代表取締役。不動産業の傍らＮＰＯ法人World Open Heartの副理事長として加害者家族の住宅問題に取り組んでいる。宅地建物取引士。

原田いづみ（はらだ・いづみ／第4部4章）

札幌市生まれ。京都大学経済学部卒。大学卒業後は新聞記者となったが、一九九九年、弁護士。栃木県宇都宮市でいわゆるマチ弁、女性の権利擁護を中心に活動した。国税審判官などを経て、二〇一九年四月、鹿児島大学法文学部教授。ジェンダー関連の演習、講義のほか、実務家教員として法曹志望の学生への指導も行う。同大学男女共同参画推進センター副センター長として大学のジェンダー・ダイバーシティ推進を担う。二〇一九年に同大学司法政策教育研究センター「加害者家族支援研究会」を立ち上げ、研究会終了の二〇二一年三月まで主宰。

現代人文社の関連書籍

◎少年事件加害者家族支援の理論と実践――家族の回復と少年の更生に向けて
阿部恭子編著　978-4-87798-760-2　Ａ５判・二〇〇頁　二七〇〇円＋税

◎加害者家族の子どもたちの現状と支援――犯罪に巻き込まれた子どもたちへのアプローチ
阿部恭子編著　978-4-87798-722-0　Ａ５判・一九二頁　二六〇〇円＋税

◎性犯罪加害者家族のケアと人権――尊厳の回復と個人の幸福を目指して
阿部恭子編著　978-4-87798-679-7　Ａ５判・一六七頁　二五〇〇円＋税

◎交通事故加害者家族の現状と支援――過失犯の家族へのアプローチ
阿部恭子著・草場裕之監　978-4-87798-647-6　Ａ５判・一五二頁　二二〇〇円＋税

加害者家族支援の理論と実践［第2版］
家族の回復と加害者の更生に向けて

2015年３月31日　　初　版第１刷発行
2021年12月24日　　第２版第１刷発行

編 著 者　阿部恭子
発 行 人　成澤 壽信
編 集 人　齋藤 拓哉
発 行 所　株式会社現代人文社
160-0004　東京都新宿区四谷2-10八ッ橋ビル7階
Tel 03-5379-0307　Fax 03-5379-5388
E-mail henshu@genjin.jp（編集）hanbai@genjin.jp（販売）
Web www.genjin.jp

発 売 所　株式会社大学図書
印 刷 所　株式会社シナノ書籍印刷
ブックデザイン　NAKAGURO GRAPH（黒瀬章夫）

検印省略　Printed in Japan　ISBN 978-4-87798-793-0 C2032